調理師試験
過去問題集

'24年版

成美堂出版

本書の使い方

本書は、実際に出題された過去問題から重要な問題を厳選した過去問題と、1回分の予想模試で構成された問題集です。解答・解説は本書の見解で作成しています。

STEP❶ 科目別過去問題で、試験科目を攻略する！

調理師試験の6つの試験科目「公衆衛生学・食品学・栄養学・食品衛生学・調理理論・食文化概論」に分けて、よく出るテーマの重要問題を、過去の本試験問題から厳選して掲載しました。

試験科目ごとに、出題傾向や要点まとめを掲載しています。学習のヒントにしてください。

STEP❷ 予想模試にチャレンジ！

60問を四肢択一問題形式にまとめました。本試験と同様の形式で学習できます。試験前には、本試験同様に120分以内で解答できるよう、挑戦してみましょう。

STEP❶ 科目別過去問題

要点まとめ

出題傾向
近年の出題傾向を確認して効率よく学習しましょう。

要点まとめ
知識を深めるため、まとめて覚えておきたい内容です。

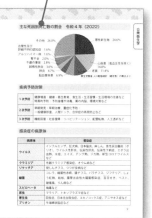

※本書は、原則として令和5年10月現在の情報に基づいて編集しています。

※本書記載にあたり、編集上、過去問題の一部を改変している場合があります。

※本書記載の過去問題に関する解説は、本書の見解です。本書記載の内容についての問い合わせは都道府県の調理師試験担当窓口や指定試験機関などでは**一切受け付けていません**ので、ご注意ください。

※「調理師試験」は都道府県ごとに行われます(一部の地域では、共通試験もあり)。実際の出題問題数などは本書と異なることがありますので、ご了承ください。

科目別問題

テーマ名

試験科目のなかで、頻出する内容をテーマごとにまとめて学習できます。

チェックBOX

正解した問題、または苦手な問題にチェックをつけて、知識を確実なものにするための、くり返し学習に役立ててください。

出題先

掲載した問題が出題された都道府県名を示しています。

問題を解くうえでのヒントもあります。

ボクもちょっとお手伝い

ポイント

押さえておきたい重要なポイントをまとめました。

STEP ❷ 予想模試　別冊

科目名

6つの試験科目「公衆衛生学・食品学・栄養学・食品衛生学・調理理論・食文化概論」

問題

問題数は、厚生労働省の通知に定められた、各科目の出題割合に基づいています。

本冊

解答・解説のページを示しています。

➡ 解答・解説は **本冊**

＊ここに掲載しているページは見本で、本文とは一致しません。

3

CONTENTS

予想模試　解答・解説

別冊
　予想模試

調理師試験ガイダンス

【注意】本書の試験ガイダンスは令和5年度のものであり、変更される場合があります。また、**受験される地域によって異なる場合があります**。受験される方は、事前に**必ずご自身で、受験される都道府県の試験実施機関の最新情報をご確認**ください。

🍓 調理師試験について

・**試験科目（6科目）**

　①公衆衛生学、②食品学、③栄養学、④食品衛生学、⑤調理理論、⑥食文化概論

・**試験形式**

　筆記試験のみ。出題形式はマークシートによる「四肢択一方式」。

　出題数は60題以上、試験時間は120分以上。

・**合格基準**

　原則として全科目の合計得点が満点の6割以上。

　※科目別の平均を著しく下回るものが1科目でもあれば、不合格となる場合があります。

🍓 受験資格

　原則として、中学校卒業以上で、次の施設または営業施設で、調理業務に2年以上従事していること。従事期間は複数の勤務先の合算が可能。

---

①学校、病院、寮などの給食施設（継続して1回20食以上または1日50食以上を調理している施設）

②魚介類販売業（販売のみで調理工程を認められていないものは除く）

③飲食店営業（旅館、簡易宿泊所を含む。喫茶店営業を除く）

④そうざい製造業、複合型そうざい製造業

！ 実務経験として認められないものもありますので、

　必ず、受験を希望する都道府県の最新の受験案内を確認してください。

　※・飲食店等で仕事をしていても、運搬、配達、食器洗浄、事務など直接調理業務に従事していない場合

　　・食品衛生法による営業許可を受けていない施設での調理業務

　　・栄養士、保育士、看護師、ホームヘルパー等の職種で採用され、調理の業務に従事していた場合

　　　など

科目別攻略！ 過去問題

要点まとめ付き♪

★**6つの試験科目**に分けて、よく出るテーマなどの重要問題を、**過去の本試験問題**から厳選して掲載しました。くり返し学習して、出題傾向をしっかり押さえましょう！

・出題先が、センターとなっているものは「公益社団法人調理技能技術センター」を示し、以下の地域での出題を指します。
2022（令和4）年度：青森、秋田、岩手、山形、宮城、茨城、千葉、埼玉、東京、山梨、富山、新潟、福井、石川、愛知、岐阜、三重、鳥取、岡山、島根、広島、香川、高知、福岡、佐賀、長崎、大分、宮崎、熊本、鹿児島

・出題先が、関西広域となっているものは「関西広域連合」を示し、大阪、京都、和歌山、兵庫、滋賀、徳島での出題を指します。

公衆衛生学

出題傾向　「公衆衛生行政」「衛生統計」「生活環境衛生」「感染症と予防対策」「生活習慣病と健康対策」や「保健・福祉の制度」が多く出題されています。「調理師法」の目的と定義や調理師免許の取得・申請・取り消しなども出題されます。

公衆衛生の基本

- **健康の定義**…世界の公衆衛生の中心機関である世界保健機関（WHO）の憲章（1946〔昭和21〕年）では、「健康とは、単に疾病や虚弱でないということだけではなく、肉体的、精神的並びに社会的に完全に良好な状態である」としている。
- **ヘルスプロモーション**…世界保健機関（WHO）のオタワ憲章（1986〔昭和61〕年）では、ヘルスプロモーションを「人々が自らの健康をコントロールし、改善することができるようにするプロセス」と定義づけ、個人や集団の自己管理能力の向上を目指している。
- **日本の公衆衛生活動**…日本国憲法第25条の「すべて国民は、健康で文化的な最低限度の生活を営む権利を有する。国は、すべての生活部面について、社会福祉、社会保障および公衆衛生の向上および増進に努めなければならない」をもとに活動が行われている。

第4次食育推進基本計画において目標値が設定されている主なもの

具体的な目標	目標値 （令和7年度）
食育に関心を持っている国民を増やす	90%以上
朝食又は夕食を家族と一緒に食べる「共食」の回数を増やす	週11回以上
朝食を欠食する子供を減らす	0%
朝食を欠食する若い世代を減らす	15%以下
ゆっくりよく噛んで食べる国民を増やす	55%以上
食育の推進に関わるボランティアの数を増やす	37万人以上
食品ロス削減のために何らかの行動をしている国民を増やす	80%以上
推進計画を作成・実施している市町村を増やす	100%

主な死因別死亡数の割合　令和4年（2022）

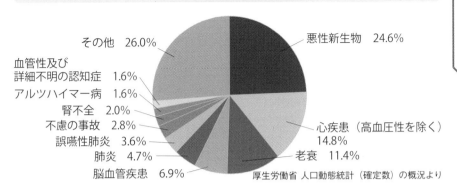

その他　26.0%

血管性及び
詳細不明の認知症　1.6%

アルツハイマー病　1.6%

腎不全　2.0%

不慮の事故　2.8%

誤嚥性肺炎　3.6%

肺炎　4.7%

脳血管疾患　6.9%

悪性新生物　24.6%

心疾患（高血圧性を除く）
14.8%

老衰　11.4%

厚生労働省 人口動態統計（確定数）の概況より

疾病予防対策

1次予防	健康増進：健康・衛生教育、食生活・生活習慣・生活環境の改善など 特異的予防：予防接種や消毒、薬の内服、環境対策など
2次予防	早期発見・早期治療、重症化予防： 一般健康診査、人間ドック、合併症の再発防止など
3次予防	機能回復・社会復帰：リハビリテーション、配置転換、人工透析など

感染症の病原体

病原体	感染症
ウイルス	インフルエンザ、狂犬病、日本脳炎、麻しん、急性灰白髄炎（ポリオ）、ウイルス性肝炎、伝染性肝炎、伝染性下痢症、エボラ出血熱、水痘、エイズ、デング熱、ジカ熱、新型コロナウイルスなど
クラミジア	性器クラミジア感染症、オウム病など
リケッチア	発しんチフス、つつが虫病など
細菌	コレラ、細菌性赤痢、腸チフス、パラチフス、ジフテリア、しょう紅熱、結核、腸管出血性大腸菌感染症、百日せき、ペスト、破傷風、りん病など
スピロヘータ	梅毒など
原虫	マラリア、トキソプラズマ症など
寄生虫	回虫症、日本住血吸虫症、エキノコックス症、アニサキス症など
プリオン	牛海綿状脳症など

メタボリックシンドローム（内臓脂肪症候群）の診断基準

必須項目	内臓脂肪蓄積	ウエスト周囲径 男性：85cm 以上　女性：90cm 以上

＋

選択項目 これらの項目の うち2項目以上	脂質異常	高 TG（トリグリセライド）血症 150mg/dL 以上かつ／ または低 HDL コレステロール血症 40mg/dL 未満
	高血圧	収縮期（最大）血圧 130mmHg 以上かつ／または 拡張期（最小）血圧 85mmHg 以上
	高血糖	空腹時血糖　110mg/dL 以上

調理師免許取得の2つの方法

高等学校の入試資格を有している者で

① 2年以上調理の実務を経験し、都道府県知事の行う調理師試験に合格　　**② 都道府県知事指定の調理師養成施設を卒業**

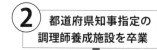

免許取得

①の2年以上調理の実務を経験する施設

・寄宿舎、学校、病院等の施設であって、飲食物を調理して供与するもの
・飲食店営業、魚介類販売業、そうざい製造業または、複合型そうざい製造業

②の調理師養成施設の卒業

　1年以上、調理、栄養および衛生に関して調理師として必要な知識および技能を修得したもの

調理師の免許を受けようとする者は

　申請書に厚生労働省令で定める書類を添え、これを住所地の都道府県知事に提出する。

厚生労働省令で定める書類

・①または②に該当する者であることを証する書類
・戸籍の謄本、もしくは抄本、または住民票の写し
・麻薬、あへん、大麻または覚せい剤の中毒者でないことを証明する医師の診断書

調理師免許の手続き

調理師免許交付申請

申請書に厚生労働省令で定める書類を添付

↓

各都道府県知事

↓

調理師名簿登録

↓

免許証交付

免許を与えない要件

①絶対的欠格事由〈免許は与えられない〉
調理業務上、食中毒その他衛生上重大な事故を発生させ、免許取り消し処分を受けた後1年を経過しない者。

②相対的欠格事由〈免許を与えないことがある〉
麻薬、あへん、大麻、覚せい剤の中毒者、または罰金以上の刑に処せられた者。

再交付	書換交付	登録消除	名簿の訂正
(汚れ、破れ、紛失)	(免許証記載事項変更)	(死亡、失踪の宣告)	(登録事項の変更)
申請	申請	30日以内に届出義務者が申請	30日以内に申請

免許を与えた都道府県知事

5日以内に返納

免許証再交付後、紛失免許証を発見

5日以内に返納

免許の取り消し処分

・麻薬、あへん、大麻、覚せい剤の中毒者。

・罰金以上の刑に処せられた者。

・調理業務に関して、食中毒その他衛生上重大な事故を発生させた場合。

1 公衆衛生学

公衆衛生行政・衛生統計

 問1 次の憲法第25条に関する記述の（　　）に入る語句の組み合わせのうち、正しいものを1つ選びなさい。　　北海道

「すべての国民は健康で（　ア　）な最低限度の生活を営む権利を有する。国は、すべての生活部面について、（　イ　）、社会保障および（　ウ　）の向上および増進に努めなければならない。」

	（ア）	（イ）	（ウ）
1	組織的 ――――	社会福祉 ――――	地域保健
2	文化的 ――――	社会生活 ――――	地域保健
3	文化的 ――――	社会福祉 ――――	公衆衛生
4	組織的 ――――	社会生活 ――――	公衆衛生

問2 次の文のうち、誤っているものを1つ選びなさい。　　福島

1 人口動態統計（じんこうどうたいとうけい）は、戸籍法（こせきほう）などの出生届、死亡届、死産届、婚姻届け、離婚届をもとにしてつくられる。
2 出生率（しゅっしょうりつ）とは、人口1,000人に対する出生数の割合をいう。
3 平均寿命とは、その年の死亡者の平均年齢をいう。
4 健康寿命とは、日常生活に介護を必要とせず、心身共に自立した活動的な状態で生活できる期間をいう。

問3 公衆衛生に関わる統計に関する記述で、正しいものを1つ選びなさい。　　福井

1 労働力人口比率とは、20歳以上の人口に占める労働力人口の割合である。
2 合計特殊出生率とは、女性1,000人に対する年間の出生数である。
3 通院者率とは、高齢者100人に対する医療施設に通院している者の割合である。
4 粗死亡率とは、人口1,000人に対する年間の死亡数である。

問1 　　　　　　　　　　　　　答 3

　日本国憲法第 25 条は【生存権、国の社会的使命】として定められ、（ア）には**文化的**、（イ）には**社会福祉**、（ウ）には**公衆衛生**が入る。よって、正しいものは **3** である。

問2 　　　　　　　　　　　　　答 3

1 　○　人口動態統計は、1 年間の**市町村**への届出をもとに集計されている。

2 　○　2022（令和 4）年の出生率は、6.3 となっている。

3 　×　平均寿命とは、0 歳児が何歳まで生きられるかという **0 歳**の**平均余命**をいう。2022（令和 4）年の平均寿命は、男性 81.05 歳、女性 87.09 歳である。

4 　○　2019（令和元）年における健康寿命は、男性 72.68 歳、女性 75.38 歳となっている。

> 🍎**ポイント**🍎　人口に関する統計について
>
> 人口に関する統計は、「人口動態統計」と「人口静態統計」の 2 種類に分けられる。
>
> 人口動態統計 ——— 出生・死亡・死産・婚姻・離婚の実態を把握するもので、1 年を通して 厚生労働省 が集計・公表を行う。
>
> 人口静態統計 ——— ある一定の時点を基準にして人口およびその構造を把握するもので、5 年ごとの「国勢調査」によって得られる。

問3 　　　　　　　　　　　　　答 4

1 　×　労働力人口比率とは、15 歳以上の人口に占める労働力人口の割合である。2022（令和 4）年平均は 62.5％である。

2 　×　合計特殊出生率とは、1 人の女性が一生の間に産むと予想される**平均出産数**である。2022（令和 4）年は 1.26 である。

3 　×　通院者率とは、人口 1,000 人に対する医療施設に通院している者の割合である。2022（令和 4）年は 417.3 である。

4 　○　なお、2022（令和 4）年の粗死亡率は 12.9 である。

問4 WHO（世界保健機関）の健康の定義に関する次の文の（　　）の中に入る語句の組合せとして、正しいものはどれか。
新潟

　「健康とは（　ア　）、精神的及び（　イ　）に完全に良好な状態であることであり、単に、疾病又は虚弱ではないということではない。」

1　ア　文化的　　　　　　　イ　個人的
2　ア　経済的　　　　　　　イ　家庭的
3　ア　肉体的　　　　　　　イ　社会的
4　ア　個人的　　　　　　　イ　経済的

問5 次の文のうち、誤っているものを 1 つ選びなさい。
福島

1　日本国憲法第 25 条において、国は、公衆衛生の向上及び増進に努めなければならないと定められている。
2　平成 6 年に保健所法が地域保健法に改正され、保健所は地域の健康危機管理の拠点として位置づけられた。
3　厚生労働省は、国民全体の一般保健衛生や労働者の保健衛生を所管している。
4　平成 30 年 4 月時点、全国の約 900 箇所に保健所が設置され、今後は増加していく傾向にある。

生活環境衛生

問6 生物と、その生物が媒介する感染症の組み合わせで、誤っているものを 1 つ選びなさい。
奈良

1　ネズミ ───────── ペスト、ワイル病
2　蚊 ──────────── 日本脳炎、マラリア
3　ハエ ────────── 発疹熱、回帰熱
4　ゴキブリ ──────── 赤痢、腸チフス

問4 **答3**

この文は、1946年ニューヨークで採択されたWHO憲章における健康の定義であり、（ア）には**肉体的**、（イ）には**社会的**が入る。よって、正しいものは**3**である。

問5 **答4**

1 ○ 日本国憲法第25条には、「すべて国民は、健康で**文化的**な最低限度の生活を営む権利を有する。国は、すべての生活部面について、**社会福祉**、社会保障および**公衆衛生**の向上および増進に努めなければならない」と定められており、ここに公衆衛生が保障されている。

2 ○ 地域保健法は、保健衛生行政の第一機関である**保健所**の業務を規定している。

3 ○ わが国の衛生行政は、①公衆衛生行政、②学校保健行政、③労働衛生行政、④環境衛生行政の4つに分けられる。厚生労働省は、①の家庭や地域の生活を対象とする公衆衛生行政と③の職場の生活を対象とする労働衛生行政を所管している。

4 × 保健所（本所）は、全国で集約が進み2018（平成30）年4月時点で全国に約**469**か所設置されている。2023（令和5）年は468か所となっている。

問6 **答3**

発疹熱、回帰熱の媒介生物は、**ノミ・シラミ**である。ハエは、**赤痢、腸チフス**などの消化器系感染症の媒介生物である。よって、誤っているものは**3**である。

■そ族・衛生害虫と関連疾患

そ族・衛生害虫の種類	関連疾患
ネズミ	ペスト、ワイル病など
ハエ	消化器系感染症（**赤痢、腸チフス**など）
ゴキブリ	消化器系感染症（**赤痢、腸チフス**など）
ダニ	アレルギーなど
蚊	マラリア、日本脳炎、デング熱など
ノミ・シラミ	ペスト、発疹熱、回帰熱など

問7 次の記述のうち、誤りはどれか。

1 建築物環境衛生管理基準では、室内空気の浮遊粉じん量について2か月以内ごとに1回、定期に測定を行うことが定められている。

2 水道法により供給される水は、給水栓から常時、0.1mg/ℓ以上の遊離残留塩素が検出されなければならない。

3 産業廃棄物は、事業者が自らの責任において、適正に処理しなければならない。

4 空気を汚す主な不純成分には、二酸化イオウ、一酸化炭素のほかに、窒素がある。

問8 次の記述のうち、誤っているものはどれか。

1 空気は、酸素約78%、二酸化炭素約0.03%、窒素約21%及びその他の少量の気体でできている。

2 一酸化炭素は、無色、無味、無臭の猛毒の気体であり、家庭の燃料用ガスなどの不完全燃焼により発生する。

3 快感帯温度は、夏は25〜26℃、冬は18〜20℃とされている。

4 気温と湿度によって人間が感じる蒸し暑さの指標を、不快指数といい、80以上になると誰もが不快に感じる。

問9 次の上下水道に関する記述のうち、誤っているものはどれか。

1 わが国の水質の基準として、水道法に基づく水道水質基準、環境基本法に基づく環境基準、水質汚濁防止法に基づく排水基準の3つが定められている。

2 水道は、下水道と区別するために上水道ともいい、わが国の水道普及率は、平成28年度末で100%である。

3 下水とは、生活または事業活動にともなう廃水と雨水の総称である。また、下水道は下水道法に規定される。

4 平成29年度末の下水道処理人口普及率は、全人口の78.8%であり、上水道に比べ、整備が遅れている。

問7　　答4

1　○　厚生労働省が定めている「建築物環境衛生管理基準」の2「空気環境の調整」(3)「空気環境の測定方法」の「測定回数」に示されている。

2　○　水道法では、水道水の消毒は塩素消毒のみが規定されている。

3　○　産業廃棄物には、**事業活動**によって生じる燃え殻、汚泥、廃油、廃プラスチックなどがあり、**事業者**が処理する。

4　×　主な不純成分には、二酸化イオウ（硫黄酸化物）、一酸化炭素のほかに、**窒素酸化物**、大気中の**浮遊粉塵**などがある。

■廃棄物の種類

産業廃棄物 （事業者が処理）	**事業活動**によって生じる燃え殻、汚泥、廃油、廃プラスチックなど
一般廃棄物 （市町村が処理）	**日常生活**から出るごみ、粗大ごみ、ふん尿、動物の死体など

問8　　答1

1　×　空気は、酸素約21％、二酸化炭素約0.03％、窒素約78％およびその他の少量の気体でできている。

2　○　一酸化炭素を吸い込むと、**頭痛、めまい**、悪心、吐き気などの症状を引き起こし、死に至ることがあるので、注意が必要である。

3　○　なお、快適さは、気温に加えて**湿度**と**気流**も重要である。

4　○　不快指数は、数字が**大き**いほど蒸し暑く不快である。

問9　　答2

1　○　水道水質基準では飲料水、環境基準では公共用水域と地下水、排水基準では工場や事業所から公共用水域への排水が対象となっている。

2　×　2016（平成28）年度末の水道普及率は、**97.9**％で、2021（令和3）年度は、98.2％となっている。

3　○　下水道とは、下水を排水するために設けられる排水管と、これに接続して下水を処理するために設けられる処理施設のことである。

4　○　下水道処理人口普及率とは、人口に占める下水道管が整備された地区に住む人数のことである。2021（令和3）年度末では、80.6％となっている。

問10 水についての記述で、誤っているものを1つ選びなさい。

奈良

1 成人では人体の約50〜60%が水であり、急激に20%以上を失うと生命が危険になる。

2 硬水とはカルシウム塩、マグネシウム塩などが比較的多く含まれている水をいう。

3 水道水は、水道法第4条に基づく基準において、大腸菌は検出されてはならない。

4 水道水は、常時、給水管から0.3mg/ℓ以上の遊離残留塩素が検出されなければならない。

問11 室内環境に関する記述について、正しいものを1つ選べ。

関西広域

1 酸素は、空気中の約78%を占めている。

2 湿度は、カビの発生には影響しない。

3 人工光源により、室内を明るくすることを採光という。

4 ホルムアルデヒドは、シックハウス症候群の原因となる化学物質の一つである。

問12 大気汚染物質に関する説明のうち、誤っているものを1つ選びなさい。

福井

1 二酸化硫黄は、無色で刺激臭がある。四日市ぜんそくの原因物質である。

2 窒素酸化物は、工場のボイラーや車などから発生する。酸性雨の原因物質にもなる。

3 ダイオキシン類は、プラスチック類が燃えるときなどに発生する。体内では特に脂肪組織に蓄積する。

4 光化学スモッグは、大気中のオゾンが分解して発生する。冬の寒い日に多く発生しやすい。

問10　答4

1 ○　水は、人体の中で一番多い成分であると同時に、生命維持にとって最も重要な成分である。

2 ○　カルシウム塩とマグネシウム塩が一定量より多いものを硬水、少ないものを**軟水**という。日本では、軟水が主である。

3 ○　水道法第4条には、「病原生物に汚染され、または病原生物に汚染されたことを疑わせるような生物若しくは物質を含むものでないこと」とある。そして、「水質基準項目と基準値（51項目）」（令和2年：厚生労働省）には、水道水からは、「大腸菌は**検出**されないこと」が示されている。

4 ×　水道水の消毒のために塩素消毒のみが規定されているが、その量は0.1mg/ℓ 以上である。

問11　答4

1 ×　空気中の酸素は、約21％である。約78％を占めているのは、**窒素**である。

2 ×　温度、湿度、栄養は、カビが生えるための必要な要素である。よって、カビの発生に、**湿度**は影響を与えている。

3 ×　設問の記述は、**照明**のことである。採光は、太陽光を取り入れることである。

4 ○　合成の接着剤の**ホルムアルデヒド**、塗料に含まれるトルエン、防虫剤に用いられるパラジクロロベンゼンなどが、シックハウス症候群の原因といわれている。

問12　答4

1 ○　二酸化硫黄は、硫黄酸化物のひとつで、気管支ぜんそくや慢性気管支炎を起こす。**酸性雨**の主成分でもある。

2 ○　窒素酸化物は、慢性気管支炎や肺気腫を起こす。光化学オキシダントの原因物質でもある。

3 ○　ダイオキシン類は、**発がん性**が指摘される猛毒物質である。環境内で分解されにくく、大気や食物から体内に取り込まれたものは、脂肪組織に蓄積する。

4 ×　光化学スモッグは、大気中に放出された窒素化合物、炭化水素が、**太陽光**によって、オゾンなどのオキシダントを発生させる状態をいう。夏の紫外線が多い暑い日で風が弱いときに発生しやすく、目やのどの痛み、胸の苦しさを起こす。

問 13 次の資源の再利用促進のための法律と対象資源の組み合わせのうち、誤っているものを 1 つ選びなさい。　北海道

　　　　（法律）　　　　　　　　　（対象資源）
1　家電リサイクル法 ──── パソコン、自動車
2　容器包装リサイクル法 ── ペットボトル、段ボール
3　小型家電リサイクル法 ── 携帯電話、デジタルカメラ
4　食品リサイクル法 ──── 魚、果物、野菜

問 14 次の室内の環境に関する記述のうち、誤っているものはどれか。　静岡

1　住居内の空気の換気の尺度としては、二酸化炭素の濃度が指標となる。
2　調理室の照度は、労働安全衛生規則に従い、全体を 50LUX 以上に保つことが必要である。
3　建築基準法では、学校、病院などの居室の採光が、床面積に対する窓面積の割合で定められている。
4　住宅建材や家具から発生する化学物質などによって起きる健康障害を総称して、シックハウス症候群という。

問 15 四大公害病と原因物質の組み合わせで、誤っているものを 1 つ選びなさい。　福井

1　水俣病 ───────── メチル水銀
2　イタイイタイ病 ───── 水酸化ナトリウム
3　四日市ぜんそく ───── 二酸化硫黄
4　新潟水俣病 ────── メチル水銀

問13　　答1

1　×　家電リサイクル法は、家電の有用部品や材料を再利用するもので、対象資源はテレビ、**冷蔵庫**、**洗濯機**、**エアコン**などである。パソコン、自動車は、資源有効利用促進法の対象資源である。

2　○　容器包装リサイクル法は、容器包装の再商品化を促進するものである。

3　○　小型家電リサイクル法は、小型機器を再商品化するもので、携帯電話、**ゲーム機**も対象である。

4　○　食品リサイクル法は、野菜や魚等の食品廃棄物を減量化することを目的としている。

問14　　答2

1　○　二酸化炭素濃度が常に0.1％以下になるようにする。

2　×　調理室の照度は、給食室と同じく、全体を150LUX（ルクス）以上に保つ。

3　○　学校の教室などの床面積に対する窓面積の割合は1/5以上、病室や寄宿舎の寝室は1/7以上、それ以外の場所は1/10以上と決められている。

4　○　家屋の新築、改築の際には、建材に含まれる揮発性の化学物質が室内に揮発し、頭痛、吐き気、目がちかちかする等の症状が起こることがある。

問15　　答2

1　○　水俣病は、工場排水に含まれていた**メチル（有機）水銀**による水質汚染が原因である。症状として、手足の不自由、神経系障害などがある。

2　×　イタイイタイ病は、鉱山の精錬に伴う排水に含まれていた**カドミウム**による水質汚染が原因である。症状として、腎障害、骨軟化症などがある。また、**水酸化ナトリウム**は、廃水処理剤、中和剤として使われている。

3　○　四日市ぜんそくは、排出ガスの**二酸化硫黄**による大気汚染が原因である。症状として、気管支ぜんそくなどがある。

4　○　新潟水俣病も、**メチル（有機）水銀**による水質汚染が原因である。

○ポイント○　四大公害病

四日市ぜんそく	硫黄酸化物（二酸化硫黄）による大気汚染
水俣病	メチル（有機）水銀による水質汚染
イタイイタイ病	カドミウムによる水質汚染
新潟水俣病	メチル（有機）水銀による水質汚染

問 16 大気の汚染状況を示す検査項目として、正しいものを 1 つ選びなさい。

センター

1 溶存酸素量（DO）
2 生物化学的酸素要求量（BOD）
3 化学的酸素要求量（COD）
4 2.5μm（マイクロメートル）以下の微小粒子状物質（PM2.5）

感染症と予防対策

問 17 次の感染症の伝播様式と感染症の組み合わせのうち、適切でないものを 1 つ選びなさい。

愛媛

（伝播様式）　　　　　　　　　（感染症）
1 空気感染 ——————— 結核、麻しん
2 垂直感染 ——————— 風しん、B 型肝炎
3 媒介昆虫による感染 ——— デング熱、マラリア
4 飛沫感染 ——————— 破傷風、日本脳炎

問 18 「感染症の予防及び感染症の患者に対する医療に関する法律（感染症法）」第 6 条に規定される 1 類感染症として、正しいものを 1 つ選びなさい。

センター

1 腸管出血性大腸菌感染症
2 重症急性呼吸器症候群（SARS）
3 エボラ出血熱
4 新型コロナウイルス感染症（COVID-19）

問 19 次の感染症のうち、原因となる病原体がウイルスではないものを 1 つ選びなさい。

三重

1 ジフテリア
2 日本脳炎
3 麻しん
4 デング熱

問 16　　　　　　　　　　　　　　　　　　　　　　答 4

　溶存酸素量、生物化学的酸素要求量、化学的酸素要求量は、水質汚染を測る指標であり、2.5μm（マイクロメートル）以下の微小粒子状物質は、大気汚染物質のひとつである。よって、正しいものは **4** である。

問 17　　　　　　　　　　　　　　　　　　　　　　答 4

1　○　空気感染は、病原体を含む飛沫やちり・ほこりが空気中を漂い、それを鼻や口から吸引することで感染する。結核、麻しん、**水痘**などがある。

2　○　垂直感染は、母親の胎盤、産道、授乳を通じて**子ども**に感染する。

3　○　媒介昆虫による感染は、媒介者の昆虫に刺されたりかまれたりすることで感染する。蚊によるデング熱・マラリア・**日本脳炎**・ジカ熱、ダニによるつつが虫病、ノミ・シラミによる発疹熱・ペストなどがある。

4　×　飛沫感染は、せきやくしゃみなどで感染する。**インフルエンザ**、ジフテリア、百日せき、マイコプラズマなどがある。破傷風は傷口に菌が入り込んで感染を起こす**接触感染**、日本脳炎は**媒介昆虫**による感染である。

■感染症の伝播様式と主な感染症

接触感染	破傷風、**梅毒**、B 型肝炎、HIV 感染症、狂犬病など
飛沫感染	**インフルエンザ**、ジフテリア、百日せき、マイコプラズマなど
空気感染	麻しん、**水痘**、結核など
媒介物感染	赤痢、腸チフス、コレラ、細菌性食中毒など
媒介昆虫による感染	つつが虫病、**マラリア**、**日本脳炎**、デング熱、ジカ熱、発疹熱、ペストなど
垂直感染	風しん、**梅毒**、B 型肝炎、HIV 感染症など

問 18　　　　　　　　　　　　　　　　　　　　　　答 3

　腸管出血性大腸菌感染症は 3 類、重症急性呼吸器症候群は 2 類、**エボラ出血熱**は 1 類、新型コロナウイルス感染症は 5 類に分類されているので、正しいものは **3** である。

問 19　　　　　　　　　　　　　　　　　　　　　　答 1

　日本脳炎、麻しん、デング熱の病原体はいずれもウイルスである。ジフテリアの病原体は**細菌**である。よって、解答は **1** である。

問 20 次の感染症の発生と予防に関する文章のうち、<u>誤っているもの</u>を 1 つ選びなさい。

愛媛

1 不顕性感染とは、病原体に感染したにも関わらず、病気の症状は示さない状態のことをいい、しばしば保菌者となり、無自覚に病原体を排出して、感染源となる場合がある。

2 感染症の直接伝播には、接触感染、胎内（垂直）感染、昆虫等による媒介感染などがある。

3 予防対策のひとつである感染経路対策には、手洗い及び汚れた器具、便所等の消毒と清潔保持、媒介昆虫等の駆除が含まれる。

4 感染症が発生するには、感染源、感染経路、感受性の 3 条件が必要である。

問 21 感染症の対応・措置に関する記述で、正しいものを 1 つ選びなさい。

福井

1 SARS（重症急性呼吸器症候群）は、1 類感染症に分類されるため、感染者は第 1 種感染症指定医療機関に入院しなければならない。

2 結核は、2 類感染症に分類されるため、感染者の入院に係る医療費は、国が全額公費負担しなければならない。

3 細菌性赤痢は、3 類感染症に分類されるため、医師は診断後直ちに最寄りの保健所長を経由して都道府県知事に届け出なければならない。

4 日本脳炎は、4 類感染症に分類されるため、保健所長は感染者に対してあらゆる業務への就業制限を通知しなければならない。

問 22 感染症に関する記述について、正しいものを 1 つ選べ。

関西広域

1 結核の患者数は戦後減少しているが、依然多く、我が国の主要な感染症である。

2 健康保菌者は体内に病原体を持っているが、症状はなく感染源とはならない。

3 検疫は、国内に常在する病原体の感染源対策である。

4 感染源と感染経路の 2 つがそろうと、感染症は発生する。

問20 　答 2

1　○　不顕性感染の人は感染しても症状が出ないため、保菌者として他人に感染症をうつす可能性が高い。

2　×　感染症の**直接伝播**には、患者や感染動物等からの**接触感染**、母親の胎盤・産道や授乳を通じて子どもにうつる胎内（**垂直**）感染、せきやくしゃみなどからの**飛沫感染**がある。昆虫等による媒介感染は、媒介者である昆虫等に刺されたりかまれたりすることでうつる**間接伝播**である。

3　○　また、病原体が口や鼻から入らないためのマスクやうがい、手洗いも必要である。

4　○　よって、感染症の予防は、感染源対策、感染経路対策、感受性対策の3つに分けられる。

問21 　答 3

1　×　SARS（重症急性呼吸器症候群）は、**2類感染症**である。第1種感染症指定医療機関とは、1類感染症または2類感染症の患者の入院を担当させる医療機関として都道府県知事が指定した病院をいい、SARS（重症急性呼吸器症候群）の患者が入院する病院である点は正しい。

2　×　結核は、2類感染症である。1類、2類、指定感染症の給付に関しては、**入院医療のみ**であり、**医療保険**で補償された残りが公費負担となる。

3　○　医師は、1類、2類、3類、4類感染症の患者または無症状病原体保有者、厚生労働省令で定める5類感染症または新型インフルエンザ等感染症の患者および新感染症にかかっていると疑われる者を診断したときには、直ちに届出する必要がある。

4　×　日本脳炎などの**4類感染症**は、就業制限の必要は**ない**。1類感染症の患者および2類感染症、3類感染症または新型インフルエンザ等感染症の患者または無症状病原体保有者には、都道府県知事は、就業制限を通知しなければならない。

問22 　答 1

1　○　結核は結核菌によっておこる感染症で、**2類感染症**に分類されている。

2　×　健康保菌者は、症状はないが病原体を**排菌**する危険な感染源である。

3　×　検疫は、国内に常在しない**海外**から**持ち込まれた**輸入感染症の侵入を防ぐための感染源対策である。

4　×　感染症の発生には、感染源、感染経路、**感受性**の3条件が必要である。

問 23 感染症に関する記述について、誤っているものを 1 つ選べ。

関西広域

1 細菌性赤痢は、3 類感染症に分類されている。
2 感染症の感受性対策は、食事の内容や運動とは関係なく、予防接種を受けることが重要である。
3 輸入感染症とは、病原体が国内には常在せず、旅行者などが海外で感染し、国内に持ち込まれる感染症である。
4 健康保菌者は、病気の症状は示さないが、体内に病原体を持っているため、感染源となる。

問 24 感染症とその病原体の種類の組合せで、誤っているものを 1 つ選べ。

関西広域

1 結核 ——————————— ウイルス
2 コレラ ——————————— 細菌
3 白癬（水虫） ——————— 真菌
4 マラリア ——————————— 原虫

 感染症の病原体には、**細菌**、**ウイルス**、**クラミジア**、**リケッチア**、**原虫**、**寄生虫**などがあります。

問 25 感染症の予防には、感染源対策、感染経路対策、感受性対策の 3 つの対策があるが、対策の組合せとして、正しいものはどれか。

新潟

1 感染源対策 ——————————— 予防接種
2 感染経路対策 ————————— 手指をよく洗う
3 感受性対策 ——————————— 患者や保菌者に適切な医療処置等を行う
4 感染経路対策 ————————— 検便をする

問23　答 2

1 ○　3 類感染症にはほかに、**コレラ**、腸管出血性大腸菌感染症などがある。
2 ×　感染症への抵抗力を高めたり、感染しても症状を軽くするためには、予防接種を受けると同時にバランスのとれた**食事**や適度な**運動**が大切である。
3 ○　輸入感染症とは、海外で感染して国内に持ち込まれる感染症で、**コレラ**、**細菌性赤痢**、腸チフス、パラチフス、デング熱、マラリアなどがある。
4 ○　健康保菌者の感染症には、HIV 感染症やB型肝炎などがある。

■感染症の分類

1 類感染症	**エボラ出血熱**、クリミア・コンゴ出血熱、痘そう、ペストなど
2 類感染症	重症急性呼吸器症候群（SARS）、**結核**、**鳥インフルエンザ**（H5N1）など
3 類感染症	**コレラ**、**細菌性赤痢**、腸管出血性大腸菌感染症、腸チフス、パラチフス
4 類感染症	E型肝炎、A型肝炎、狂犬病、**ボツリヌス症**、マラリア、つつが虫病、日本脳炎、デング熱など
5 類感染症	**インフルエンザ**、ウイルス性肝炎（E型肝炎およびA型肝炎を除く）、新型コロナウイルス感染症、後天性免疫不全症候群、破傷風、麻しん、風しん、手足口病など

問24　答 1

結核の病原体は**細菌**である。ウイルスは、日本脳炎、麻しん、インフルエンザなどの病原体である。よって、解答は **1** である。

問25　答 2

1 ×　感染源対策には、**検疫**（輸入感染症予防）による早期**措置**、早期発見のための**患者の届出**、**入院隔離**などがある。
2 ○　感染経路対策には、手指をよく洗う他に、**消毒**、**マスク・うがい**、ネズミ・ハエ・蚊などの**駆除**などがある。
3 ×　感受性（感染症へのかかりやすさ）対策には、**予防接種**、健康状態を維持し**抵抗力を高める**などがある。
4 ×　検便は、感染症の予防対策ではない。

生活習慣病と健康対策

問26 次のわが国の食生活の現状と健康づくり対策に関する記述として、誤っているものを1つ選びなさい。 北海道

1 1人1日当たりのエネルギー摂取量の推移はここ最近増減をくり返しているが、長期的にはわずかながら減少傾向を示している。

2 健康増進法に受動喫煙の防止の規定が盛り込まれ、地域における健康づくりや学校教育等と連携し、青少年期の喫煙防止対策を推進するなど、総合的なタバコ対策が進められている。

3 野菜類の摂取量については、1日の目標摂取量が示されており、成人で280gとなっている。

4 高齢者の医療の確保に関する法律では、医療保険者が実施主体となり、40〜74歳の被保険者・被扶養者に対する特定健康診査（特定健診）・特定保健指導の実施が義務化されている。

問27 メタボリックシンドローム（内臓脂肪症候群）の診断に用いられている項目として、誤っているものを1つ選びなさい。 センター

1 腹囲

2 BMI（体格指数）

3 血糖値

4 血圧

問28 生活習慣と関係が深い疾病に関する次の組み合わせのうち、適切でないものを1つ選びなさい。 愛媛

（生活習慣） （疾病）

1 食塩の過剰摂取 ──── 脳卒中

2 野菜の摂取不足 ──── 便秘

3 アルコールの過剰摂取 ── 糖尿病

4 たんぱく質の摂取不足 ── 尿路結石

問26　　答3

1　○　なお、2019（令和元）年の国民健康・栄養調査では、1人1日当たりのエネルギー摂取量は、1,903kcal となっている。

2　○　喫煙については、健康日本21（第三次）でも、成人の喫煙率の低下・未成年者の喫煙をなくすこと・妊娠中の喫煙をなくすことを目標に掲げている。

3　×　健康日本21（第三次）においても、野菜類の1日の**目標摂取量**は、成人で **350g** である。2019（令和元）年の国民健康・栄養調査では、摂取量は 280.5g となっている。

4　○　新たな特定健康診査（特定健診）では、健診項目に**腹囲**の計測が加わるなど、メタボリックシンドロームの予防と改善が大きな目的となっている。受診者には、特定健診の結果に基づき、必要度に応じた保健指導が行われる。

問27　　答2

　腹囲が男性で 85cm 以上、女性で 90cm 以上の者を内臓脂肪型肥満と称している。これに加えて、血圧・血糖・脂質の3つのうち2つ以上が基準値から外れると、メタボリックシンドローム（内臓脂肪症候群）と診断される。よって、診断に用いられない項目は BMI（**体格指数**）であり、解答は **2** である。

メタボリックシンドローム（内臓脂肪症候群）の診断基準は重要！ p.10 も参照！

問28　　答4

1　○　食塩の過剰摂取による生活習慣病には、脳血管疾患（脳卒中）のほかに、胃がん、**高血圧症**、冠動脈性心疾患などがある。

2　○　野菜に含まれる食物繊維の摂取不足は、便秘の原因となる。また、野菜の色素、香り、苦みなどの成分には、**フィトケミカル**と呼ばれる抗がん性や抗酸化作用などの高い生理機能を有するものがある。

3　○　アルコールの過剰摂取による生活習慣病には、肝臓病などもある。

4　×　たんぱく質の摂取不足による生活習慣病には、**骨粗鬆症**などがある。尿路結石は、動物性脂肪や動物性たんぱく、塩分、糖分などの過剰摂取が主な原因だといわれている。

問 29 次の生活習慣病に関する記述のうち、正しいものを 1 つ選びなさい。

北海道

1 糖尿病は肝臓のランゲルハンス島から分泌されるインスリンというホルモンの不足や働きが悪くなることにより、血糖値の高い状態が続く代謝異常疾患である。

2 日本高血圧学会が提唱する基準において、正常域血圧のうち、正常血圧は、収縮期血圧が 140 － 159（mmHg）の範囲とされている。

3 がんの部位別の年齢調整死亡率について、わが国では近年、女性では乳がんが減少し、胃がん、子宮がんは増加傾向にある。

4 心疾患は、心筋が壊死する虚血性心疾患、心臓のポンプ機能の低下による心不全、リウマチ熱等が原因で心臓弁膜などが壊れるリウマチ性心疾患に大別される。

問 30 生活習慣病に関する記述について、<u>誤っているもの</u>を 1 つ選びなさい。

センター

1 生活習慣病とは、長年にわたる生活習慣のゆがみの蓄積によって発症する疾病を総称するものである。

2 生活習慣病には、悪性新生物（がん）、心疾患、脳血管疾患、糖尿病、高血圧症などの慢性疾患は含まれない。

3 習慣的な食塩の過剰摂取は、高血圧症、脳血管疾患、虚血性心疾患、胃がんの発症と重症化に影響することがある。

4 糖尿病の発症予防には、過剰なエネルギー摂取を控えて肥満を改善し、習慣的に運動を行うと効果がある。

問 31 令和元年国民健康・栄養調査の結果に関する記述で、<u>誤っているもの</u>を 1 つ選びなさい。

奈良

1 20 歳以上男性の肥満の割合は 30％を超えている。

2 野菜の平均摂取量は、目標量（350g）に達していない。

3 食生活に影響を与える情報源として、最も回答者の割合が高かったものは「テレビ」である。

4 災害時に備えて非常用食料を用意している世帯の割合は 80％を超えている。

問 29　　答 4

1　×　インスリンは、肝臓ではなく、**膵臓のランゲルハンス島から分泌され**る。

2　×　正常血圧は、収縮期血圧が 120（mmHg）未満である。なお、収縮期血圧が 140 － 159（mmHg）は、Ⅰ度高血圧の範囲である。

3　×　女性では**胃がん**が減少し、**乳がん**はやや増加傾向にある。

4　○　なお、心疾患の 3 大危険因子は、**LDL コレステロールの高値**、高血圧、喫煙である。

問 30　　答 2

1　○　生活習慣病は、長年のエネルギー、アルコール、食塩などの過剰摂取、コレステロールや飽和脂肪酸の過剰摂取、野菜の摂取不足、運動不足、喫煙などが蓄積して起こる疾病である。

2　×　慢性疾患の中でも、悪性新生物（がん）、心疾患、脳血管疾患、糖尿病、高血圧症などは、**生活習慣病**である。

3　○　高血圧をはじめ生活習慣病予防には、**減塩に取り組むことが大切**である。

4　○　糖尿病は、膵臓から分泌されるホルモンの一種であるインスリンの作用不足によって、血糖値の高い状態が続く代謝異常疾患である。発症予防には、低エネルギーの食事にし、ビタミン、ミネラル、食物繊維が豊富な**野菜**の積極的な摂取も重要である。

問 31　　答 4

1　○　20 歳以上の男性の肥満の割合は 33.0％で、30％を超えている。また、女性は 22.3％である。

2　○　野菜の平均摂取量は 280.5 ｇで、目標量に達していない。

3　○　最も割合が高かった「テレビ」は 52.3％、次いで「家族」が 36.6％であった。

4　×　非常用食料を用意している世帯の割合は 53.8％で、80％を超えていない。

問 32 次の健康に影響を及ぼす要因に関する記述のうち、正しいものを 1 つ
選び、その番号を記入しなさい。

1 環境的要因としては、食習慣・運動習慣などがある。
2 遺伝的要因としては、性別・年齢・人種などがある。
3 生活習慣には、大気汚染・ストレスなどがある。
4 それぞれの要因は、複合に作用し合うことは無く、単独で影響する。

問 33 生活習慣病に関する記述について、正しいものを 1 つ選べ。

1 生活習慣病の一次予防は、早期発見・早期治療である。
2 内臓脂肪の蓄積に加え、高血圧または高血糖のいずれか一つに該当する場
合をメタボリックシンドロームという。
3 栄養バランスや運動及び規則正しい生活などに気を付けることが糖尿病の
予防につながる。
4 内臓脂肪型肥満とは、腹囲が男性で 90cm 以上、女性で 85cm 以上の者を
いう。

問 34 次の公衆衛生活動に関する記述のうち、誤っているものを 1 つ選び、
その番号を記入しなさい。

1 公衆衛生活動は一般に、一次予防、二次予防、三次予防の 3 段階に分けて
行われる。
2 一次予防とは、疾病の発生予防、健康増進であり、健康教育や、食生活改
善が含まれる。
3 二次予防とは、早期発見、早期治療であり、健康診査が含まれる。
4 三次予防とは、重症化予防であり、人間ドックが含まれる。

問 32　　　　　　　　　　　　　　答 2

1　×　環境的要因は、**有害物質・大気汚染・ストレス**などである。

2　○　遺伝的要因は、性別・年齢・人種などである。

3　×　生活習慣は、食習慣・運動習慣・**飲酒習慣**・喫煙習慣などである。

4　×　それぞれの要因は、**単独**で健康に影響するものではなく、**複合的**に作用し合って健康障害を起こす。

問 33　　　　　　　　　　　　　　答 3

1　×　生活習慣病の一次予防は、健康を**増進**し、疾病を**未然に防ぐ**ことであり、疾病予防対策の一番基本的な段階となる。

2　×　内臓脂肪の蓄積に加えて、過剰な**中性脂肪**の増加と HDL（**善玉**）コレステロールの減少のいずれかまたは両方、高血圧、空腹時高血糖のうち 2つ以上があてはまる場合を、メタボリックシンドロームという。

3　○　あわせて、検診で耐糖能異常者などを早めに発見することも重要である。

4　×　内臓脂肪型肥満とは、男性は腹囲が 85cm 以上、女性は腹囲が 90cm以上の者をいう。

食塩の過剰摂取、野菜の摂取不足も
生活習慣病につながるよ。

問 34　　　　　　　　　　　　　　答 4

1　○　公衆衛生活動は、疾病の進行段階に応じた 3 段階の予防活動が行われる。

2　○　一次予防にはもうひとつ、**特異的**予防があり、予防接種や消毒、薬の内服などの対策が含まれる。

3　○　二次予防には、早期発見、早期治療のほかに**重症化防止**があり、健康診査、人間ドック、合併症の再発防止などの対策が含まれる。

4　×　重症化予防や人間ドックは、二次予防の内容である。三次予防には、機能回復、社会復帰があり、**リハビリテーション**、**配置転換**、**人工透析**などの対策が含まれる。

保健・福祉の制度

問35 次のわが国の健康づくり施策に関する語句の組み合わせのうち、<u>誤っているもの</u>を1つ選びなさい。

北海道

1 食育推進基本計画 ──────── ストレスチェック
2 健康増進法 ──────────── 受動喫煙の防止
3 健康日本21──────────── 健康寿命延伸と健康格差縮小
4 特定健診・特定保健指導 ── 動機付け支援

問36 学校保健に関する次の記述のうち、<u>適切でないもの</u>を1つ選びなさい。

愛媛

1 調理師は、学校給食を通して、児童生徒等の栄養管理と栄養教育及び食品安全に携わっている。
2 小学校の学校給食の実施率（児童数における割合）は、平成30年5月現在、90％を超えている。
3 学校給食の目標に、伝統的な食文化についての理解を深めることは含まれない。
4 学校における児童生徒の定期健康診断は、毎学年、一部やむを得ない事由がある者以外は、6月30日までに実施することとなっている。

問37 保健・福祉制度に関する次の記述のうち、<u>誤っているもの</u>を1つ選びなさい。

熊本

1 介護保険から給付を受けるためには、市区町村の窓口へ要介護認定の申請を行う。
2 要介護度は、介護サービスの必要量の指標であり、要支援が3段階、要介護が5段階に分かれている。
3 事業者は、労働安全衛生法に基づき、有害な業務に従事する者に対して特殊健康診断を実施することになっている。
4 労働災害における業務上疾病の発生状況は、負傷に起因する疾病が約7割を占め、その中で最も多いのは災害性腰痛である。

問 35　　答 1

1　×　食育推進基本計画は、国が**食育基本法**に基づいて作成するものである。ストレスチェックは、労働者の心の健康の保持増進のため、**労働安全衛生法**の改正で義務化したものである。

2　○　健康増進法第 25 条に、受動喫煙の防止が定められている。

3　○　健康日本 21 は、**健康増進法**を根拠としたものである。基本方針のひとつに、健康寿命延伸と健康格差縮小が示されている。

4　○　特定健診・特定保健指導は、高齢者の医療の確保に関する法律に即して義務化されたものである。リスクに応じて情報提供、**動機付け支援**、積極的支援を行う。

問 36　　答 3

1　○　調理師は、児童生徒の健康や発達、食に対する正しい知識や適切な判断力を養う役割を担っている。

2　○　2018（平成 30）年 5 月現在、小学校での実施率は 99.1％、2021（令和 3）年は 99.0％である。

3　×　**学校給食法**において、7 つの目標のひとつとして示されている。

4　○　なお、健康診断の項目は、身体測定、視力、耳鼻咽喉、皮膚、歯および口腔、呼吸器、脊柱などである。

🍎**ポイント**🍎　学校給食の目標

・適切な栄養摂取による健康の保持増進
・望ましい食習慣　　　　・社交性と協同の精神を養う
・環境の保全　　　　　　・勤労を重んじる態度を養う
・伝統的な食文化の理解　・食料の生産などについての正しい理解

問 37　　答 2

1　○　窓口への申請後、市区町村に設置される介護認定審査会において、要介護や要支援状態にあるかどうか、その中でどの程度かの判定を行う。

2　×　要介護認定は、介護を必要とする度合いによって、**要支援**が 1 ～ 2 の**2 段階**と**要介護**が 1 ～ 5 の **5 段階**の計 7 つに区分されている。

3　○　労働安全衛生法第 66 条第 2 項に定められている。

4　○　また、労働災害が多発しているのは、1 日では、午前、午後ともに作業開始から約 3 時間、季節では**夏の暑い時期**である。

問38　次の文章の（　　）に入る語句について、正しいものを1つ選べ。

関西広域

労働安全衛生法第1条に規定されている目的は、労働者の安全と健康を確保するとともに、（　　）を促進することである。

1　労働条件の改善
2　休暇取得
3　良好な人間関係の形成
4　快適な職場環境の形成

問39　地域保健法に規定する保健所の事業として、誤っているものを1つ選べ。

関西広域

1　栄養の改善及び食品衛生に関する事項
2　医事及び薬事に関する事項
3　事業場における労働衛生に関する事項
4　住宅、水道、下水道、廃棄物の処理、清掃その他の環境の衛生に関する事項

問40　学校保健に関する記述で、正しいものを1つ選びなさい。

福井

1　児童生徒に対して、就学3か月前までに実施する「入学時健康診断」と、毎学年9月30日までに実施する「定期健康診断」の実施が義務付けられている。
2　校長は、感染症にかかっている児童生徒に対して、出席を停止させることができない。
3　学校給食法では、適切な栄養の摂取による健康の保持増進を図ること等の学校給食の目標が定められている。
4　平成30年の学校保健統計によると、裸眼視力1.0未満の割合は、小学生、中学生ともに10％未満である。

問38 答4

労働安全衛生法第1条には、「この法律は、労働基準法と相まって、労働災害の防止のための危害防止基準の確立、責任体制の明確化及び自主的活動の促進の措置を講ずる等その防止に関する総合的計画的な対策を推進することにより職場における労働者の**安全**と**健康**を確保するとともに、**快適な職場環境の形成を促進すること**を目的とする。」と定められている。よって、正しいものは**4**である。

■労働者の安全、衛生を確保するための法律

法律	主な規定内容
労働基準法	労働時間、休憩、休日、女性と年少者の労働、労働災害の補償、寄宿舎
労働安全衛生法	労働者の安全と健康保持のための一般健康診断（全労働者）、特殊健康診断（有害な業務従事者）、病者の就業禁止・作業制限、レクリエーション、産業医制度

問39 答3

地域保健法による保健所の事業内容は、**疾病予防・健康増進・環境衛生・健康危機管理体制**といった公衆衛生活動を中心として、地域住民の生活環境の向上と健康の保持・増進に関する事項となっている。事業場における労働衛生に関する事項は、保健所の事業内容ではない。よって、誤っているものは**3**である。

問40 答3

1 ✕ 児童生徒の健康診断は、就学4か月前までに実施する「就学時健康診断」と、毎学年6月30日までに実施する「定期健康診断」がある。

2 ✕ 校長は、感染症にかかっている児童生徒に対して、出席を停止させることができる。感染症にかかっている疑いがある、またはかかるおそれのある児童生徒がいるときにも、出席を停止させることができる。

3 ◯ 学校給食の目標にはほかに、望ましい食習慣・明るい社交性および協同の精神・環境の保全に寄与する態度・勤労を重んじる態度を養う、伝統的な食文化について理解を深める、食料の生産などについての正しい理解に導く、などがある。

4 ✕ 裸眼視力1.0未満の割合は、小学生**34.10**％、中学生**56.04**％で、ともに10％未満ではない。2021（令和3）年も、同様の傾向となっている。

労働衛生に関する記述について、正しいものを 1 つ選べ。

関西広域

1 職業に特有な作業環境や作業方法によって引き起こされる疾患を労働災害という。

2 職場の健康づくりには、労働者の心とからだの両面にわたる配慮が必要である。

3 労働安全衛生法に基づき、一般（定期）健康診断は、有害な業務に従事する者に対して実施する。

4 労働基準法に規定される労働時間は、原則として、1 週間に 45 時間である。

母子保健に関する記述で、<u>誤っているもの</u>を 1 つ選びなさい。

奈良

1 母子保健法により、妊娠した者は、すみやかに妊娠の届け出を行うこととされている。

2 母子健康手帳は、都道府県から交付される。

3 母子健康手帳は、妊娠、出産、育児を通じて一貫した母子の健康記録である。

4 出生時の体重 2,500g 未満の児を、低出生体重児という。

介護保険制度に関する記述の（　　）に入る語句の組み合わせで、正しいものを 1 つ選びなさい。

福井

保険者は市区町村であり、被保険者は第 1 号被保険者（　ア　）以上と、第 2 号被保険者（　イ　）からなる。

	（　ア　）	（　イ　）
1	65 歳	40 〜 64 歳
2	65 歳	50 〜 64 歳
3	70 歳	40 〜 69 歳
4	70 歳	50 〜 69 歳

問41   答 2

1 ✕ 設問の記述は、**職業病**のことである。労働災害は、労働者が労働に関連する環境や状況、あるいは通勤途中で事故にあったり疾病にかかることをいう。

2 ○ 厚生労働省は、働く人の心とからだの健康づくり（トータル・ヘルスプロモーション・プラン：THP）を推進しており、産業医、運動指導担当者、心理相談担当者等のチーム指導が進められている。

3 ✕ 有害な業務に従事する者に対して実施するものは、**特殊健康診断**である。一般（定期）健康診断は、全労働者に行うものである。

4 ✕ 労働時間は、原則として、1週間に40時間である。同法第32条に定められている。

問42   答 2

1 ○ 妊婦の届け出は、行政的に妊娠を把握し、妊産婦・乳幼児に対する母子保健対策を一貫して行うためにも重要である。

2 ✕ 都道府県ではなく、**市区町村**から交付される。

3 ○ 母子健康手帳は、保健指導を受ける際の重要な資料となる。

4 ○ 体重2,500g未満の新生児は、低出生体重児として届け出をすることになっており、市区町村から**訪問指導**や指定療育医療機関への入院等の指導を受けることができる。

問43   答 1

　介護保険制度は、2000（平成12）年に施行された介護保険法にもとづき、社会全体で介護者を支える仕組みである。財源の5割は介護保険料で、残りの5割が公費負担である。利用者は所得に応じて1〜3割を自己負担する。介護保険制度の保険者は市区町村であり、被保険者は第1号に（65歳以上）と第2号（40〜64歳）からなる。よって、正しいものは**1**である。

> 🍎**ポイント**🍎　介護保険制度
>
> 保険者　　　　　　── 市区町村
> 被保険者　　　　　── 介護保険料を払っている人
> 　　　　　　　　　　　第1号被保険者（65歳以上）
> 　　　　　　　　　　　第2号被保険者（40〜64歳）

問 44 職業病の原因と病名の組合せとして、誤っているものを 1 つ選べ。

1 寒冷作業 ——————— 凍傷
2 過重な筋肉労働 ——— 脊椎・関節障害
3 高温作業 ——————— 熱中症
4 立位作業 ——————— VDT 障害

問 45 高齢者の医療の確保に関する法律に定められた事業として、正しいものを 1 つ選びなさい。

1 40 ～ 74 歳の者の特定保健指導
2 40 ～ 64 歳の者の要介護認定
3 65 歳以上の者の歯周疾患検診
4 65 歳以上の者の骨粗しょう症検診

調理師法

問 46 次の就業調理師の届け出に関する記述の（　　）に入る数字及び語句の組み合わせのうち、正しいものを 1 つ選びなさい。

「飲食店などで調理の業務に従事する調理師は、（ ア ）年ごとに（ イ ）現在における氏名、住所などを翌年の 1 月 15 日までに（ ウ ）の都道府県知事に届け出なければならない。」

（ ア ）　　　　　　　　（ イ ）　　　　（ ウ ）
1 2 ——————— 4 月 1 日 ——— 出身地
2 3 ——————— 4 月 1 日 ——— 就業地
3 2 ——————— 12 月 31 日 ——— 就業地
4 3 ——————— 12 月 31 日 ——— 出身地

問 44 　　答 4

　立位作業では、腰痛の発生が比較的多い。**VDT 障害**とは、パソコンなどのディスプレイ（情報機器）を使った長時間の作業が原因で、**身体的疲労**等の自覚症状がみられる病気である。よって、組合せとして誤っているものは **4** である。

> ### 🍎 ポイント 🍎 　職業病の主なもの
>
> ・じん肺症 ——— （トンネルなど掘削作業時の粉じんの吸入による肺疾患）
> ・ベンゼン中毒 — （塗料に含まれるベンゼン吸入による中毒症状）
> ・白ろう病 ——— （振動する工具の使用による血管神経障害）

問 45 　　答 1

1 ○ 高齢者の医療の確保に関する法律第 18 条に定められている。

2 × 要介護認定は、**介護保険法**に定められている。市区町村の窓口に申請を行い、介護認定審査会において要介護の認定がされれば、介護保険からの給付を受けることができる。

3 × 歯周疾患検診は、**健康増進法**に基づく事業である。40 〜 70 歳まで 10 年ごとに市区町村が実施している。

4 × 骨粗しょう症検診は、**健康増進法**に基づく事業である。40 〜 70 歳までの女性に対して 5 年ごとに市区町村が実施している。

問 46 　　答 3

　飲食店などで調理の業務に従事する調理師は、2 年ごとに 12 月 31 日現在における氏名、住所などを翌年の 1 月 15 日までに就業地の都道府県知事に届け出なければならない。よって、（　ア　）には **2**、（　イ　）には **12 月 31 日**、（　ウ　）には**就業地**が入るので、正しいものは **3** である。就業調理師の届出制度は、調理師の資質や技術の向上のため、研修などの事業が円滑に実施できるように創られたものである。

問 47 厚生労働省令で定める「調理師を置くように努めなければならない施設」として、該当しないものはどれか。 新潟

1 寄宿舎、学校、病院等の給食施設
2 飲食店営業施設
3 魚介類販売業施設
4 菓子製造業施設

問 48 次のうち、調理師法施行令第14条に基づき、調理師免許証の再交付を申請することができる場合として、誤っているものを1つ選びなさい。 三重

1 破ったとき
2 よごしたとき
3 失ったとき
4 氏名を変更したとき

問 49 次の調理師に関する記述のうち、誤っているものはどれか。 静岡

1 調理師免許を持っていない者が、調理師またはこれとまぎらわしい名称を使用することは禁止されている。
2 罰金以上の刑に処せられた調理師は、都道府県知事による免許の取り消しの対象とならない。
3 調理師免許を受けようとする者は、申請書に厚生労働省令で定める書類を添付し、住所地の都道府県知事に提出する。
4 調理師が死亡したとき、戸籍法による死亡の届出義務者は、30日以内に名簿の登録の消除を申請しなければならない。

問47 　　　　　　　　　　　　　　　　答 4

　　厚生労働省令である調理師法施行規則第 4 条には、「調理師を置くように努めなければならない施設または営業」として、寄宿舎・学校・病院等の給食施設、飲食店営業、魚介類販売業、そうざい製造業、複合型そうざい製造業を定めている。よって、該当しないものは菓子製造業施設であり、解答は **4** である。

問48 　　　　　　　　　　　　　　　　答 4

　　免許証を破ったり、よごしたり、失ったときは、再交付を申請することができる。氏名の変更など、免許証の記載事項に変更があったときは、**書換交付**を申請することができる（同法施行令第 13 条）。よって、誤っているものは **4** である。なお、これらの申請書は、免許を交付した都道府県知事に提出しなければならない。

問49 　　　　　　　　　　　　　　　　答 2

1 〇　都道府県知事の免許を受けた者のみが調理師の名称を用いることが許される。免許をもたない者が調理師を名乗ったり、紛らわしい名称を用いることは法律で禁止されており（調理師法第 8 条）、違反した場合は、30 万円以下の罰金に処せられる（同法第 11 条）。

2 ×　罰金以上の刑に処せられた者は、都道府県知事による免許の**取り消し**の対象となる（同法第 6 条）。麻薬、あへん、大麻または覚せい剤の中毒者、調理の業務に関し食中毒その他衛生上重大な事故を発生させた時も、同様である。

3 〇　調理師の免許申請には、申請書に**厚生労働省令**で定める書類を添付し、**住所地の都道府県知事**に提出する。

4 〇　免許証は、登録の消除を申請するときに、免許を与えた道府県知事に返納しなければならない。

■免許申請書に添付する厚生労働省令で定める書類

①指定調理師養成施設の卒業証明書あるいは調理師試験合格証書
②戸籍謄本または抄本もしくは住民票の写し
③麻薬、あへん、大麻または覚せい剤の中毒者であるかないかに関する医師の診断書

調理師の名称は、法律で保証されているよ！
（名称独占の規定）

問50 次の調理技術審査制度の技術審査に関する記述のうち、（　　）にあてはまる言葉の組み合わせとして正しいものを1つ選び、その番号を記入しなさい。

技術審査は、学科試験および実技試験によって行い、学科試験の試験科目は、調理一般、調理法、（　a　）等であり、実技試験は、日本料理、西洋料理、麺料理、（　b　）等の中から1科目選択して受験する。

両試験とも合格すると、（　c　）から受験した試験科目の専門調理師の称号を記載した認定証書が与えられる。

1　a 材料　　　　　　　　　b すし料理　　　　　c 厚生労働大臣
2　a 食文化概論　　　　　　b 懐石料理　　　　　c 厚生労働大臣
3　a 材料　　　　　　　　　b 懐石料理　　　　　c 都道府県知事
4　a 食文化概論　　　　　　b すし料理　　　　　c 都道府県知事

問51 調理師免許に関する記述で、誤っているものを1つ選びなさい。

1　調理師は、婚姻などで氏名に変更を生じたときは、30日以内に免許を与えた都道府県知事に対し、名簿の訂正を申請しなければならない。
2　調理師は、免許証を紛失したときは、免許を与えた都道府県知事に免許証の再交付を申請することができる。
3　調理師が失踪したときは、戸籍法による失踪の届出義務者は、30日以内に名簿の登録の消除を申請しなければならない。
4　免許の取消処分を受けた調理師は、30日以内に免許を与えた都道府県知事に免許証を返納しなければならない。

問52 調理師免許に関する記述で、正しいものを1つ選びなさい。

1　ウェイトレスや皿洗いだけの従事であっても、飲食店に2年以上従事した者には、調理師試験の受験資格が与えられる。
2　免許証を紛失したときは、住所地の都道府県知事に対し、再交付の申請をすることができる。
3　調理師が死亡したときは、戸籍法による死亡の届出義務者は、90日以内に名簿の登録の消除を申請しなければならない。
4　都道府県知事は、調理師が罰金以上の刑に処せられた場合、その免許を取り消すことができる。

問 50　　答 1

技術審査は、学科試験および実技試験によって行い、学科試験の試験科目は、調理一般、調理法、**材料**等であり、実技試験は、日本料理、西洋料理、麺料理、**すし料理**等の中から 1 科目選択して受験する。両試験とも合格すると、**厚生労働大臣**から受験した試験科目の専門調理師の称号を記載した認定証書が与えられる。（a）には**材料**、（b）には**すし料理**、（c）には**厚生労働大臣**が入る。よって、正しいものは **1** である。

■専門調理師の称号

試験科目	専門調理師の称号
日本料理	日本料理専門調理師
中国料理	中国料理専門調理師
西洋料理	西洋料理専門調理師
すし料理	すし料理専門調理師
麺料理	麺料理専門調理師
給食用特殊料理	給食用特殊料理専門調理師

問 51　　答 4

1　○　申請の際には、変更の原因となる事実を証明する書類を添付する。
2　○　また、再交付後に紛失した免許証を発見したときは、免許を与えた都道府県知事に 5 日以内に返納しなければならない。
3　○　免許証を免許を与えた**都道府県知事**に返納しなければならない。
4　×　免許証は 30 日以内ではなく、**5 日**以内に返納しなければならない。

問 52　　答 4

1　×　2 年以上の**調理の業務**に従事した者に受験資格が与えられるが、ウェイトレスや皿洗いだけの従事では与えられない（調理師法第 3 条第 2 号）。
2　×　住所地の都道府県知事ではなく、**免許証を与えた都道府県知事**に申請しなければならない（調理師法施行令第 14 条第 2 項）。
3　×　90 日以内ではなく **30 日以内**に申請しなければならない（調理師法施行令第 12 条第 2 項）。
4　○　ほかに、麻薬・あへん・大麻または覚せい剤の中毒者、調理の業務に関し食中毒その他の衛生上重大な事故を発生させたときにも、免許を取り消すことができる。

 **その他の法規**

問 53 健康増進法において規定されているものとして、<u>誤っているもの</u>を 1 つ選びなさい。

1 国民健康・栄養調査の実施
2 受動喫煙の防止
3 食育推進基本計画の策定
4 特定給食施設における栄養管理

問 54 喫煙に関する記述について、<u>誤っているもの</u>を 1 つ選びなさい。

1 受動喫煙防止の規定は、健康増進法に盛り込まれている。
2 日本は、諸外国と比べると、女性の喫煙率は高い。
3 タバコに含まれるニコチン自体には発がん性はないが、依存性（中毒性）がある。
4 妊婦が喫煙した場合、胎児への影響により、低出生体重児がみられることがある。

問 55 次の食生活と健康づくり対策に関する語句および数値の組み合わせのうち、正しいものを 1 つ選びなさい。

1 成人女性の食塩摂取量 ————————7.5g/ 日未満
2 肥満者の目安（20 歳以上）————————BMI ＜ 18.5
3 特定健診・特定保健指導の対象年齢 ———40 歳未満
4 野菜の目標摂取量（成人）————————350g

問 56 次の記述のうち、学校給食法に定められた学校給食の目標として<u>誤っているもの</u>はどれか。

1 適切な栄養の摂取による健康の保持増進を図る。
2 学校生活を豊かにし、明るい社交性及び協同の精神を養う。
3 食生活が食に関わる人々の様々な活動に支えられていることについての理解を深め、勤労を重んじる態度を養う。
4 給食による伝統料理の技術の継承。

問53　　　　　　　　　　　　　　　　　　　　答3

　健康増進法は、国民健康づくり運動「健康日本21」をさらに推進するため2003（平成15）年に施行された法律である。食育推進基本計画の策定は**食育基本法**に定められている。よって、誤っているものは**3**である。

> **○ポイント○　健康増進法に定められているもの**
>
> ・都道府県健康増進計画の策定　　・特定給食施設における栄養管理
> ・国民健康・栄養調査の実施　　　・受動喫煙の防止
> ・保健指導と栄養指導の実施　　　・特別用途食品表示　　　　　など

問54　　　　　　　　　　　　　　　　　　　　答2

1　○　健康増進法に、受動喫煙の防止が定められている。
2　×　諸外国に比べて、女性の喫煙率は**低い**。なお、令和元年国民健康・栄養調査では、喫煙率は男性27.1％、女性7.6％であり、漸減傾向にある。
3　○　同じくタバコに含まれる**タール**については、発がん性があるが、依存性はない。
4　○　喫煙（能動・受動）の胎児への影響は大きく、乳幼児突然死もみられる。

問55　　　　　　　　　　　　　　　　　　　　答4

1　×　令和元年国民健康・栄養調査結果の概要によると、成人女性の食塩摂取量は、**9.3g/日**である。
2　×　肥満者の目安は、BMI≧25である。なお、BMI＜18.5は、やせの目安である。
3　×　特定健診・特定保健指導の対象年齢は、**40歳〜74歳**までである。
4　○　野菜の目標摂取量350gは、「健康日本21（第三次）」の目標としても示されている。

問56　　　　　　　　　　　　　　　　　　　　答4

1　○　学校給食法第2条には7つの目標が掲げられている。**1**の記述は、学校給食法第2条第1号に示されている。
2　○　同法第2条第3号に示されている。
3　○　同法第2条第5号に示されている。
4　×　学校給食法の目標には含まれない。

2 食品学

出題傾向 さまざまな食品の性質や多く含まれる栄養素の特徴、加工品について幅広く出題されます。また、貯蔵方法や食用微生物を用いた加工品、特定保健用食品や特別用途食品などの表示の出題も多いといえます。

動物性食品

肉類	牛肉……良質のたんぱく質に富み、肝臓（レバー）は、ビタミンAや鉄などが多い。 豚肉……ほかの肉類よりビタミン B_1 が多く、肝臓（レバー）には、牛の3倍の鉄が含まれている。 鶏肉……脂肪が少なく、消化がよい。
魚介類	良質のたんぱく質、ビタミンA・B_2・D、無機質を多く含み、肉に比べて水分含量が多い。脂質は、多価不飽和脂肪酸のドコサヘキサエン酸（DHA）やイコサペンタエン酸（IPA）を含んでいる。
乳類	牛乳……ほとんどの栄養素をバランスよく含み、たんぱく質も良質で栄養価の高い食品である。カルシウムとリンの比率もよく、ほかの食品のカルシウムと比べて吸収率が高い。
卵類	鶏卵……アミノ酸価が高く、ビタミンCを除いたほとんどの栄養素をバランスよく含む栄養価の高い食品である。脂質の99%以上は卵黄に含まれ、コレステロールが多い。卵白は水分が多い。卵黄と卵白の凝固温度の違いを利用して、温泉卵がつくられる。

卵黄と卵白

	卵黄	卵白
栄養素	たんぱく質と脂質が多く、なかでもコレステロールが非常に多い。ビタミンA、B_1、B_2、D、鉄を含む	水分とたんぱく質が多い
性質	マヨネーズの乳化性に関与 卵黄の色素はカロテノイド	メレンゲ、スポンジケーキの起泡性に関与
凝固温度	65～67℃	70～80℃

植物性食品

穀類	主食などに用いられ、主要なエネルギー源である。主成分は、炭水化物が50〜70%、たんぱく質は6〜14%含む。無機質ではリンが多く含まれる。水分が少ないため、貯蔵性が高い。 米………たんぱく質では、必須アミノ酸のリシン、トレオニンが少ない。長期保存でビタミンB₁が減少し、脂質は酸化して味が落ちる。 小麦……たんぱく質が多く粘り気が一番強いのが強力粉で、中力粉、薄力粉の順にたんぱく質と粘り気が少なくなる。
いも類	穀類に比べ水分が多く、主成分はでんぷんで、ビタミンB₁・Cやカリウムなどが多い。 さつまいも……ビタミンCやカロテン、食物繊維を含む。 じゃがいも……芽や緑変した皮にソラニンなどの毒素があるので取り除く。 さといも………特有の粘りは、たんぱく質とガラクタンの結合による。 やまのいも……生のいもをすりおろすとねばりがでる。これは、たんぱく質とマンナンが結合したものである。
豆類	たんぱく質と脂質が多いもの（大豆）と、たんぱく質と炭水化物の多いもの（小豆、えんどう豆、そら豆、いんげん豆）がある。カルシウムやビタミンB群も含む。 大豆……畑の肉といわれ、たんぱく質の重要な供給源である。
野菜類	水分が多く、カリウム、カルシウム、鉄などに富み、ビタミンや食物繊維を多く含む。原則として、可食部100g当たりのカロテン含有量が主に600µg以上の緑黄色野菜と、その他の野菜に分けられる。
きのこ類	生のものでは約90%が水分である。きのこの炭水化物は大部分が食物繊維である。日干しにすると、生のものよりビタミンDが増える。

アレルギー物質を含む食品の表示

省令で定められた特定原材料（8品目）	卵、小麦、そば、落花生（ピーナッツ）、乳、えび、かに、くるみ（くるみは2025〔令和7〕年より完全義務化）
通知で定められた特定原材料に準ずるもの（20品目）	アーモンド、あわび、いか、いくら、オレンジ、カシューナッツ、キウイフルーツ、牛肉、ごま、さけ、さば、大豆、鶏肉、バナナ、豚肉、まつたけ、もも、やまいも、りんご、ゼラチン

2 食品学

食品の分類と成分

 問1 食品に関する記述で、**誤っているもの**を 1 つ選びなさい。

福井

1 食品とは、栄養素を少なくとも 1 種類以上含み、毒性がなく、嗜好に適したものをいう。
2 食物とは、食品を加工、調理し、消化しやすい形にしたものをいう。
3 食品の成分中には、血糖値や血圧の調節、免疫力の向上など生体調節機能があり、これを第 2 次機能という。
4 栄養素としての効用は少ないが、食欲増進や嗜好性に関与する調味料、香辛料なども大切な食品である。

問2 次の食品のもつエネルギーに関する記述のうち、正しいものはどれか。

長野

1 アトウォーターの換算係数では、脂質は 1g 当たり 4kcal のエネルギーを発生させる。
2 アトウォーターの換算係数では、たんぱく質は 1g 当たり 9kcal のエネルギーを発生させる。
3 アトウォーターの換算係数では、炭水化物は 1g 当たり 9kcal のエネルギーを発生させる。
4 食品のエネルギー値は、可食部 100g 当たりのたんぱく質、脂質および炭水化物の量（g）に成分ごとのエネルギー換算係数を乗じて算出している。

問3 食品成分に関する記述で、正しいものは、次のうちどれか。

千葉

1 うるち米は、トランス脂肪酸を多く含む。
2 小麦のたんぱく質の主成分は、コラーゲンである。
3 大豆は、豆類の中でもたんぱく質、脂質が多く含まれている。
4 たまねぎに含まれる多糖は、グルコマンナンである。

問1　　答3

1　○　食品は、有害・有毒物質などを含まず安全であることが第一に重要であり、さらに栄養性に富むことが求められる。

2　○　それに加えて、美味であることも食物の要素である。

3　×　記述は、**第3次機能**のことである。**色・味・香り・食感・形状**などの嗜好性が求められることを**第2次機能**という。

4　○　よりよい調理を行うためにも、調味料や香辛料の性質や働きに関する十分な知識が必要である。

問2　　答4

1　×　脂質1g当たりのエネルギー発生量は、9kcalである。

2　×　たんぱく質1g当たりのエネルギー発生量は、4kcalである。

3　×　炭水化物1g当たりのエネルギー発生量は、4kcalである。

4　○　記述のとおりである。なお、「日本食品標準成分表2020年版（八訂）」では、アトウォーター係数ではなく、アミノ酸、脂肪酸、単糖類、食物繊維、アルコール等それぞれのエネルギー換算係数を乗じて、食品のエネルギー値を算出することになった。

🍎**ポイント**🍎　栄養成分量等の計算例・・鶏卵(全卵、生)1個60gの場合

殻などの廃棄物14％を除くと、可食部分は86％となる。60g×0.86＝約52gが鶏卵の実際の可食部である。食品成分表の分析値は可食部100gに対してのものなので、それぞれの栄養素の値に0.52をかける。

＜主な栄養成分量等＞

・エネルギー　142Kcal×0.52＝約74Kcal　・脂質　10.2g×0.52＝約5.3g

・たんぱく質　12.2g×0.52＝約6.3g　　・炭水化物　0.4×0.52＝約0.2g

問3　　答3

1　×　トランス脂肪酸を多く含むものには、マーガリンなどがある。うるち米とは、でんぷんの性質により分類したもののうち、**アミロース20％**、アミロペクチン80％を含む米をいう。

2　×　小麦のたんぱく質の主成分は**グルテン**である。コラーゲンは、動物の皮やすじに含まれるたんぱく質の一種である。

3　○　たんぱく質、**炭水化物**を多く含むものには、小豆、そら豆などがある。

4　×　グルコマンナンという多糖が主成分の食品は、**こんにゃくいも**である。

食品学

問 4 次の食品成分値の表し方で、正しいものを 1 つ選びその番号を記入しなさい。

鹿児島

1　キロカロリー ―――――― （Kcol）
2　マイクログラム ――――― （μg）
3　ミリグラム ――――――― （Mig）
4　キロジュール ―――――― （Kiμ）

問 5 食品に関する記述で、誤っているものを 1 つ選びなさい。

福井

1　食品の種類は、大別すると植物性食品と動物性食品の 2 つに分類できる。
2　野菜類、果実類、きのこ類、海藻類はビタミンおよび無機質源となる植物性食品である。
3　動物性食品は、一般的に炭水化物、ビタミン、無機質に富み、たんぱく質や脂質は少ない。
4　消化吸収率とは、食品が消化器官内でどれだけ消化されて、腸壁から吸収されるかを表したものである。

問 6 栄養成分表示で表示義務がある成分として、誤っているものを 1 つ選べ。

関西広域

1　熱量
2　たんぱく質
3　脂質
4　糖質

問 7 次の食品の成分に関する記述のうち、誤っているものはどれか。

静岡

1　五大栄養素とは、たんぱく質、脂質、炭水化物、無機質、ビタミンをいう。
2　色素や芳香成分、辛味成分は、食品に含まれない。
3　「日本食品標準成分表」から食品の成分値を知ることができる。
4　茶やコーヒーに含まれるカフェインなどの微量成分を特殊成分と呼ぶ。

問4　　　答 2

　日本食品標準成分表では、食品の可食部 100g に含まれる各成分を、キロカロリー（kcal）、キロジュール（kJ）、グラム（g）、ミリグラム（mg）、マイクログラム（μg）で表している。よって、正しいものは **2** である。

問5　　　答 3

1　○　なお、食品とは、**毒性**がなく、**栄養素を少なくとも 1 種類以上含み**、人の嗜好に適しているものをいう。

2　○　植物性食品は、炭水化物、ビタミン、無機質を多く含み、たんぱく質や脂質は少ない。**食物繊維も多く含んでいる。**

3　×　設問の記述は、植物性食品のことである。動物性食品は、**たんぱく質や脂質**が多く、**炭水化物**はほとんど含まれない。

4　○　消化吸収率が低いと、栄養素を多く含む食品でも、栄養の効果を十分に発揮することができない。

問6　　　答 4

　表示が義務付けられているものは、熱量（エネルギー）、たんぱく質、脂質、炭水化物、ナトリウム（食塩相当量で表示）の 5 項目である。**糖質**は、義務ではなく**任意表示**となっている。よって、誤っているものは **4** である。

問7　　　答 2

1　○　五大栄養素と水は、生きていくために**必要不可欠**な成分である。

2　×　色素や芳香成分、辛味成分も、五大栄養素と同じく**食品に含まれる**。

3　○　「日本食品標準成分表 2020 年版（八訂）」には、2,478 食品の成分値が収載されている。

4　○　なお、カフェインは、植物に含まれる有機化合物アルカロイドの一種である。

■食品の成分

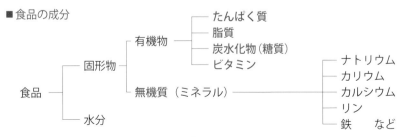

問8 次の食品の流通に関する記述の（　　）に入る語句の組み合わせのうち、正しいものを 1 つ選びなさい。

「食品の多くは産地周辺でのみ消費されること（地産地消）は、まれであり、食品の輸入の（　ア　）我が国では、食品輸送の際に排出される二酸化炭素の量を数値化した（　イ　）の数値が（　ウ　）なっている。」

	（　ア　）	（　イ　）	（　ウ　）
1	少ない	トレーサビリティ	高く
2	多い	フード・マイレージ	高く
3	少ない	フード・マイレージ	低く
4	多い	トレーサビリティ	低く

問9 食品に関する記述で、誤っているものを 1 つ選びなさい。

1 動物性食品は、一般にたんぱく質と脂質が多く、炭水化物はきわめて少ない。

2 植物性食品でエネルギー源となるものは、野菜類、果実類、きのこ類、海藻類である。

3 食品成分表は、食品の可食部 100g 中に含まれる各成分を記載している。

4 食品の栄養価は、調理・加工・保存に大きく影響される。

問10 次の食品の流通に関する記述の（　　）に入る語句のうち、正しいものを 1 つ選びなさい。

「食品が生産、加工、輸送、販売を経て、消費者に届くまでの流通過程を記録し、食品の移動ルートを把握できるようにすることを（　　）という。この仕組みにより、食品事故等の問題が発生した際、原因究明や商品回収を円滑に行うことができる。」

1 コールドチェーン

2 トレーサビリティ

3 フードチェーン

4 フード・マイレージ

問8 〔答 2〕

食品が消費者のもとに届くまでの輸送で、排出される二酸化炭素の量を数値化することを、**フード・マイレージ**という。数値が低い程、環境負荷が少ないとされる。日本は食品の**輸入が多く**、輸送のための二酸化炭素排出量も多くなるため、数値が高い。よって、正しいものは **2** である。また、トレーサビリティとは、食品の生産から加工、流通、販売を経て、消費者に届くまでの流通の過程を追跡可能にしたシステムのことである。

問9 〔答 2〕

1　○　動物性食品とは、魚介類、肉類、卵、牛乳・乳製品などである。
2　×　植物性食品でエネルギー源となるものは、**穀類**、**いも類**、**種実類**、**砂糖類**、**植物油類**などである。なお、野菜類、果実類、きのこ類、海藻類は、ビタミンおよび無機質の供給源である。
3　○　「日本食品標準成分表 2020 年版（八訂）」において分析・測定されている栄養成分は、**たんぱく質**、**脂質**、**炭水化物**（食物繊維を含む）、**無機質とビタミン**である。
4　○　食品を調理したり、加工や保存の仕方によって、その栄養価は大きく変化することがあり、原材料の成分組成だけでは評価できない。

問10 〔答 2〕

1　×　コールドチェーンとは、肉、野菜、魚などの生鮮食料品を**冷凍**、**冷蔵**、**低温**の状態で、生産地から消費地に新鮮なまま届けるためのシステムのことである。**低温流通体系**ともいう。
2　○　設問は、トレーサビリティのことである。このシステムのおかげで、消費者が食品の購入の際に、生産情報や流通過程を確認することができる。
3　×　フードチェーンとは、ある食品の原材料の生産から最終消費者によって消費されるまでの**食品供給の流れ**（例：生産⇒加工⇒流通⇒保管⇒販売）のことである。
4　×　フード・マイレージとは、食品が消費者に届くまでの、輸送での**二酸化炭素排出量**を数値化したものである。

動物性食品・植物性食品

次の食品群に関する記述のうち、<u>誤っているもの</u>はどれか。

山梨

1 乳類である牛乳には、良質なたんぱく質をはじめ、ビタミンCを除くほとんどの栄養成分が含まれているが、消化が悪い。

2 野菜類は、一般に水分が8割から9割前後と多く、ビタミンAについては、全食品に占める摂取比率の約5割は、野菜に依存している。

3 主食として用いられることの多い穀類の主な成分は炭水化物であり、たんぱく質も含んでいるが、脂質は少ない。

4 豆類は、植物性食品のなかでは栄養価が高く、畑の肉ともいわれる大豆とその加工品が、たんぱく質の供給源として利用されている。

 肉類に関する記述で、<u>誤っているもの</u>を1つ選びなさい。

佐賀

1 肉類は、食肉処理直後に一時的に硬くなるが、日時が過ぎると自己消化により軟らかくなると同時にうま味が増す。

2 羊肉には独特のにおいがあるが、子羊肉（ラム）は軟らかく、くさみが少ないので、ジンギスカンなどに利用される。

3 牛肉は良質のたんぱく質を含み、肝臓（レバー）にはビタミンDや鉄などが多い。

4 豚肉はビタミンB_1が多く、豚の肝臓（レバー）には鉄が牛の肝臓（レバー）の約3倍含まれている。

問 13 次の麦に関する記述のうち、正しいものを1つ選びなさい。

北海道

1 生産量の約4割は製粉して小麦粉に、その他はしょうゆなどの原料になる。

2 小麦のたんぱく質量は、薄力粉が最も多く、中力粉、準強力粉、強力粉の順に減少する。

3 大麦は、麦飯や、みその原料として用い、麦芽は、ビール、ウイスキー、あめの原料となる。

4 えん麦はオートミールの原料で、食物繊維が多いため腹持ちがよく、たんぱく質、脂質は小麦より少ない。

問11　　　　答 1

1　×　牛乳は、良質なたんぱく質や**カルシウム**の優れた供給源で、栄養価も高い。ビタミンCと鉄は微量であるが、ほとんどの栄養素を含んでおり、**消化も良い**。

2　○　なお、ビタミンCについても、全食品に占める摂取比率の約3割を野菜に依存している。

3　○　穀類の成分は、**炭水化物を50～70％**、たんぱく質を6～14％含んでいる。また、無機質では、リンを多く含む。

4　○　大豆は、生では消化が悪いので、納豆、豆腐、みそ、ゆば、きな粉など消化の良い食品に加工されている。

■豆類の特徴

たんぱく質と脂質が多いもの	たんぱく質と炭水化物が多いもの
大豆（だいず）	小豆（あずき）、いんげん豆、えんどう豆、そら豆

問12　　　　答 3

1　○　これを肉の熟成という。

2　○　生後1年未満の子羊肉をラムと呼ぶ。

3　×　ビタミンDではなく、**ビタミンA**が正しい。

4　○　豚の肝臓は、鉄のほかビタミンAなどを多く含んでいる。

問13　　　　答 3

1　×　生産量の4割ではなく、8割が正しい。小麦粉として、パン、パスタ類、うどん、中華麺、菓子などの原料となる。

2　×　小麦に含まれるたんぱく質のうち、グリアジンとグルテニンは水を加えて練ると粘り気の強いグルテンを形成する。たんぱく質量が最も多い**強力粉**は、粘り気も強い。強力粉、準強力粉、中力粉、薄力粉の順にたんぱく質量は減少し、粘り気も少なくなる。

3　○　大麦は、食物繊維が多く、ビタミンB_1は精白米より多い。精白技術の向上による食味の向上や、押し麦の普及による炊飯の容易化により、健康食として人気がある。麦芽は大麦の種子を発芽させたものである。

4　×　えん麦のたんぱく質、脂質は、小麦より多い。

問14 次の魚介類の分類に関する組み合わせのうち、誤っているものはどれか。

1 淡水魚 ——————— あじ、さば
2 甲殻類 ——————— かに、えび
3 頭足類 ——————— たこ、いか
4 棘皮動物 —————— うに、なまこ

問15 鶏卵の成分についての記述で、正しいものを1つ選びなさい。

1 鶏卵は、ビタミンCに富む食品である。
2 卵黄は、全卵重量の約60％を占めている。
3 卵黄のタンパク質のほとんどが、脂質と結合したリポタンパク質である。
4 卵白の主なタンパク質は、カゼインである。

問16 こんにゃくいもに含まれる炭水化物の主成分として、正しいものを1つ選べ。

1 グルコマンナン
2 ペクチン
3 ムチン
4 ゼラチン

問17 海藻に関する記述について、正しいものを1つ選びなさい。

1 海藻には、でんぷんなどの消化性多糖類が多く含まれる。
2 干しこんぶの表面に見られる白色粉末は、うま味成分のイノシン酸である。
3 ひとえぐさは、寒天の原料となる。
4 生のひじきは、渋味が多いので、水煮して渋抜きして食用とする。

問14　　　　　　　　　　　　　　　　　　　　　　　　答 1

淡水魚は川や湖沼に住む魚の総称で、あゆ、こい、ふななどである。あじ、さばは海の魚である。よって、誤っているものは **1** である。

問15　　　　　　　　　　　　　　　　　　　　　　　　答 3

1　×　ビタミン C は含まれていない。ビタミン C 以外の栄養素を豊富に含んでいる。

2　×　鶏卵の重さの割合は、卵黄、卵白、殻の順に 3：6：1 である。よって、卵黄は全卵重量の約 **30％**を占めている。

3　○　卵黄はタンパク質と脂質を多く含んでいる。

4　×　卵白の主なタンパク質は、**オボアルブミン**である。カゼインは、牛乳の主なタンパク質である。

問16　　　　　　　　　　　　　　　　　　　　　　　　答 1

1　○　グルコマンナン（水溶性食物繊維）は**多糖類**で、こんにゃくいも主成分である。

2　×　ペクチンは多糖類で、**かんきつ類などの果物**に含まれる。ジャム、マーマレード、ゼリーなどの果実加工に利用される。

3　×　ムチンは糖たんぱく質で、粘膜から分泌される**粘液の主成分**である。オクラ、納豆、長芋などに含まれている。

4　×　ゼラチンは誘導たんぱく質で、動物の皮、すじなどの**コラーゲン**から得られる。

問17　　　　　　　　　　　　　　　　　　　　　　　　答 4

1　×　海藻に多く含まれるのは、**難消化性多糖類**で、ガラクタンやアルギン酸などの食物繊維である。

2　×　白い粉は、**マンニトール**という糖質のうま味成分である。固く絞ったぬれ布巾でさっと拭いて使用する。

3　×　寒天の原料は、**てんぐさ**である。ひとえぐさは、あおさ、あおのりとして広く活用されている海藻である。

4　○　ひじきはアクが強く、生のままでは食用できないため、下処理してから煮物などに利用されている。

問18 油脂に関する記述について、正しいものを1つ選びなさい。

センター

1 動物油脂は、植物油脂に比較して不飽和脂肪酸含量が高い。
2 褐色のごま油は、ごま種子を焙煎してから圧搾して製造される。
3 エクストラバージンオリーブオイルは、最も精製度の高いオリーブオイルである。
4 マーガリンの油脂含有量は、80％以下と定められている。

問19 大豆についての記述で、誤っているものを1つ選びなさい。

奈良

1 デンプンがほとんど含まれていない。
2 アミノ酸のリジン（リシン）が多く含まれている。
3 有害物質のトリプシンインヒビターを含んでいる。
4 脂質の含有率は、約35％である。

問20 人工栽培したものが販売されていないきのことして、正しいものを1つ選べ。

関西広域

1 えのきたけ
2 まつたけ
3 エリンギ
4 なめこ

問21 次にあげる野菜類の栄養的特色の組み合わせのうち、正しいものはどれか。

長野

1 ビタミンCに富むもの ——————— にら、たいさい、アスパラガス
2 カロテンに富むもの ——————— ほうれん草、人参、かぼちゃ
3 ビタミンB_1に富むもの——————— ブロッコリー、パセリ、ピーマン
4 ビタミンB_2に富むもの ——————— さやえんどう、芽キャベツ、もやし

問18 答 2

1 × 動物油脂は、**飽和脂肪酸含量が高く固体状である**。植物油脂は不飽和脂肪酸含量が高く、液状である。

2 ○ 褐色のごま油は、ごまを焙煎してから搾って作るため、特有の香りを有する。一方、太白（純白）ごま油は、焙煎しないので香りがない。

3 × エクストラバージンオリーブオイルは、**精製していない**。オリーブの実を絞ったままのもので、酸度、香り、品質が基準を満たしているオイルである。

4 × マーガリンの油脂含有量は、**80％以上である**。80％未満のものは、ファットスプレッドと定められている。

問19 答 4

1 ○ 大豆（乾）は、**たんぱく質と脂質が多い**。炭水化物も約30％含まれているが、デンプンはほとんど含まれない。

2 ○ 一般に植物性食品はリジン（リシン）が少ないが、畑の肉ともいわれる大豆には、多く含まれている。

3 ○ 生の大豆には消化酵素「トリプシン」の働きを阻害する物質「トリプシンインヒビター」が含まれており、摂取すると消化不良を起こすことがある。**加熱をすることでトリプシンインヒビターは壊れ、働かなくなるため、大豆は加熱加工して利用する**。

4 × **国産の大豆（乾）の成分は、脂質約20％、たんぱく質約34％**などである。

問20 答 2

人工栽培が可能なきのこは、えのきたけ、エリンギ、なめこである。まつたけは、アカマツの根元に生えるが生育条件が厳しく、人工栽培は**難しい**。よって、正しいものは**2**である。

問21 答 2

野菜類は、ビタミンではビタミンA、Cを多く含んでいる。また、色が濃い緑黄色野菜のほうれん草、人参、かぼちゃは、**カロテン含有量が多い**。よって、正しいものは**2**である。なお、**カロテンは体内でビタミンAに転換される**ことから、緑黄色野菜はビタミンAの大切な供給源となっている。

問 22 香辛料とその特徴成分の組合せで、正しいものを 1 つ選べ。

関西広域

1 サフラン ——————————— クロシン
2 こしょう（ペッパー） ——————— カプサイシン
3 しょうが（ジンジャー） ——————— メントール
4 とうがらし ——————————— ピペリン

問 23 米に関する記述で、正しいものを 1 つ選びなさい。

福井

1 アミロペクチン 100％の米をもち米という。
2 うるち米を加工した粉は白玉粉である。
3 米には、必須アミノ酸であるリシン、トレオニンが多く含まれる。
4 米は、15 ～ 20℃で長期間貯蔵するとビタミン B_1 が増加する。

問 24 食用とする部位が根菜類に分類される野菜として、誤っているものを
1 つ選べ。

関西広域

1 たけのこ
2 かぶ
3 しょうが
4 れんこん

問 25 次のうち、緑黄色野菜でないものを 1 つ選びなさい。

愛媛

1 さやいんげん
2 きゅうり
3 トマト
4 ピーマン

問22　答1

1 ○　サフランは、**色**と香味があり、パエリヤやブイヤベースなどに用いる。クロシンは、カロテノイド系の黄色い色素でサフランの雌しべに含まれる。

2 ×　こしょうは、その果実を原料とする香辛料である。カプサイシンは、**とうがらしの辛味**成分である。

3 ×　しょうがは、根茎部分を香辛料として用いる。メントールは、**ハッカ油**の主成分で、特有の爽快な香料をもつ。

4 ×　とうがらしは、中南米が原産地で、その辛味成分は**カプサイシン**である。ピペリンは、**黒こしょう**の辛味成分である。

問23　答1

1 ○　米のでん粉には、**アミロース**（粘りが弱い）とアミロペクチン（粘りが強い）がある。もち米はアミロペクチン100％で粘りが強い。

2 ×　うるち米を加工した粉は**上新粉**で、もち米の加工品が白玉粉である。

3 ×　米には、必須アミノ酸であるリシン、トレオニンが**少ない**。

4 ×　米は、長期間貯蔵するとビタミンB_1が**減少**し、脂質は酸化して味が落ちる。特に、高温多湿で著しいため、**低温貯蔵**が望ましい。

問24　答1

かぶ、しょうが、れんこんは根菜類であるが、たけのこは**茎菜類**である。よって、誤っているものは**1**である。

■食べる部位による主な野菜の分類

花菜類	ブロッコリー、カリフラワー、みょうが、アーティチョーク
果菜類	かぼちゃ、トマト、きゅうり、なす、ピーマン
根菜類	ごぼう、だいこん、にんじん、**かぶ**、**れんこん**、**しょうが**
茎菜類	アスパラガス、**たけのこ**、たまねぎ、にんにく、ねぎ
葉菜類	キャベツ、こまつな、ほうれんそう、レタス、しゅんぎく

問25　答2

緑黄色野菜とは、カロテンを100g中に600μg以上含む野菜をいう。ただし、カロテン含量が600μgに満たなくても、さやいんげん、トマト、ピーマンなどはカロテンを比較的多く含むので、緑黄色野菜に分類されている。よって、緑黄色野菜でないものは、**2**の**きゅうり**である。

食品の加工

問26 次の乳類に関する記述のうち、<u>誤っているもの</u>はどれか。

山梨

1 脱脂粉乳は、牛乳から乳脂肪を分離した残りを乾燥したもので、全脂粉乳に比べ、たんぱく質とカルシウムが少ない。
2 チーズは、ナチュラルチーズとプロセスチーズの2つに大別される。
3 ヨーグルトは、牛乳や脱脂乳を乳酸菌で発酵させてつくる。
4 エバミルクは、牛乳をそのまま濃縮したもので、無糖練乳とも呼ばれる。

問27 次の食品の加工に関する記述のうち、<u>誤っているもの</u>を1つ選び、その番号を記入しなさい。

鹿児島

1 ゆば ———— 小豆からつくった豆乳を平鍋で加熱し、表面にできた膜を乾燥させてつくる。乾燥させないものを生ゆばという。
2 オートミール — えん麦をひき割りにしたもので、消化吸収がよい。
3 粉乳 ———— 牛乳をまず濃縮し、噴霧乾燥機で乾燥粉末にする。
4 こんにゃく —— こんにゃくいもを粉にし、多量の水で膨潤させ、石灰乳（水酸化カルシウム）を加えて固める。

問28 発酵食品の製造において、かび、酵母、細菌のいずれもが関与するものとして、正しいものを1つ選びなさい。

センター

1 かつお節
2 みりん
3 みそ
4 漬物

問29 豆腐の製造に使用する凝固剤の成分として、<u>誤っているもの</u>を1つ選べ。

関西広域

1 塩化マグネシウム
2 硫酸カルシウム
3 グルコノデルタラクトン
4 水酸化カルシウム

問26 　　　　　　　　　　　　　　　　　　　　　　　　答 1

1 × 脱脂粉乳は、全脂粉乳に比べ、たんぱく質とカルシウムが**多い**。
2 ○ プロセスチーズは、ナチュラルチーズを加工してつくったものである。ナチュラルチーズの種類は非常に多く、硬さによってカッテージ、クリーム、カマンベールなどの軟質、ブルーなどの半硬質、チェダー、ゴーダ、エメンタールなどの硬質、パルメザンなどの超硬質に分類される。
3 ○ なお、ヨーグルトの乳酸菌には**整腸**作用がある。
4 ○ また、コンデンスミルクは**加糖練乳**である。

問27 　　　　　　　　　　　　　　　　　　　　　　　　答 1

1 × 小豆ではなく、**大豆**からつくる。つくり方は記述のとおりである。
2 ○ **たんぱく質**、ビタミン B₁ がほかの穀類に比べて多く、消化吸収もよい。
3 ○ 全乳からつくる全粉乳、脱脂乳からつくる脱脂粉乳などの種類がある。
4 ○ こんにゃくいもには多糖類のグルコマンナンが多量に含まれ、多量の水で膨潤させアルカリを加えると**凝固**する性質をもつ。こんにゃくは、この性質を利用したものである。

問28 　　　　　　　　　　　　　　　　　　　　　　　　答 3

　　下の表より、かび、酵母、細菌を利用した加工品は**みそ**であり、正しいものは**3**である。みりんは、米・米麹に焼酎またはアルコールを加えて作る。

■食用微生物と主な加工食品

食用微生物	主な加工食品
細　菌	納豆、ヨーグルト、酢
か　び	かつお節
酵　母	ビール、ワイン、パン
細菌＋酵母	漬け物
かび＋酵母	清酒
細菌＋酵母＋かび	みそ、しょうゆ

問29 　　　　　　　　　　　　　　　　　　　　　　　　答 4

　　食品衛生法で指定されている豆腐の凝固剤は、塩化マグネシウム（にがり）、硫酸カルシウム、グルコノデルタラクトンなどである。水酸化カルシウムは、**こんにゃく**の凝固剤である。よって、誤っているものは**4**である。

問30 食品加工に利用する食用微生物と主な加工食品に関する次の組み合わせのうち、誤っているものを1つ選びなさい。 熊本

（利用する微生物）　　　　　（主な加工食品）
1　酵母 ——————————— ビール、ワイン、パン
2　かび ——————————— ヨーグルト
3　細菌 ——————————— 納豆、酢
4　かびと酵母と細菌 ——— みそ、しょうゆ

問31 食品の加工・貯蔵に関する記述で、正しいものを1つ選びなさい。 福井

1　納豆は、大豆を煮てから乳酸菌を繁殖させ作られる。
2　豆腐は、豆乳ににがりまたはクエン酸を加えて作られる。
3　真空凍結乾燥法は、風味、色調、ビタミン・たんぱく質などの栄養素の変化が少なく、多孔質なので復元性がよい。
4　一般に冷蔵保存とは、－15℃以下での貯蔵をさす。

問32 次の文のうち、誤っているものを1つ選びなさい。 福島

1　MA包装は、野菜や果実類をプラスチックで包装し、二酸化炭素濃度を高めることで鮮度を保持する方法である。
2　酢漬法（すづけほう）は、食品を強いアルカリ性にして腐敗を防ぐ方法である。
3　燻煙法（くんえんほう）は、食品を煙で燻す（いぶ）ことにより保存性を高める方法である。
4　塩蔵法は、食塩により微生物に原形質分離（げんけいしつぶんり）を起こさせることで、微生物の発育を防ぐ方法である。

問30 答 2

1 ○ 酵母は、ビール、ワイン、パンなどの**発酵**に利用する。

2 × かびは、**かつお節**などに利用する。ヨーグルトは、乳酸菌を利用して発酵させた食品である。

3 ○ 細菌は、納豆、酢、ヨーグルトの**発酵**に利用する。

4 ○ かびと酵母と細菌は、みそ、しょうゆなどの**醸造**に利用する。

問31 答 3

1 × 納豆は、乳酸菌ではなく、**納豆菌**を繁殖させ作られる。

2 × 豆腐は、豆乳ににがりまたは**硫酸カルシウム**（**すまし粉**）を加えて作られる。クエン酸は使わない。

3 ○ 真空凍結乾燥法は、**フリーズドライ**といわれている。

4 × 冷蔵保存とは、0 〜 10℃程度の貯蔵をいう。－15℃以下での貯蔵は、冷凍保存である。

問32 答 2

　酢漬法では、食品を酢につけることで食品の pH を**酸性**に傾かせ、微生物の増殖を抑える。よって、誤っているものは **2** である。また、**4** の原形質分離とは、植物細胞をその細胞液より濃い溶液に浸すと、細胞内の水が外に出て細胞体積が減少し、細胞壁から細胞膜が離れる現象のことである。

■主な食品貯蔵の種類

CA 貯蔵法 （MA 貯蔵法）	酸素を少なくし、炭酸ガスなどを多くした人工空気の中で密閉して貯蔵する方法で、野菜や果物の貯蔵に用いられる。野菜等をポリエチレンなどのフィルムで包装して似た状態を作る方法を MA 貯蔵という。
放射線貯蔵法	ガンマ線を食品に照射して殺菌する方法で、日本では、**じゃがいも**の発芽防止にのみ照射が許可されている。
燻製法	塩蔵による防腐効果に加えて、燻煙による乾燥と煙の成分により防腐する方法で、燻製特有の風味が加わる。
紫外線照射方法	紫外線を照射し殺菌する方法で、清涼飲料水の殺菌に利用されている。
塩漬け法（塩蔵法）・酢漬法・砂糖漬け法	食塩、砂糖の濃厚液は**脱水**作用、酢は食品の pH を低下させる作用があり、細菌の増殖を防ぐことを利用した方法である。肉、魚、野菜類は塩漬けや酢漬け、果実類は砂糖漬けにする。
冷蔵・冷凍法	低温で**微生物**の活動を抑える方法で、一般に冷蔵保存は 0 〜 10℃程度、冷凍保存は－15℃以下で貯蔵する。

豆類とその加工食品の組合せで、誤っているものを 1 つ選べ。

関西広域

1 大豆 ——————————— きな粉
2 そら豆 ——————————— 豆板醤
3 緑豆 ——————————— はるさめ
4 小豆 ——————————— ゆば

その他の食品

次の保健機能食品に関する記述のうち、誤っているものはどれか。

山梨

1 保健機能食品は、特定保健用食品、栄養機能食品、機能性表示食品に分かれる。
2 栄養機能食品とは、1 日に必要な栄養成分の補給・補完を目的とした食品である。
3 厚生労働大臣の許可を受けると、特定保健用食品の許可マークがつけられる。
4 小腸からのブドウ糖の吸収を遅延させる成分として、難消化性デキストリンがある。

機能性表示食品に関する記述について、正しいものを 1 つ選びなさい。

センター

1 疾病に罹患している者も摂取の対象としている。
2 機能性表示の対象食品として、生鮮食品が含まれる。
3 表示にあたり、消費者庁長官の個別の許可が必要である。
4 機能性表示により、バランスの取れた食生活の普及啓発を図る文言は省略できる。

問 33　　答 4

　大豆の加工品は、きな粉のほか、豆腐、ゆば、納豆、みそ、しょうゆなどがある。そら豆の加工品は豆板醤、緑豆の加工品ははるさめである。ゆばは**大豆**の加工品なので、誤っているものは **4** である。

問 34　　答 3

1　○　保健機能食品は、健康にかかわる有効性の表示を認められた食品で、設問の記述のとおり 3 つに分かれている。

2　○　栄養機能食品は、栄養成分（ビタミン・ミネラルなど）の補給・補完に利用される食品で、栄養機能と注意喚起も表示することになっている。

3　×　**内閣総理大臣**の許可を受けると、許可マークがつけられる（許可の権限は消費者庁長官に委任）。

4　○　特定保健用食品の中で、難消化性デキストリンは**血糖の調整成分**として示されている。

■特定保健用食品の主な成分と食品

成分	食品
おなかの調子を整える成分	**オリゴ糖**、食物繊維、乳酸菌などを含む飲料など
コレステロールの調整成分	大豆たんぱく質、キトサンを含む清涼飲料水など
無機質の吸収促進成分	CCM（クエン酸リンゴ酸カルシウム）、CPP（カゼインホスホペプチド）、ヘム鉄を含む飲料など
虫歯になりにくい成分	パラチノース、マルチトール、**キシリトール**などが含まれるガム、チョコレートなど
血圧の調整成分	カゼインドデカペプチド、杜仲葉配糖体（とちゅうようはいとうたい）などが含まれる飲料など
血糖の調整成分	**難消化性デキストリン**、グァバ茶など

問 35　　答 2

　機能性表示食品は、食品関連業者の責任において、**消費者庁長官に届け出**を行うだけでよく、許可はいらない。疾病に罹患していない者（未成年者、妊産婦及び授乳婦を除く）を摂取の対象とした食品で、**食品全般が対象**であるが、特別用途食品、栄養機能食品、アルコール飲料は対象とならない。また、バランスの取れた食生活の普及啓発を図る文言の表示が**必要である**。よって、正しいものは **2** である。

問 36 次のうち、食品表示法によりアレルギー表示が義務付けられている特定原材料として<u>誤っているもの</u>を 1 つ選びなさい。

愛媛

1　小麦
2　落花生（ピーナッツ）
3　さば
4　かに

問 37 次の食用微生物に関する記述のうち、□□□□の中に入る語句の組合せとして、正しいものはどれか。

静岡

「　A　は、でん粉やたんぱく質を分解することにより、　B　は、アルコール発酵作用により、清酒、みそ、しょうゆなどの醸造に利用される。」

（ A ）　　　　　　　　　　（ B ）
1　乳酸菌 ——————— こうじかび
2　酵母類 ——————— グルタミン酸菌
3　こうじかび ——————— 酵母類
4　酢酸菌 ——————— 乳酸菌

問 38 特別用途食品に関する記述で、<u>誤っているもの</u>を 1 つ選びなさい。

福井

1　特別用途食品は乳児、幼児、妊産婦、授乳婦、病者等を対象としている。
2　特別用途食品の分類の 1 つである「特定保健用食品」は、1 日に必要な栄養成分の補給・補完を目的とした食品である。
3　特別用途食品として食品を販売する場合は、その表示について内閣総理大臣の許可が必要である。
4　表示許可の対象に、えん下困難者用食品がある。

問36 答 3

アレルギーの表示が義務付けられている特定原材料は、**卵・小麦・そば・落花生（ピーナッツ）・乳・えび・かに・くるみ**の8品目である（くるみは2025〔令和7〕年より完全義務化）。よって、誤っているものは**3**である。

問37 答 3

乳酸菌は、糖類を発酵して乳酸を生成する性質があり、ヨーグルトなどの発酵乳、乳酸菌飲料などをつくるのに利用される。グルタミン酸菌は、糖質と無機窒素からグルタミン酸を生成する性質があり、化学調味料をつくるのに利用される。酢酸菌は、アルコールから酢酸を生成する性質があり、酢をつくるのに利用される。**こうじかび**は、でん粉やたんぱく質を分解する酵素を含んでおり、清酒、みそ、しょうゆなどの醸造に利用される。**酵母類**は、アルコール発酵作用があり、パン製造や清酒、みそ、しょうゆなどの醸造に利用される。よって、正しいものは**3**である。

問38 答 2

1 ○ 記述のとおりである。特別用途食品は、健康増進法に規定される食品である。

2 × 特別用途食品の分類のひとつである「特定保健用食品」（トクホ）は、おなかの調子を整えるのに役立つなど、**保健の効果**を表示することができる食品である。設問の記述は、**栄養機能食品**のことである。

3 ○ 内閣総理大臣に許可された（許可の権限は消費者庁長官に委任）食品で、販売が許可されると、**許可証票**が付けられる。

4 ○ えん下困難者用食品のほかに、病者用食品（低たんぱく質食品、アレルゲン除去食品、無乳糖食品、総合栄養食品など）、妊産婦・授乳婦用粉乳、乳児用調製乳が対象となっている。

■特別用途食品の分類

```
┌─ 病者用食品 ……低たんぱく質食品、アレルゲン除去食品、無乳糖食品、
│                総合栄養食品など
├─ 妊産婦、授乳婦用粉乳
├─ 乳児用調製乳
├─ えん下困難者用食品
└─ 特定保健用食品（トクホ）
```

栄養学

出題
傾向

五大栄養素が中心に出題される科目です。炭水化物、たんぱく質、脂質、無機質（ミネラル）、ビタミンそれぞれについて細かい知識が問われます。栄養素の消化吸収について乳幼児期から高齢期までの食生活や、病気の特徴と治療食などからも出題されています。

BMI による肥満の判定

BMI	判定
18.5 未満	低体重
18.5 〜 25 未満	普通
25 〜 30 未満	肥満（1 度）
30 〜 35 未満	肥満（2 度）
35 〜 40 未満	肥満（3 度）
40 以上	肥満（4 度）

食事バランスガイド

食事バランスガイドは、「食生活指針」を具体的な行動に結びつけるものとして、厚生労働省と農林水産省の共同により 2005（平成 17）年に策定されたものである。毎日の食事を「主食」、「副菜」、「主菜」、「牛乳・乳製品」、「果物」の 5 つに区分し、区分ごとに「ＳＶ（サービング）」という単位を用いて 1 日に「何を」「どれだけ」食べたらよいかをコマのイラストで示している。また、水・茶といった水分はコマの軸として、菓子・嗜好飲料は「楽しく適度に」というメッセージ付きのコマを回すためのヒモとして表現されている。

6 つの基礎食品群

栄養成分の似た食品を集めてグループ分けしたもので、バランスよく栄養素を摂るための参考となる。

	第 1 群	第 2 群	第 3 群	第 4 群	第 5 群	第 6 群
主な食品	魚・肉・卵・大豆・大豆製品	乳・乳製品・小魚・海藻類	緑黄色野菜	第 3 群以外の野菜・果物	穀類・砂糖・いも類	油脂類・脂肪の多い食品
栄養素	たんぱく質	カルシウム	カロテン	ビタミン C	炭水化物	脂質

炭水化物の分類

名称		特徴・機能
単糖類	ブドウ糖	単糖類の代表的な糖。血液中に約 0.1％含まれる。
	果糖 (フルクトース)	甘みが強い。供給源：はちみつ、果物
	ガラクトース	乳汁中に存在。脳などの脂質に含まれる。
二糖類	ショ糖 (砂糖)	ブドウ糖と果糖が結合。供給源：サトウキビ、てんさい
	麦芽糖	ブドウ糖が 2 個結合。供給源：発芽中の種子 (麦芽)、水あめ
	乳糖	ブドウ糖とガラクトースが結合。供給源：母乳、牛乳
多糖類	でんぷん	ブドウ糖が多数結合。供給源：穀類、いも類
	グリコーゲン	ブドウ糖が多数結合。肝臓や筋肉に蓄えられている。
	デキストリン	水に溶けやすく、消化がよい。
	食物繊維 水溶性食物繊維 (ペクチン、グルコマンナン、アルギン酸など)	コレステロール低下作用、急激な血糖や血圧の上昇抑制作用がある。
	不溶性食物繊維 (セルロース、キチンなど)	排便の促進作用がある。

主な無機質 (ミネラル) の種類

種類	特徴・作用	◆欠乏症・◇過剰症
カルシウム	骨と歯の成分、血液の凝固作用、筋肉の収縮作用。ビタミン D を一緒に摂ると吸収率がよい。	◆くる病、骨粗鬆症 ◇結石
リン	骨と歯の成分、体液の pH 調節、ATP (アデノシン三リン酸) の構成成分。	◇カルシウムの吸収の阻害
マグネシウム	酵素の活性化、骨と歯の成分、筋肉の収縮作用。	◆代謝不全
カリウム	体液の浸透圧の維持、筋肉の収縮作用。	◆筋無力症
ナトリウム	体液の浸透圧や pH の維持。	◆血圧低下 ◇高血圧
鉄	たんぱく質と結合してヘモグロビン (血色素) をつくる重要成分。良質のたんぱく質やビタミン C と一緒に摂ると吸収が高まる。	◆鉄欠乏性貧血
銅	ヘモグロビンの合成に関与、鉄の吸収を助ける。	◆貧血
亜鉛	たんぱく質や核酸の代謝に関与。	◆味覚障害、皮膚炎
ヨウ素	甲状腺ホルモン (サイロキシン) の成分。	◆甲状腺腫、クレチン病

主なビタミンの種類

分類	成分名	特徴・作用	欠乏症等	供給源
脂溶性ビタミン	ビタミンA	視覚の正常化、皮膚・粘膜の保護、免疫作用に関与。※緑黄色野菜に含まれるカロテンは、体内で必要に応じてビタミンAに変わる。	夜盲症、皮膚乾燥症、成長や抵抗力の低下	レバー、うなぎ、牛乳、乳製品、卵黄、緑黄色野菜
	ビタミンD	カルシウムの吸収促進、カルシウムの代謝に関与。	くる病、骨軟化症、骨粗鬆症	レバー、肝油、卵黄、魚類、きのこ類
	ビタミンE	抗酸化作用、生体膜の機能維持。	神経機能低下、不妊	植物油、魚類、胚芽米、豆類、緑黄色野菜
	ビタミンK	血液の凝固因子の産生、骨の形成に関与。	新生児の頭蓋内出血	納豆、緑黄色野菜
水溶性ビタミン	ビタミンB_1	糖質の代謝に補酵素として関与。	脚気	レバー、豚肉、卵黄、胚芽、豆類、緑黄色野菜
	ビタミンB_2	脂質の代謝に補酵素として関与。成長促進作用。	口内炎、口角炎、成長障害	レバー、牛乳、卵、胚芽、肉、緑黄色野菜
	葉酸	アミノ酸、核酸の代謝に必要な成分。	巨赤芽球性貧血	レバー、緑黄色野菜
	ビタミンC	抗酸化作用に関与、コラーゲンの生成と保持、免疫力を高め風邪を予防。	壊血病	緑黄色野菜、果実、いも類

主な消化酵素

摂取した食物が、消化器官で吸収されやすい形にされることを消化という。栄養素ごとに、消化される場所や消化酵素の種類が異なっている。

消化器官	消化液	消化酵素	作用
口腔	唾液	プチアリン（唾液アミラーゼ）	でんぷん → デキストリン、麦芽糖
胃	胃液	ペプシン	たんぱく質 → プロテオース・ペプトン

腸	膵液	アミロプシン （膵液アミラーゼ）	でんぷん・デキストリン → 麦芽糖
		リパーゼ（ステアプシン）	中性脂肪 → 脂肪酸・モノグリセリド
		トリプシン、キモトリプシン	たんぱく質・プロテオース・ペプトン → ポリペプチド
		カルボキシペプチダーゼ	ポリペプチド → アミノ酸
	腸液	アミノペプチダーゼ	ポリペプチド → アミノ酸
		ジペプチダーゼ	ジペプチド → アミノ酸
		マルターゼ	麦芽糖 → ブドウ糖
		スクラーゼ	ショ糖 → ブドウ糖・果糖（フルクトース）
		ラクターゼ	乳糖 → ブドウ糖・ガラクトース

主なホルモン

内分泌腺でつくられ、体内の機能を調節する物質をホルモンという。

分泌臓器	ホルモン	作用
甲状腺	サイロキシン （甲状腺ホルモン）	ヨウ素を含む。新陳代謝の活発化。 ◇過剰症：バセドウ病 ◆小児期に欠乏：クレチン病
副甲状腺	パラソルモン （副甲状腺ホルモン）	ペプチド（たんぱく質）ホルモン。カルシウムとリンの代謝に関与。 ◆欠乏症：テタニー
膵臓のランゲルハンス島β細胞	インスリン	ペプチドホルモン。血糖値を下げる。 ◆欠乏症：糖尿病
膵臓のランゲルハンス島α細胞	グルカゴン	ペプチドホルモン。血糖値を上げる。
副腎皮質	アルドステロン	コレステロールから合成。塩類と水分代謝に関与。
	コルチゾール	コレステロールから合成。炭水化物とたんぱく質の代謝に関与。血糖値を上げる。
副腎髄質	アドレナリン、ノルアドレナリン	交感神経の末端を刺激し毛細血管を収縮させて、血圧を上げる。
脳下垂体前葉	成長ホルモン	たんぱく質の合成・蓄積と脂肪の燃焼を促進。カルシウムとリンの代謝に関与。 ◇過剰症：巨人症 ◆発育期に欠乏：下垂体性小人症（成長ホルモン分泌不全性低身長症）

3 栄養学

 エネルギー

問1 次の栄養素と生体内での役割に関する組み合わせのうち、<u>誤っている</u>ものを1つ選びなさい。　三重

1 炭水化物 ──────── 活動のエネルギー源
2 たんぱく質 ──────── 体組織の成長と補充
3 無機質 ──────── 活動のエネルギー源
4 ビタミン ──────── 体機能を順調に維持・調整

問2 人体を構成する成分及び基礎代謝に関する記述について、<u>誤っている</u>ものを1つ選べ。　関西広域

1 人体を構成する成分の割合は、年齢、性別、体格によって異なる。
2 人体を構成する成分の割合は、水分が最も多い。
3 成人の同年齢・同体重の男女を比較すると、男性よりも女性の方が基礎代謝が大きい。
4 基礎代謝は年齢及び性別が同じであれば体の表面積にほぼ比例する。

問3 次の基礎代謝量に関する文章のうち、<u>誤っているものを</u>1つ選びなさい。　愛媛

1 一般的に同年齢では、女性よりも男性の方が基礎代謝が高い。
2 病気などにより体温が上昇すると、基礎代謝量は下降する。
3 体表面積に正比例するため、体表面積が大きいほど基礎代謝が高くなる。
4 甲状腺ホルモンには代謝亢進作用があるため、甲状腺機能亢進症になると基礎代謝が高くなる。

問1　　答3

五大栄養素は3つの機能に分類することができる。

①活動のエネルギー源 … 炭水化物、脂質、たんぱく質

②体組織の成長と補充 … たんぱく質、脂質、無機質

③体機能を順調に維持・調整 … たんぱく質、無機質、ビタミン

　よって、誤っているものは **3** である。

■五大栄養素の種類と働き

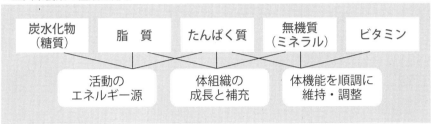

問2　　答3

1　○　人体を構成する成分の割合は、年齢、性別、体格だけでなく**栄養状態**によっても異なる。

2　○　水分が最も多く、体重の約50〜60%を占めている。

3　×　一般的に**男性**の方が基礎代謝が大きい。

4　○　体表面積が大きい（体格がよい、身長が高いなど）と、基礎代謝が大きい。

問3　　答2

基礎代謝量は、早朝空腹時に快適な室内（室温など）において、安静仰臥位、覚醒状態で測定される。**女性**よりも**男性**の方が、同性・同年齢・同体重では**体表面積**が大きい方が高い。また、病気などで**体温**が上昇すると、基礎代謝は上昇する。甲状腺機能亢進症においては基礎代謝が高くなる。よって、誤っているものは**2**である。

■基礎代謝が大きくなる条件

・**女性より男性**	・**体温の上昇**	・栄養状態がよい	・**夏に低く冬に高い**
・体重	・ホルモン	・同じ体重なら**体表面積**が大きい	
・体重当たりで示した基礎代謝基準値は成長が著しい1〜2歳児が最も大きい			

問4 次のうち、エネルギー源となる栄養素の組み合わせとして正しいもの
を1つ選びなさい。

1 炭水化物、無機質、脂質
2 たんぱく質、脂質、無機質
3 炭水化物、脂質、たんぱく質
4 たんぱく質、炭水化物、無機質

炭水化物

 問5 食物繊維に関する記述について、<u>誤っているもの</u>を1つ選びなさい。

1 「日本人の食事摂取基準（2020年版）」では、食物繊維の「目標量」は、
18～64歳男性で1日当たり21g以上、女性18g以上としている。
2 不溶性食物繊維は、排便促進作用がある。
3 水溶性食物繊維は、血清コレステロール値の正常化作用がある。
4 こんにゃくのグルコマンナンは、不溶性食物繊維である。

問6 次の炭水化物に関する記述のうち、<u>誤っているもの</u>はどれか。

1 ぶどう糖は、人の血液の中に血糖として約0.1％含まれる。
2 糊化した状態のでんぷんをαでんぷん、生のでんぷんをβでんぷんといい、
αでんぷんの方が消化しやすい。
3 食物繊維は、ヒトの消化酵素では消化されない。
4 でんぷんは、消化酵素のリパーゼ、マルターゼの働きによりぶどう糖にな
る。

問4　　　　　　　　　　　　答 3

栄養素のうちエネルギー源となるものは、**炭水化物**、**脂質**、**たんぱく質**である。よって、正しいものは **3** である。

問5　　　　　　　　　　　　答 4

1　○　記述のとおりである。

2　○　不溶性食物繊維には、野菜や豆類に多い**セルロース**、えびやかにの殻の成分**キチン**などがある。

3　○　水溶性食物繊維には、急激な**血糖**や**血圧**の上昇抑制作用もある。果物に多い**ペクチン**、こんにゃくの成分の**グルコマンナン**、昆布に多い**アルギン酸**などがある。

4　×　グルコマンナンは、**水溶性**食物繊維である。

問6　　　　　　　　　　　　答 4

1　○　ぶどう糖（グルコース）は、甘味のある果実に多く含まれる**単糖類**のひとつで、血液中にも一定量含まれている。

2　○　βでんぷんは水と加熱で糊化し、消化のよいαでんぷんに変化する。αでんぷんは冷めるとβでんぷんに戻る。これを**老化**という。

3　○　なお、食物繊維は、**水溶性**と**不溶性**に分類される。

4　×　でんぷんは、唾液アミラーゼ、膵液アミラーゼにより**麦芽糖（マルトース）**に分解される。小腸では、**マルターゼ**により麦芽糖が 2 分子の**ぶどう糖**に分解される。リパーゼは、脂肪の消化酵素である。

■多糖類の種類と特徴

名称		特徴
でんぷん		ブドウ糖が多数結合したもの。穀類やいも類などに多く含まれる。
グリコーゲン		ブドウ糖が多数結合したもの。肝臓や筋肉に蓄えられている。
デキストリン		でんぷんの加水分解で生じる。水に溶けやすく、消化がよい。
食物繊維	**水溶性**食物繊維（ペクチン、グルコマンナン、アルギン酸）	血糖値・血圧・血中コレステロール値の**上昇**抑制、腸内環境の適正化の機能がある。
	不溶性食物繊維（セルロース、キチン）	唾液分泌量の増加、満腹感の維持、排便の促進効果の機能がある。

問7 次の炭水化物に関する記述のうち、正しいものを1つ選びなさい。

北海道

1 日本人の食事摂取基準（2020年版）では、エネルギー産生栄養素バランスとして、総エネルギーの70〜75%が炭水化物の目標量と示されている。
2 エネルギーとして消費するためには、ビタミンB₁が必要である。
3 食物繊維は易消化性炭水化物と呼ばれ、腸のぜん動運動を抑制する。
4 エネルギー源として重要であり、1gで9kcalとして使われる。

問8 次の炭水化物に関する記述のうち、**誤っているもの**はどれか。

静岡

1 多糖類の主な構成糖はブドウ糖で、でん粉は穀類、いも類、豆類、とうもろこしなどに多い。
2 ショ糖、麦芽糖、乳糖は、二糖類である。
3 炭水化物は、グリコーゲン、グルコースなどとして体内に少量存在している。
4 食物繊維は、消化酵素で分解され、エネルギー源となる。

脂質

問9 n-3(ω3)系脂肪酸として、**誤っているもの**を1つ選びなさい。

センター

1 DHA（ドコサヘキサエン酸）
2 EPA（エイコサペンタエン酸）
3 α-リノレン酸
4 リノール酸

> **ヒント!** 脂肪酸には、二重結合を2つ以上含む**多価不飽和脂肪酸**がある。この多価不飽和脂肪酸の二重結合の位置によって、**n-6系脂肪酸**と**n-3系脂肪酸**に分けられる。

問7　答2

1　×　炭水化物の目標量は、総エネルギーの 50 ～ 65％である。

2　○　穀類、いも類、砂糖は、ビタミン B₁ を多く含む食品とともに摂るようにする。

3　×　食物繊維は**難消化性**炭水化物と呼ばれ、腸のぜん動運動を**促進**する。

4　×　エネルギー発生量は、1g で約 4kcal である。

問8　答4

1　○　多糖類は、でん粉のほか、グリコーゲンと食物繊維などに分類できる。

2　○　二糖類とは、**単糖類**が 2 分子結合したもので、ショ糖はブドウ糖と果糖が 1 分子ずつ、麦芽糖はブドウ糖が 2 分子、乳糖はブドウ糖とガラクトースが 1 分子ずつ結合している。

3　○　グリコーゲンは**肝臓**や**筋肉**中に、グルコース（ブドウ糖）は血液中に**血糖**として、存在する。

4　×　食物繊維は、ヒトの消化酵素で分解できないため、エネルギー源にならない。

問9　答4

　n-3 系脂肪酸は、不飽和脂肪酸のうち二重結合を 2 つ以上持つ多価不飽和脂肪酸の 1 つで、DHA（ドコサヘキサエン酸）、EPA（エイコサペンタエン酸、IPA〔イコサペンタエン酸〕ともいう）、α-リノレン酸がある。

　リノール酸は n-6 系脂肪酸である。よって、誤っているものは**4**である。

■必須脂肪酸（多価不飽和脂肪酸）の種類

	必須脂肪酸	多く含む食品
n-6 系脂肪酸	リノール酸	綿実油、ひまわり油
	アラキドン酸	肉、魚、卵、母乳
n-3 系脂肪酸	α - リノレン酸	あまに油、えごま油、しそ油
	DHA（ドコサヘキサエン酸）	マグロ、カツオ、ハマチ、ブリ、サバ、イワシ
	EPA（エイコサペンタエン酸）	サバ、マグロ、イワシ

脂質に関する記述として、**誤っているもの**はどれか。

1 脂質は生体組織の材料になり、1g 当たり約 4kcal のエネルギーを発生させる。
2 脂質は、膵液中のリパーゼで分解され、小腸内で消化・吸収される。
3 脳などに存在するリン脂質は、卵黄や大豆に多く含まれている。
4 トランス脂肪酸は摂り過ぎると、冠動脈性心疾患の発生を増加させる。

脂質に関する記述で、**誤っているもの**を 1 つ選びなさい。

1 脂質は、脂溶性ビタミン（A、D、E、K）の吸収を促進する作用がある。
2 脂質は、生体膜の構成素である。
3 飽和脂肪酸には血中 LDL コレステロール低下作用がある。
4 中鎖脂肪酸は水溶性であり、消化吸収により門脈に入っていく。

脂質に関する次の記述のうち、**最も適切なもの**を 1 つ選びなさい。

1 脂肪酸は、二重結合をもつ飽和脂肪酸と、二重結合をもたない不飽和脂肪酸に分けられる。
2 HDL コレステロールは、運動不足などにより過剰になると、動脈硬化を引き起こす。
3 ヒトの必須脂肪酸である α-リノレン酸は、えごま油やあまに油に多く含まれる。
4 日本人の食事摂取基準（2020 年版）では、エネルギー産生栄養素バランスとして、1 歳以上のすべての年齢で、総エネルギーの 10 ～ 15％が脂質の目標量として示されている。

問 10　答 1

1　✕　脂質の 1g 当たりのエネルギー発生量は約 9kcal である。脂質は、生体組織の材料となるほか、活動のエネルギー源でもある。

2　○　リパーゼは脂肪の消化酵素である。

3　○　リン脂質の中で、卵黄や大豆に多く含まれている**レシチン**が代表的なものである。

4　○　トランス脂肪酸は、構造中にトランス型の二重結合をもつ不飽和脂肪酸である。油脂の加工・製造過程で水素を添加する**マーガリン**、**ファットスプレッド**、**ショートニング**、それらを原材料に使ったパン、ケーキ、ドーナツなどの洋菓子、揚げ物などにトランス脂肪酸が含まれている。日常的な多量の摂取により、冠動脈性心疾患の危険性が高まる。

問 11　答 3

1　○　脂溶性ビタミンは、**油脂**に溶ける性質があるため、**油脂**と一緒に吸収される。

2　○　脂質は、生体膜や体脂肪の構成素として重要である。また、エネルギー源として優れている、体内でエネルギーとなるときにビタミン B_1 が不要なためビタミン B_1 の節約になる、などの特徴がある。

3　✕　飽和脂肪酸には、血中 LDL コレステロール**上昇作用**がある。血中 LDL コレステロール低下作用があるのは、不飽和脂肪酸である。

4　○　中鎖脂肪酸は、炭素数が 6 〜 12 個のもので、水に対する溶解度が高く、消化・吸収の際に乳化を必要としないため、リンパ管を通らずに、門脈を通って直接**肝臓**に運ばれる。

問 12　答 3

1　✕　飽和脂肪酸と不飽和脂肪酸が逆である。二重結合を**もつ**不飽和脂肪酸と、二重結合を**もたない**飽和脂肪酸が正しい。

2　✕　HDL コレステロールは、動脈硬化の**予防**につながるため善玉コレステロールと呼ばれている。設問の記述は、LDL コレステロールのことで、悪玉コレステロールと呼ばれている。

3　○　α‐リノレン酸は、必須脂肪酸のうちの n-3 系脂肪酸である。

4　✕　1 歳以上のすべての年齢の脂質の目標量は、総エネルギーの 20 〜 30％である。

問 13 脂質に関する記述で、<u>誤っているもの</u>を1つ選びなさい。

福井

1 必須脂肪酸とは、人の体内で合成することができないため、食品から取り入れなければならない脂肪酸であって、リノール酸・α−リノレン酸・アラキドン酸がある。

2 動物性脂肪に多い飽和脂肪酸は、血中LDLコレステロールを下降させる。

3 炭水化物、タンパク質に比べ胃の中でとどまる時間が長く、腹持ちをよくする。

4 生活習慣病の予防のために、飽和脂肪酸の総エネルギー比率は18歳以上で7.0%以下と設定されている。

たんぱく質・無機質（ミネラル）

問 14 次のたんぱく質に関する記述のうち、<u>誤っているもの</u>はどれか。

長野

1 たんぱく質は、物質代謝に必要な酵素や機能調節を行うホルモンの原料となる。

2 必須アミノ酸とは、かならず食物からとらなければならないアミノ酸である。

3 たんぱく質は胃、小腸でペプシン等の酵素によってアミノ酸に分解され、小腸壁から吸収される。

4 たんぱく質摂取量が多い高齢者では、虚弱（フレイル）が多くみられている。

問 13　　　　　　　　　　　　　　　　　　　　　　　　　**答 2**

1　○　必須脂肪酸には、リノール酸、α-リノレン酸、アラキドン酸などがある。
2　×　飽和脂肪酸は、血中 LDL コレステロールを**上昇**させる。低下させるの
　　　は、植物油や、魚油に多い**多価不飽和脂肪酸**である。
3　○　炭水化物は口や胃、たんぱく質は**胃**において、消化酵素によって消化
　　　されるが、脂質は腸に入ってから膵液中の消化酵素**リパーゼ**の作用により
　　　分解され、小腸内で消化・吸収される。したがって、胃の中に最後まで残っ
　　　ているのが脂質であり、空腹になりにくいといえる。
4　○　「日本人の食事摂取基準（2020 年版）」においても、男性女性とも同
　　　じ値に設定されている。

■脂肪酸の種類と特徴

種類		特徴・おもな働き
飽和脂肪酸		バター、牛脂、豚脂など動物性食品の油脂に多く含まれている。血中 LDL コレステロール**上昇**作用がある。
不飽和脂肪酸	一価不飽和脂肪酸	オレイン酸はオリーブ油や菜種油などに含まれている。
	多価不飽和脂肪酸	植物油に多い多価不飽和脂肪酸（リノール酸、α-リノレン酸）や、魚油に多いイコサペンタエン酸（IPA）とドコサヘキサエン酸（DHA）は、血栓予防、血中 LDL コレステロール低下作用がある。

問 14　　　　　　　　　　　　　　　　　　　　　　　　　**答 4**

1　○　たんぱく質は、血液、筋肉組織、内臓、脳、皮膚、毛髪、爪の成分で
　　　もある。
2　○　必須アミノ酸は 9 種類あり、体内で合成できないため、食物からとら
　　　なければならない。
3　○　たんぱく質の消化は**胃**から**スタート**する。胃液のペプシン、膵液のト
　　　リプシンやキモトリプシン、腸液のアミノペプチダーゼやジペプチダーゼ
　　　などのたんぱく質消化酵素によって、**アミノ酸**にまで分解され、小腸壁か
　　　ら吸収される。
4　×　　虚弱（フレイル）が多くみられるのは、たんぱく質摂取量が少ない高
　　　齢者である。筋肉や内臓など、我々の体のあらゆる組織はたんぱく質ででき
　　　ており、活動のエネルギー源にもなっている。たんぱく質の摂取量を確
　　　保しないと、筋肉の量や質が低下し、フレイルを招きやすくなる。

問15 次のたんぱく質に関する記述のうち、適切でないものを1つ選びなさい。
愛媛

1 たんぱく質は、約10種類のアミノ酸が二重結合でつながった化合物である。

2 たんぱく質は、卵、乳、魚、肉類に多く含まれ、穀類や野菜類などには比較的少ない。

3 たんぱく質は、筋肉、血液、爪、毛髪などの主成分である。

4 カシオコア（クワシオルコル）は、たんぱく質欠乏性栄養障害である。

問16 次のうち、ヒトの必須アミノ酸として、最も適切なものを1つ選びなさい。
愛媛

1 アスパラギン

2 イソロイシン

3 セリン

4 グリシン

問17 無機質（ミネラル）とそれを含む食品の組合せとして、誤っているものを1つ選べ。
関西広域

1 マグネシウム ─────── オリーブオイル

2 亜鉛 ──────────── 牡蠣_{か　き}

3 カルシウム ─────── 牛乳

4 鉄 ──────────── 豚レバー

問18 ミネラルの働きについての記述で、誤っているものを1つ選びなさい。
奈良

1 エネルギーの供給源になる。

2 血液、体液のpHを正常に保つ。

3 骨や歯をつくる。

4 細胞膜の浸透圧を正常に保つ。

問15　答 1

1　×　たんぱく質は、約20種類のアミノ酸がペプチド結合により数多くつながった**巨大な化合物**である。

2　○　卵、乳、魚、肉類などの動物性食品に多く含まれる。穀類や野菜類などの植物性食品には少ないが、大豆はたんぱく質含有量が多い。

3　○　たんぱく質は、生物の重要な構成成分のひとつであり、ほかに、内臓、皮膚、ペプチドホルモンなどの主成分でもある。

4　○　たんぱく質が欠乏すると、カシオコアと呼ばれる**栄養障害**が起こり、むくみ、肝臓肥大などの症状が現れる。

問16　答 2

設問の4つのアミノ酸のうち、**イソロイシン**は、体内で合成できないため食物から摂取しなければならない9種類の必須アミノ酸の1つである。よって、ヒトの必須アミノ酸とされているものは**2**である。

■9種類の必須アミノ酸

・リシン（リジン）	・ヒスチジン	・バリン	・ロイシン	・イソロイシン
・トリプトファン	・メチオニン	・スレオニン（トレオニン）	・フェニルアラニン	

問17　答 1

1　×　マグネシウムは、**種実類**、**野菜類**、**豆類**などに多く含まれている。オリーブオイルは、完熟オリーブの果肉からとれる油で、一価不飽和脂肪酸のオレイン酸を多く含んでいる。

2　○　亜鉛は、魚介類、肉類、**種実類**などに多く含まれている。

3　○　カルシウムは、牛乳・乳製品、**魚介類**（小魚）、緑黄色野菜などに多く含まれている。

4　○　鉄は、レバー、**あさり**、海藻類、野菜類などに多く含まれている。

問18　答 1

ミネラル（無機質）は、水素、酸素、炭素、窒素以外の成分をいう。燃えない成分が多く、**灰分**ともいわれる。生体内では少ない成分だが、①体機能の維持・調整をする、②骨や歯をつくる、③**血液**、**体液**のpHを正常に保つ、④細胞膜の浸透圧を正常に保つ、⑤**酵素**や**ホルモン**の成分となるなど、さまざまな働きをする。以上のように、ミネラルは、**体機能の維持・調整**をする栄養素で、エネルギー源となる栄養素で**ない**。よって、誤っているものは**1**である。

問 19 ミネラルと欠乏症の組み合わせとして、誤っているものを1つ選びなさい。

1 亜鉛 ——————————— 味覚障害
2 ヨウ素 ——————————— 発育不全、クレチン病
3 カリウム ——————————— 筋無力症、不整脈
4 カルシウム ——————————— 貧血

問 20 次の文のうち、誤っているものを1つ選びなさい。

1 ナトリウムの主な摂取源は、食事中の食塩である。
2 体内のカルシウムの99%は、骨と歯に含まれる。
3 リンの過剰摂取は、カルシウムの吸収を悪くする。
4 体内の鉄の約70%は、肝臓に存在する。

ビタミン

問 21 次のビタミンとその欠乏症、及びそのビタミンを多く含む食品の組み合わせのうち、誤っているものを1つ選びなさい。

1 ビタミンA ・・・・ 夜盲症 ・・・・・ 緑黄色野菜
2 ビタミンB₁ ・・・・ 脚気（かっけ） ・・・・・・ 玄米、牛乳
3 ビタミンC ・・・・ 壊血病 ・・・・・ 果物、淡色野菜
4 ビタミンD ・・・・ 骨粗鬆症（こつそしょう） ・・・・ いくら、きのこ類

問19 答4

1 ○ 亜鉛には、たんぱく質や核酸の代謝、味覚の維持に関与する作用がある。欠乏症にはほかに、皮膚炎、**発育**不全などがある。

2 ○ ヨウ素は、甲状腺ホルモン（サイロキシン）の成分である。欠乏症にはほかに、甲状腺腫などがある。

3 ○ カリウムには、体液の浸透圧の維持や筋肉の収縮作用がある。

4 ✕ カルシウムは、骨と歯の成分で、血液の凝固作用や筋肉の収縮作用があり、欠乏症は、**くる病、骨軟化症、骨粗鬆症**などである。貧血は、鉄や銅の欠乏症である。

問20 答4

1 ○ ナトリウムは主に食塩として摂取されている。過剰摂取は、胃がんや高血圧などの**生活習慣病**を招くおそれがある。

2 ○ 残りの約1%は、血液中や体液に含まれる。

3 ○ リンを過剰摂取するとカルシウムの吸収を抑制する働きがある。リンは、食品添加物として広く用いられているので、摂り過ぎないように注意する。

4 ✕ 体内の鉄の約70%は、**血液中のヘモグロビン**の成分である。残りが肝臓や筋肉に存在する。

問21 答2

1 ○ ビタミンAには、**視覚**の正常化や皮膚・粘膜の保護などの働きがある。多く含む食品には、レバー、うなぎ、卵黄などもある。

2 ✕ ビタミンB_1は炭水化物（糖質）の代謝に関与するビタミンで、欠乏症は脚気であるが、ビタミンB_1を多く含む食品に、牛乳はあてはまらない。ビタミンB_1を多く含む食品は、玄米のほかに**豚肉、豆類、胚芽**などがある。

3 ○ ビタミンCには、コラーゲンの生合成や**抗酸化作用**などの働きがある。

4 ○ ビタミンDには、**カルシウム**の吸収促進や骨の代謝などの働きがある。多く含む食品には、肝油、魚介類などもある。

問 22 ビタミンとその欠乏症の組み合わせとして、正しいものを 1 つ選びなさい。

センター

（ビタミン）　　　　　　　（欠乏症）
1　ビタミン B_1 ——————— 脚気
2　ビタミン B_2 ——————— ペラグラ
3　ビタミン B_6 ——————— 壊血病
4　ビタミン B_{12}——————— 夜盲症

問 23 次の文のうち、ビタミンに関する記述として誤っているものを 1 つ選びなさい。

福島

1　ビタミン B_1 は、水溶性ビタミンである。
2　水溶性ビタミンは、過剰摂取により健康障害を引き起こす。
3　ビタミン B_2 は、細胞の再生や成長を促進する働きを持つ。
4　ビタミン D の欠乏により、骨軟化症やくる病を引き起こす。

⬤ ホルモン・消化と吸収

問 24 次のホルモンに関する記述のうち、正しいものはどれか。

静岡

1　グルカゴンは、血糖の上昇にともなって分泌され、血中のグルコースを筋肉、脂肪組織、肝臓に取り込み、血糖を低下させる。
2　インスリンは、血糖の低下にともなって分泌され、肝臓のグリコーゲンの分解を促進し、血糖を上昇させる。
3　膵臓ホルモンは、膵臓のランゲルハンス島の各細胞から分泌されるペプチドホルモンである。
4　セクレチンは、インスリンやグルカゴンの分泌を抑制するときに分泌される。

問 22 答 1

1 ○ ビタミン B_1 は、炭水化物（糖質）の代謝に補酵素として働く。不足すると**脚気**になり、全身の倦怠感、食欲不振、足のむくみなどの症状が起こる。

2 × ビタミン B_2 は、成長促進因子で、脂質の代謝に補酵素として働く。欠乏症は、**口角炎、口内炎、発育不良**などである。ペラグラは、ナイアシンの欠乏症である。

3 × ビタミン B_6 は、アミノ酸代謝の補酵素として働く。欠乏症は、**脂漏性皮膚炎、口角炎、舌炎**などである。壊血病は、ビタミン C の欠乏症である。

4 × ビタミン B_{12} は、葉酸代謝の補酵素として働く。欠乏症は、**悪性貧血**などである。夜盲症は、ビタミン A の欠乏症である。

問 23 答 2

1 ○ 記述のとおりである。なお、脂溶性ビタミンはビタミン A、D、E、K の 4 つ、それ以外は水溶性ビタミンである。

2 × 記述の説明は、**脂溶性**ビタミンのことである。

3 ○ ビタミン B_2 は、成長促進因子である。脂質の代謝の補酵素でもある。

4 ○ ビタミン D は、小腸内でのカルシウムとリンの吸収を促進し、骨の形成に関与するビタミンである。

問 24 答 3

1 × 記述は、**インスリン**の内容である。グルカゴンは、膵臓のランゲルハンス島 α 細胞から分泌され、血糖値を上昇させる作用がある。

2 × 記述は、**グルカゴン**の内容である。インスリンは、膵臓のランゲルハンス島 β 細胞から分泌され、グルカゴンとは反対の働きにより、血糖値を低下させる作用がある。

3 ○ なお、膵臓ホルモンであるインスリンの分泌量または作用が不足した状態を**糖尿病**という。

4 × セクレチンは消化管ホルモンで、**膵液の分泌を促進**する作用がある。

■インスリンとグルカゴンの作用

インスリン	膵臓のランゲルハンス島 β 細胞から分泌されるホルモンで血糖値を**下げる**作用がある。※分泌量または作用が不足した状態を糖尿病という。
グルカゴン	膵臓のランゲルハンス島 α 細胞から分泌されるホルモンで血糖値を**上げる**作用がある。

問 25 次の消化液と酵素に関する組み合わせのうち、<u>誤っているもの</u>を 1 つ選びなさい。

愛媛

1 唾液 ——————— アミラーゼ
2 胃液 ——————— ペプシン
3 膵液 ——————— マルターゼ
4 膵液 ——————— リパーゼ

問 26 消化酵素とその酵素により消化される物質の組合せで、正しいものを 1 つ選べ。

関西広域

1 アミラーゼ ——————— たんぱく質
2 トリプシン ——————— 脂質
3 リパーゼ ——————— でん粉
4 ラクターゼ ——————— 乳糖

問 27 ホルモンとその作用の組み合わせとして、正しいものを 1 つ選びなさい。

福井

1 インスリン ——————— 血糖上昇作用
2 アドレナリン ——————— 胆のう収縮作用
3 ガストリン ——————— 胃酸分泌促進
4 セクレチン ——————— 血圧低下作用

問 28 次の文のうち、<u>誤っているもの</u>を 1 つ選びなさい。

福島

1 お茶やほうれん草には、鉄の吸収を抑制する因子が含まれている。
2 亜鉛の欠乏症状には、皮膚障害や味覚障害等がある。
3 カリウムの過剰摂取は、高血圧を引き起こす。
4 ヨウ素は、甲状腺ホルモン（チロキシン）の構成成分である。

問25 　答 3

1 ○　唾液アミラーゼは、食品中のでんぷんを分解し、麦芽糖（マルトース）になるまでの中間物質である**デキストリン**を生成する。

2 ○　胃液のペプシンは、たんぱく質をペプトン、プロテオースに分解する。

3 ×　マルターゼは、小腸の微絨毛表面に局在する**膜消化酵素**である。麦芽糖（マルトース）をブドウ糖に分解する。

4 ○　膵液のリパーゼは、中性脂肪を脂肪酸とモノグリセリドに分解する。

問26 　答 4

1 ×　唾液アミラーゼは、**でん粉を麦芽糖に**分解する。

2 ×　膵液のトリプシンは、**たんぱく質に**消化酵素として作用する。

3 ×　膵液のリパーゼは、**中性脂肪を**脂肪酸とモノグリセリドに分解する。

4 ○　腸では、膜消化酵素のラクターゼが、乳糖をブドウ糖とガラクトースに分解する。

問27 　答 3

1 ×　インスリンは、膵臓のランゲルハンス島 β 細胞から分泌され、**血糖下降作用**がある。分泌量または作用が不足した状態を糖尿病という。

2 ×　アドレナリンはノルアドレナリンとともに副腎髄質から分泌される。交感神経の末端を刺激して毛細血管を収縮させ、**血圧上昇作用**がある。

3 ○　ガストリンは、胃や十二指腸から分泌される消化管ホルモンである。

4 ×　セクレチンは、十二指腸から分泌される消化管ホルモンで、膵臓からの**膵液分泌促進作用**がある。

問28 　答 3

1 ○　お茶に含まれる**タンニン**やほうれん草のえぐみ成分であるシュウ酸などは、鉄の吸収を抑制する。

2 ○　記述のとおりである。亜鉛は、たんぱく質や核酸の合成に関与する無機質（ミネラル）で、主に魚介類や肉類に含まれている。

3 ×　設問の記述は、ナトリウムのことである。カリウムの欠乏症として、**筋無力症**がある。

4 ○　生体内のヨウ素は、ほとんどが甲状腺に存在している。

問 29 消化と吸収について、誤っているものを 1 つ選びなさい。

福井

1 肝臓では、たんぱく質の消化吸収を助ける胆汁を生成している。

2 ビタミン B_{12} の吸収には、胃液に含まれる内因子が必要である。

3 乳糖は、ラクターゼによってブドウ糖とガラクトースに分解される。

4 化学的消化とは、消化液（消化酵素）による栄養素の加水分解のことである。

問 30 次の消化吸収に関する記述のうち、正しいものはどれか。

山梨

1 乳糖は、スクラーゼによって、ブドウ糖と果糖になる。

2 唾液中のアミラーゼは、たんぱく質を加水分解する。

3 たんぱく質消化酵素のトリプシンは、胃液に多く含まれる。

4 小腸におけるカルシウムの吸収は、活性型ビタミン D により促進される。

 ライフステージと栄養

問 31 ライフステージと栄養に関する記述のうち、正しいものを 1 つ選べ。

関西広域

1 妊娠期には貧血になりやすいため、良質なたんぱく質、鉄、ビタミンを十分に摂り、栄養バランスに留意する。

2 母乳は乳児にとって最良のものであり、感染抑制作用をもつ免疫アルブミンが含まれている。

3 離乳は、通常、生後 5、6 か月頃から始め、9〜12 か月頃には完成する。

4 幼児期には、適切な食習慣をつけるため、間食はさせない。

問29　　　　　　　　　　　　答 1

1 ×　たんぱく質ではなく、**脂質の消化吸収を助ける**作用として、胆汁を生成している。

2 ○　内因子とは、**胃から分泌される糖たんぱく質**のことで、回腸におけるビタミン B_{12} の吸収に必要不可欠である。

3 ○　ラクターゼは、小腸の上皮細胞に多く存在し、乳糖を加水分解するのに重要な**酵素**である。

4 ○　消化にはほかに、嚥下、咀嚼などの**物理的（機械的）**消化と、腸内細菌による発酵や腐敗を起こす**細菌学的**消化がある。

問30　　　　　　　　　　　　答 4

1 ×　乳糖は、消化酵素の**ラクターゼ**によって、ブドウ糖と**ガラクトース**に分解される。設問の記述は、ショ糖（スクロース）のことである。

2 ×　唾液中のアミラーゼは、でんぷんを麦芽糖に分解する。

3 ×　トリプシンは、**膵液**に含まれる。胃液に含まれる消化酵素は、ペプシンである。

4 ○　無機質は小腸や大腸で吸収される。無機質のひとつであるカルシウムの小腸における吸収は、体内で活性化したビタミン D によって促進される。また、同じ無機質の**鉄**については、小腸での吸収率が低いが、ビタミン C や良質のたんぱく質が吸収率を高めることができる。

問31　　　　　　　　　　　　答 1

1 ○　特に、鉄やビタミンの多いレバーは、貧血の予防と治療に最適な食品であり、食事にうまく取り入れるようにする。

2 ×　母乳に含まれる感染抑制物質は、**免疫グロブリン**である。アルブミンは、たんぱく質の一種で、免疫成分ではない。

3 ×　離乳は、生後 5、6 か月頃から始め、12 〜 18 か月頃には完成する。

4 ×　3 度の食事を規則的にして、間食も**量と時間**を決めて与えるようにする。

幼児の間食の目安は、総エネルギーの 10 〜 20%程度だよ。

問32 乳幼児期の栄養に関する記述のうち、正しいものを 1 つ選びなさい。

長崎

1 初乳（分娩後 3 ～ 4 日ころ）には、たんぱく質や免疫グロブリン A（IgA）が多い。
2 混合栄養より人工栄養の方が優れている。
3 離乳とは、母乳や母乳代替品の粉乳等の乳汁からの栄養摂取をすべて断つことである。
4 幼児期には間食を与えない方がよい。

問33 次の高齢期の栄養と運動に関する記述のうち、誤っているものを 1 つ選び、その番号を記入しなさい。

鹿児島

1 高齢者は味覚が鈍くなるので、味付けを濃くする必要がある。
2 ロコモティブシンドロームなど運動不足による筋力低下が問題となっている。
3 高齢者は口渇感が鈍くなり、脱水症状を起こしやすいため、水分を十分に補給する必要がある。
4 高齢者は量より質を重視したたんぱく質摂取を心掛け、良質のたんぱく質を少しずつ毎日食べるようにするのが良い。

問34 生活習慣病に関する記述で、（　　）に入る語句として、正しいものを 1 つ選びなさい。

福井

生活習慣病は、生活習慣が発症の原因となる病気で、（　　）、糖尿病、脂質異常症などがある。
1 高血圧症
2 結核
3 花粉症
4 食物アレルギー

問 32　答 1

1　○　初乳は、その後に分泌される成熟乳に比べて、たんぱく質や無機質、感染抑制作用のある免疫物質を多く含んでいる。

2　×　混合栄養は、母乳が不足したときや母親が就労していて授乳が難しいときに、不足分を人工乳で補うことをいう。母乳は最も理想的な栄養法であるが、栄養方法にかかわらず、授乳を通じての健やかな親子関係づくりが大切であり、優劣をつける必要はない。

3　×　離乳とは、幼児期の食生活に移行するための時期である。離乳食とは別に、母乳または**育児用ミルク**は子どもの欲するままに与える。

4　×　1日1～2回の間食を与える。幼児期の消化能力は未熟であり、1回に食べられる量が限られるため、食事だけでは不足するエネルギー、栄養素、水分を間食で補う必要がある。

問 33　答 1

1　×　味付けが濃くなりがちであるが、塩分や砂糖の摂り過ぎは高血圧や動脈硬化につながるので、味付けは**薄味**を心がける。

2　○　体を動かすための組織や器官のことを運動器といい、骨・筋肉・関節・じん帯・腱・神経などから構成されている。この運動器の障害のために歩行能力の低下をきたし、要介護になったり、要介護の危険性が高い状態を「ロコモティブシンドローム（運動器症候群）」という。現状では、平均寿命の延びに運動器の健康が追いついておらず、対策が急がれている。

3　○　口渇感が鈍くなっているという意識をもって、こまめに水分を補給することが大事である。

4　○　量は少なくても、良質なたんぱく質源の**肉類**、**魚介類**、大豆製品、卵などを毎日摂るように心がける。

問 34　答 1

　生活習慣病とは、食習慣、運動習慣、飲酒、喫煙などの日常の生活習慣が、糖尿病、脂質異常症、**高血圧症**、悪性新生物、心疾患、脳血管疾患など多くの疾病の発症や進行に深く関わっている疾患である。よって、正しいものは **1** である。

問 35 日本人の食事摂取基準（2020 年版）において、生活習慣病の予防を目的に設定されている栄養素の指標として、正しいものを 1 つ選びなさい。

1 推定平均必要量
2 推奨量
3 耐容上限量
4 目標量

問 36 ライフステージと栄養について、誤っているものを 1 つ選びなさい。

福井

1 妊娠期には、妊娠高血圧症候群、肥満、糖尿病などになりやすいため、予防するために食塩やエネルギーの過剰摂取を避ける。
2 幼児期は、虫歯や生活習慣病を予防するため、間食を控える。
3 成人期は、健康を妨げる要因が増え、生活習慣病のリスクが高くなる時期である。
4 高齢期は、消化・吸収能力が落ちるため、たんぱく質は量より質を重視する。

病態と栄養

問 37 体格指数（BMI）に基づく肥満の判定に関する記述について、（　　）の中に入れるべき字句の正しい組合せを 1 つ選べ。

関西広域

　BMI は肥満の判定に用いられ、BMI ＝（　A　）÷（　B　）で求められ、BMI の値が（　C　）以上を肥満と判定する。

	A	B	C
1	$(身長（m))^2$	体重（kg）	0.05
2	体重（kg）	$(身長（m))^2$	25
3	$(身長（m))^2$	体重（kg）	0.1
4	体重（kg）	$(身長（m))^2$	30

問 35 答 4

1 ×　推定平均必要量は、栄養素の**摂取不足**の回避を目的として設定されたもので、半数の人が必要量を満たす量である。

2 ×　推奨量は、推定平均必要量を**補助**する目的で設定されたもので、ほとんどの人が充足している量である。

3 ×　耐容上限量は、栄養素の**過剰摂取**による**健康障害**の回避を目的として設定されたものである。

4 ○　目標量は、生活習慣病の予防のために現在の日本人が当面の目標とすべき摂取量として設定されたものである。

問 36 答 2

1 ○　塩分に加え、**砂糖**の摂り過ぎにも気をつける。また、下痢の予防として、冷たいもの、消化に悪いもの、鮮度の落ちたものは避けるようにする。

2 ×　幼児期の消化能力は未熟であり1回に食べられる量が限られるため、**食事**だけでは**不足**するエネルギー、栄養素、水分を間食で補うようにする。市販の菓子には味が濃く、糖分や塩分が多く入っているものもある。虫歯や生活習慣病の予防のためにも、間食には、牛乳・乳製品、果物、ふかしいもなど、自然の味を生かしたものが望ましい。

3 ○　成人期は、社会生活の多忙さから、欠食や外食、アルコール摂取の機会と、ストレスなどが多くなり、栄養のバランスの悪い食生活、運動不足になりがちな時期である。

4 ○　良質なたんぱく質源である、**肉類**、**魚介類**、大豆製品、卵などを、毎日摂るように心がける。

はちみつは、ボツリヌス菌による食中毒予防のため、満1歳になるまで与えちゃダメだよ。

問 37 答 2

　肥満は多くの生活習慣病の原因となるため、予防や減量を心がける。肥満は体格指数である BMI で判定され、次の計算式で求められる。

体重（kg）÷（身長（m））²

　求められた BMI は 22 を標準とし、25 以上を肥満としている。よって、正しい組合せは **2** である。

問38 鉄欠乏性貧血の食事の注意事項に関する次の記述について、（　　）に入る語句の組み合わせとして、最も適切なものを1つ選びなさい。

「鉄欠乏性貧血の食事は、高たんぱく質食とする。（　A　）は鉄の吸収を高めるので意識して一緒に摂取するが、（　B　）は鉄の吸収を阻害するので留意する。（　C　）食品に含まれる鉄は、吸収がよいので、貧血の予防等に効果的である。」

	（　A　）	（　B　）	（　C　）
1	ビタミンC	タンニン	動物性
2	クエン酸	シュウ酸	植物性
3	タンニン	クエン酸	動物性
4	シュウ酸	ビタミンC	植物性

問39 2型糖尿病の食事療法に関する記述として、正しいものはどれか。

1 糖尿病の食事交換表は、1単位100kcalとし、1単位分の食品重量のみ示している。
2 運動量を増やせば、食事量は自由にしてよい。
3 糖質、たんぱく質、脂質のバランスを適正にして、食物繊維は控える。
4 動脈硬化の予防のために、コレステロールの多い食品を控え、適量の植物油を摂る。

問40 次の高血圧症（本態性高血圧症）の記述で、誤っているものはどれか。

1 適量の動物性食品（脂肪の多い肉は避ける）に、野菜、いも、豆、海藻などを豊富に用い、無機質、ビタミン、食物繊維などが不足しないようにする。
2 カリウムの摂取は、病態に合わせて1日3g未満に制限する。
3 標準体重を維持するために、エネルギーをとりすぎないようにする。
4 脂質の摂取は、コレステロールや飽和脂肪酸の摂取を控え、肉より魚を積極的に摂取する。

問38
答 1

　ビタミン C は鉄の吸収を高めるので一緒に摂取するとよいが、緑茶や紅茶などに含まれる**タンニン**は、鉄の吸収を阻害するので注意する。赤身の肉や魚などの**動物性**食品に含まれる鉄は吸収がよいので、貧血の予防等に効果的である。よって、A は**ビタミン C**、B は**タンニン**、C は**動物性**となり、適切なものは **1** である。なお、クエン酸にも鉄の吸収を高める効果がある。

問39
答 4

1 ×　1 単位 80kcal とし、1 単位で食べられる食品の量が栄養素別に示されている。

2 ×　治療には、基本的に**食事療法**を主に、生活習慣の改善指導が重要である。運動療法も行いつつ、食事量については、**腹八分目**にする。

3 ×　摂取エネルギーの適正な制限と各栄養素の摂取バランスを適正にして、食物繊維は**積極的に摂取**する。食物繊維には、食後の血糖値急上昇抑制作用や満腹感の維持などの作用がある。

4 ○　各栄養素の摂取バランスを適正にするために、脂質はエネルギーの 20 ～ 30％を摂取し、脂質の内容を体によいものにする。

> ### ポイント　糖尿病の種類
>
> 1 型糖尿病……膵臓の β 細胞というインスリンをつくる細胞が破壊され、インスリンの量が絶対的に足りなくなって起こる。若年期に始まることが多い。
>
> 2 型糖尿病……肝臓や筋肉などの細胞のインスリン作用が低下し、ブドウ糖をうまく取り入れられなくなって起こる。食事や運動などの生活習慣が関係する場合が多い。日本人の糖尿病の 90％以上はこのタイプである。

問40
答 2

　高血圧症は、血圧が病的に高くなる疾患で、心疾患や脳血管疾患などの原因となる。食事療法では、**食塩**・アルコールを控える、カリウム・食物繊維を十分にとる、過食を避ける、動物性脂肪をとりすぎないなどがある。カリウムは高血圧の原因となるナトリウムの作用を弱める働きがあるので、摂取を制限するのは**食塩（ナトリウム）**である。高血圧症の場合の**食塩**の摂取は、病態に合わせて 1 日 6g 未満に制限する。よって、誤っているものは **2** である。

問41 疾病とその食生活に関する記述について、誤っているものを 1 つ選べ。

1 脂質異常症では、飽和脂肪酸を多く含む動物性脂肪の摂取を少なめにする。

2 腎炎では、高たんぱく質食とする。

3 痛風では、プリン体を多く含む内臓や獣鳥肉類を避ける。

4 弛緩性便秘症では、水分や食物繊維を十分に摂取する。

問42 食物アレルギーに関する記述のうち、誤っているものを 1 つ選び、その記号を記入しなさい。

1 アレルギーの原因物質をアレルゲン（抗原）という。

2 ある食べ物に対して過剰な免疫反応が起こり、じんましんやアナフィラキシーショック、嘔吐、下痢、湿疹などの症状が起こる。

3 乳幼児の 3 大原因食品として、鶏卵、牛乳、魚がある。

4 アレルギー対応食には、正しい判断に基づいた必要最小限の原因食物の除去を基本とする。

問43 病態と食事療法の組み合わせで、誤っているものを 1 つ選びなさい。

1 高血圧症 ———————— カリウムの十分な摂取を心がける。

2 痛風 ———————— プリン体を多く含む食品を積極的に摂取する。

3 脂質異常症 ———————— 獣鳥肉類より魚類を積極的に摂取する。

4 鉄欠乏性貧血 ———————— 動物性たんぱく質を十分に摂取する。

問41　　答 2

1 ○　他に、適正な体重を保つ、食物繊維を十分摂る、植物油や魚油に多く含まれる不飽和脂肪酸を適量摂取する、中性脂肪値を高くする糖質や**アルコール**を摂り過ぎないなども心がける。

2 ×　十分なエネルギー補給は必要であるが、**たんぱく質制限食**、食塩制限が効果的である。

3 ○　また、アルコール、脂質、炭水化物の摂り過ぎに注意し、**標準体重を**維持できるようにする。

4 ○　起きてすぐに水を飲んだり、排便を促す催便性食品について指導を受ける。

問42　　答 3

1 ○　食物アレルギーは、**食物中**のアレルゲンによって症状が出る。

2 ○　全身性症状のアナフィラキシーに加え、血圧低下、意識消失、虚脱状態などのアナフィラキシーショックが起こった場合は、緊急に対応しなければ生命に危険が及ぶ状況である。

3 ×　乳幼児の 3 大原因食品は、**鶏卵、牛乳、小麦**である。

4 ○　原因食物の除去は、食物経口負荷試験による正しい診断に基づいて、食べると症状が誘発される食物だけを除去する。定期的に栄養評価を行い、食物除去による栄養不良を未然に防ぐようにする。

問43　　答 2

1 ○　カリウムを多く含む**野菜、海藻、豆、いも**などを十分に摂取し、バランスのよい食事を心がける。**食塩**については、1 日 6g 未満に制限する。

2 ×　プリン体を多く含む食品を**避けて**、アルコールを飲みすぎないようにする。

3 ○　飽和脂肪酸を多く含む獣鳥肉類より、不飽和脂肪酸を多く含む魚類を摂取し、**動脈硬化**を予防する。

4 ○　獣肉や魚肉に含まれる吸収率の高いヘム鉄の十分な摂取を心がける。

ビタミンCや良質のたんぱく質と一緒に摂ると、鉄の吸収がよくなるよ。

問44 病態と栄養について、誤っているものを1つ選びなさい。

1 肥満とは、体脂肪が過剰に蓄積した状態であり、生活習慣病の原因となる。

2 血液中のLDLコレステロールやトリグリセリド（中性脂肪）が異常に増加した状態を脂質異常症という。

3 標準体重は、体重（kg）÷身長（m）^{2}の式で求めることができる。

4 急性胃炎は、胃酸分泌を促進するアルコール、コーヒー、紅茶などの刺激物を避ける。

国民の栄養状態

問45 食事バランスガイドの2,200±200kcalの「基本形」の場合の料理区分と摂取量の目安量（サービング数）の組み合わせのうち、誤っているものを1つ選びなさい。

1 主食 ——————— 5〜7つ（SV）

2 副菜 ——————— 1〜2つ（SV）

3 主菜 ——————— 3〜5つ（SV）

4 果物 ——————— 2つ（SV）

問46 次の日本人の食事摂取基準（2020年版）に関する記述のうち、誤っているものを1つ選びなさい。

1 使用期間は令和2（2020）年度から令和6（2024）年度までの5年間である。

2 策定目的に、生活習慣病の発症予防及び重症化予防のほか、高齢者の低栄養予防やフレイル予防が加えられた。

3 ナトリウム（食塩相当量）について、15歳以上男性で7.5g未満/日、12歳以上女性で6.5g未満/日と、2015年版よりもさらに低い目標が設定された。

4 栄養素の指標のうち、推定平均必要量はほとんどの人が充足している量である。

問44

答 3

1　○　肥満は、**過食**と**運動不足**によるものが多く、生活習慣病の原因となる。よって、適切な減量や肥満の予防は、生活習慣病の予防につながる。

2　○　脂質異常症は、**動脈硬化**を引き起こす。食事療法として、エネルギーの過剰摂取を避ける、動物性脂質を少なめにして EPA や DHA の多い魚を食べるなどがある。なお、HDL コレステロールが低下した状態も脂質異常症という。

3　×　設問の式で求められるものは、**体格指数**の BMI（Body Mass Index）である。統計的に最も病気にかかりにくい BMI22 を標準とし、25 以上を肥満としている。なお、標準体重は、**身長**（m）^{2} × **22** の式が用いられる。

4　○　記述のとおりである。胃が荒れると起こるのが急性胃炎である。1 食～ 1 日は絶食し、その後、消化しやすいものを食べて安静にすれば、2 ～ 3 日で胃は回復する。

■目標とする BMI（kg/m^2）の範囲

18 ～ 49 歳	18.5 ～ 24.9
50 ～ 64 歳	**20.0** ～ 24.9
65 歳以上	21.5 ～ 24.9

問45

答 2

1　○　主食は、ごはん、パン、麺などが主材料である。

2　×　副菜は、野菜、きのこ、いも、海藻料理が主材料で、5 ～ 6 つ（SV）である。

3　○　主菜は、**肉**、**魚**、**卵**、大豆料理が主材料である。

4　○　果物は、みかんだったら 2 個程度である。

本冊 P.255 食事バランスガイドを参照。

問46

答 4

1　○　日本人の食事摂取基準は、健康増進法に基づき厚生労働大臣が定めるもので、5 年ごとに発表される。

2　○　**糖尿病**等有病者数の増加や、高齢化の進行に即したものとなっている。

3　○　2015 年版の目標は、18 歳以上男性で 8.0g 未満 / 日、18 歳以上女性で 7.0g 未満 / 日であった。

4　×　推定平均必要量は、**半数**の人が充足している量である。ほとんどの人が充足している量は、**推奨量**である。

栄養学

問 47 次の文のうち、「食事バランスガイド」（平成 17 年 6 月厚生労働省・農林水産省決定）に関する記述として誤っているものを 1 つ選びなさい。 福島

1 主食、副菜、主菜、牛乳・乳製品、果物の 5 つの料理に区分されている。
2 1 か月に何を、どれだけ食べればよいかを区分ごとに示している。
3 食べる目安量の単位として、SV（サービング）が用いられる。
4 継続的な運動の重要性が表現されている。

問 48 次の国民の栄養状態に関する記述のうち、誤っているものはどれか。 沖縄

1 国民の栄養素等摂取状況と身体状況は、厚生労働省が毎年実施する国民健康・栄養調査によって明らかにされている。
2 現在のエネルギー摂取量は、昭和 60 年と比べると減少している。
3 穀類エネルギー比率は、令和元年度は 40％を割っている。
4 食塩摂取量は、近年増加傾向にある。

問 49 栄養と健康について、誤っているものを 1 つ選びなさい。 福井

1 生命維持のために、必要な生体成分の合成と分解をくりかえすことを代謝という。
2 人体を構成する成分の割合で、もっとも多いのは水分である。
3 WHO は、健康について「健康とは、疾病や虚弱でない状態である。」と定義している。
4 国民の健康づくり、生活習慣病の予防、食料自給率の向上をねらいとして、厚生労働省および農林水産省から「食事バランスガイド」が示されている。

問 50 「6 つの基礎食品」に関する組み合わせのうち、誤っているものはどれか。 沖縄

1 第 1 群 —————— 魚、肉、卵、大豆
2 第 3 群 —————— 牛乳・乳製品、骨ごと食べられる魚
3 第 5 群 —————— 米、パン、めん、いも
4 第 6 群 —————— 油脂

問 47 　　答 2

1 ○ 　毎日の食事が主食、副菜、主菜、牛乳・乳製品、果物の 5 つに区分されている。

2 × 　1 日に「何」を「どれだけ」食べたらよいかを示している。

3 ○ 　料理 1 皿ずつに、1 つ（SV）という単位が用いられている。

4 ○ 　継続的に回転（運動）しないとコマが安定しないことが表されている。

問 48 　　答 4

1 ○ 　ただし、2020（令和 2）、2021（令和 3）年の調査は中止されている。

2 ○ 　1985（昭和 60）年 2,088kcal に比べ 2019（令和元）年 1,903kcal となっており、減少している。

3 ○ 　米の摂取量の減少により、低下傾向が続いている。

4 × 　少しずつだが、減少傾向にある。

問 49 　　答 3

1 ○ 　なお、人の場合必要な生体成分は、生物が外界から食べものを摂取することで得られる。

2 ○ 　人体の構成成分の割合は、成人男女平均でおおよそ、水分（50 ～ 60%）、脂質（15 ～ 20%）、たんぱく質（15 ～ 20%）、無機質（ミネラル）（5%）、炭水化物（糖質）（1%）、ビタミン（微量）となっており、水分が最も多い。

3 × 　WHO（世界保健機関）の憲章（1946 年）では、「健康とは、単に疾病や虚弱でないということだけではなく、**身体的、精神的並びに社会的に**完全に**良好な状態である。**」と定義している。

4 ○ 　「食事バランスガイド」は、毎日の食事を 5 つに区分し、区分ごとに「SV（サービング）」という単位を用いて、1 日に何をどれだけ食べたらよいかをコマのイラストを用いて示している。本冊 p.255 参照。

問 50 　　答 2

　「6 つの基礎食品群」は、栄養成分の類似している食品を 6 群に分類し、第 1 群は**たんぱく質**、第 2 群は**カルシウム**、第 3 群は**カロテン**、第 4 群は**ビタミン C**、第 5 群は**炭水化物（糖質）**、第 6 群は**脂肪**を多く含むものとしている。よって、第 3 群のカロテンを多く含む食品は緑黄色野菜となるので、誤っているものは **2** である。牛乳・乳製品、骨ごと食べられる魚は、第 2 群のカルシウムを多く含む食品である。

食 品 衛 生 学

食中毒や寄生虫とその予防、洗浄と消毒法、食品添加物などについてよく出題されます。また、「食品衛生法」「食品安全基本法」などの法律についても出題されています。

食中毒の発生状況

近年の食中毒発生状況

	事件数	患者数
2022（令和4）年	962	6,856
2021（令和3）年	717	11,080
2020（令和2）年	887	14,613

病因物質別発生状況　2022（令和4）年

	事件数	患者数
アニサキス	566	578
カンピロバクター・ジェジュニ/コリ	185	822
ノロウイルス	63	2,175
植物性自然毒	50	172

原因食品別発生状況　2022（令和4）年

	事件数	患者数
魚介類	384	745
複合調理食品	50	2,060
野菜及びその加工品	35	225
その他	209	3,131

施設別発生状況　2022（令和4）年

	事件数	患者数
飲食店	380	3,106
家庭	130	183
販売店	87	154
事業場	25	949

食中毒の分類

細菌	毒素型（食品内毒素型）		ボツリヌス菌、黄色ブドウ球菌、セレウス菌（嘔吐型）　など
	感染型	感染侵入型	サルモネラ属菌、カンピロバクター　など
		感染毒素型（生体内毒素）	腸炎ビブリオ、セレウス菌（下痢型）　など
	経口感染症		赤痢菌、コレラ菌、パラチフスA菌　など
ウイルス	ノロウイルス、A型肝炎ウイルス　など		
寄生虫	アニサキス、クリプトスポリジウム、クドア・セプテンプンクタータ　など		
化学物質	ヒスタミン、農薬、重金属　など		
自然毒	植物性		キノコ、山菜、じゃがいも（芽や緑変部）　など
	動物性		魚毒、貝毒　など

食品添加物の主な種類と用途

種類	主な用途	主な品名
甘味料	食品に甘みをつける。	キシリトール、サッカリンナトリウム、アスパルテーム、ソルビトール
着色料	食品に色をつける。	三二酸化鉄、タール色素の製剤、銅クロロフィリンナトリウム
保存料	かびや微生物などの増殖を抑制し、食品の保存性を高める。	ソルビン酸カリウム、安息香酸
酸化防止剤	食品の酸化を防ぐ。	L-アスコルビン酸類、エリソルビン酸
発色剤	肉類の色調を保つ。	亜硝酸ナトリウム、硝酸カリウム
漂白剤	食品の色調を白くする。	亜塩素酸ナトリウム、過酸化水素、亜硫酸ナトリウム
防かび（防ばい）剤	柑橘類とバナナなどのかびを防ぐ。	オルトフェニルフェノール、ジフェニール、イマザリル、チアベンダゾール
膨張剤	食品に膨らみを与える。	炭酸水素ナトリウム
酸味料	食品に酸味を与える。	クエン酸、乳酸、リンゴ酸
調味料	食品にうま味を与える。	L-グルタミン酸ナトリウム、5'-イノシン酸二ナトリウム
着香料	食品に香りを与える。	バニリン、酢酸エチル
増粘剤、安定剤、ゲル化剤、糊料	食品に粘性を与えたり、滑らかにして食感をよくする。	アルギン酸ナトリウム、カルボキシメチルセルロース

食品衛生学

食品の鑑別方法

食品	鑑別のポイント
卵	[新鮮] 殻の表面がザラザラしていてつやがない。振って音がしない。光に透かしてみると明るい。 [鮮度が悪い] 割ったとき、卵黄と卵白が広がる。
魚類	[新鮮] うろこがしっかりついており、魚独特の色をしていて、つやがある。眼球が突出している。水中に沈む。 [鮮度が悪い] K 値（生鮮度判定値）や揮発性塩基窒素量が増加する。
肉類	[鮮度が悪い] pH は高くなる。
牛乳	[鮮度が悪い] 発酵して酸度が高くなっているので、加熱すると固まる。
バター	[新鮮] 香味がよく、変敗臭がなく、なめらかでムラのないもの。 ★バターとマーガリンの見分け方：加熱を強くすると、バターは泡が消えないが、マーガリンは泡がすぐ消える。
みそ	[良品] 水によく溶け、煮ると長く濁っている。 [不良品] 上のほうが早く澄んでくる。
缶詰	[良品] 缶の上下の面がへこんでいる。 [不良品] 缶が膨らんだものは腐敗によるガスが原因である。

「大量調理施設衛生管理マニュアル」のポイント

厚生労働省が集団給食施設等における食中毒などを予防するために、HACCP の概念に基づき、調理過程における重要管理事項としてまとめたもので、同一メニューを1回300 食以上又は1日750 食以上を提供する調理施設に適用する。

---

1 **原材料の受入れ・下処理段階における管理**

● 原材料に関する情報（品名、仕入元、生産者、仕入れ年月日など）を記録し、1年間保管する。

● 食肉類、魚介類、野菜類等の生鮮食品については1回で使い切る量を調理当日に仕入れる。

● 野菜及び果物を加熱せずに供する場合には、流水で十分洗浄し、必要に応じて次亜塩素酸ナトリウム等で殺菌を行った後、流水で十分すすぎ洗いを行う。

2 加熱調理食品の加熱温度管理

● 加熱調理食品は、中心部温度計を用いるなどにより、中心部が 75℃で 1 分間以上（二枚貝等ノロウイルス汚染のおそれのある食品の場合は 85 〜 90℃で 90 秒間以上）又はこれと同等以上まで加熱されていることを確認するとともに、温度と時間の記録を行う。

3 二次汚染の防止

● 調理従事者等は、必ず流水・石けんによる手洗いでしっかりと 2 回手指の洗浄及び消毒を行う。

● 原材料は、他の場所から区分された専用の保管設備を設け、食材の分類ごとに区分して保管する。

● 下処理は汚染作業区域で確実に行い、非汚染作業区域を汚染しないようにする。

4 原材料及び調理済み食品の温度管理

● 調理後直ちに提供される食品以外の食品は食中毒菌の増殖を抑制するために、10℃以下又は 65℃以上で管理する。

● 加熱調理後、食品を冷却する場合には、食中毒菌の発育至適温度帯（約 20℃〜50℃）の時間を可能な限り短くするため、冷却機を用いたり、清潔な場所で衛生的な容器に小分けするなどして、30 分以内に中心温度を 20℃付近（又は 60 分以内に中心温度を 10℃付近）まで下げるよう工夫する。

● 調理後の食品は、調理終了後から 2 時間以内に喫食することが望ましい。

5 その他

● 施設は、ドライシステム化を積極的に図る。また、十分な換気を行って高温多湿を避け、調理場は湿度 80%以下、温度は 25℃以下に保つ。

● 施設は、衛生的な管理に努め、みだりに部外者を立ち入らせない。

● 検食は、原材料及び調理済み食品を食品ごとに 50g 程度ずつ清潔な容器（ビニール袋等）に入れ、密封し、−20℃以下で 2 週間以上保存する。原材料は、購入した状態で、調理済み食品は配膳後の状態で保存する。

● 調理従事者等は、定期的な健康診断及び月に 1 回以上の検便を受ける。

● ノロウイルスの無症状病原体保有者であることが判明した調理従事者等は、検便検査でノロウイルスを保有していないことが確認されるまでの間、食品に直接触れる調理作業を控えることが望ましい。

● 調理従事者等は下痢、嘔吐、発熱などの症状や、手指等に化膿創があった時は調理作業に従事しない。

● 下痢又は嘔吐等の症状がある調理従事者等については、直ちに医療機関を受診し、感染性疾患の有無を確認する。

4

食 品 衛 生 学

食品衛生行政

問 1 食品安全行政機関とその担当業務に関する次の組み合わせのうち、誤っているものを 1 つ選びなさい。 [熊本]

（食品安全行政機関）　　　　　　　（担当業務）

1 内閣府 ──────── 食品安全委員会の設置及び食品健康影響の評価
2 厚生労働省 ─────── 食料の安定供給の確保
3 農林水産省 ─────── 飼料・肥料の安全性や家畜衛生
4 消費者庁 ──────── 食品表示法に基づく食品表示

問 2 次の食品安全行政の動向に関する記述のうち、誤っているものはどれか。 [静岡]

1 遺伝子組換え食品の表示が、義務化された。
2 アレルギー物質を含む食品の表示が、義務化された。
3 牛の肝臓を生食用として販売するための加工基準が、設定された。
4 牛トレーサビリティ法に基づき、国産牛については個体情報が提供されている。

問 3 次のうち、食品表示法に基づく食品表示基準に規定されている表示事項ではないものを 1 つ選びなさい。 [福井]

1 名称
2 原材料名
3 製造年月日
4 保存の方法

問1　　　　　　　　　　　　　　　　　　　　　　　　　答 2

1 ○　内閣府は、さらに、リスクコミュニケーションの実施や緊急事態への対応も行う。

2 ×　厚生労働省は、農薬等の残留基準や食品の加工、製造、流通、販売等に関係する監視、指導による食品の安全性確保などの**食品に関するリスク管理**を行っている。記述は、農林水産省の担当業務である。

3 ○　農林水産省は、そのほか、農山漁村の振興、農薬の規制、飼料・肥料の安全性などの農林・畜産・水産物に関するリスク管理を行っている。

4 ○　消費者庁は、そのほか、消費者の権利の保護、食品表示などに関する事務を行う。

問2　　　　　　　　　　　　　　　　　　　　　　　　　答 3

1 ○　遺伝子組換え食品は、2001（平成13）年に安全性の審査と表示が義務付けられ、審査に不合格の場合は市場に出回らないことになった。

2 ○　アレルギー物質（アレルゲン）を含む食品は、健康被害が増え始めたことから、2001（平成13）年に表示が義務化された。

3 ×　牛肝臓の内部から腸管出血性大腸菌が検出されたことで2012（平成24）年7月から**生食用牛肝臓**の販売・提供が**食品衛生法**で禁止された。

4 ○　BSE感染牛の対策として、2004（平成16）年に牛トレーサビリティ法が施行され、国産牛の個体情報、給餌情報などが提供されることになった。

問3　　　　　　　　　　　　　　　　　　　　　　　　　答 3

　食品表示法では、内閣府令により、消費者が食品を安全に摂取しかつ合理的に選択するために必要と認められる事項を、販売する食品に表示しなければならないと規定されている。食品の**名称**、**原材料名**、**保存の方法**は、規定されている表示事項である。よって、表示事項でないものは、**3**の**製造年月日**である。

■規定されている主な表示基準事項

・名称	・**保存方法**	・消費期限または賞味期限	・**原材料名**
・アレルゲン	・添加物	・遺伝子組換え表示	・内容量
・栄養成分の量および熱量	・事業者の名称及び住所	・原産地	

問4 次の食品安全行政に関する記述のうち、誤っているものを1つ選び、その番号を記入しなさい。

鹿児島

1 食品安全委員会は食品健康影響評価、いわゆるリスク評価を行う機関である。

2 優良誤認表示を取締る法律は不当景品類及び不当表示防止法、いわゆる景品表示法である。

3 農林水産省は農林畜産水産物に関するリスク管理を行う機関である。

4 厚生労働省は食品表示法を所管している機関である。

問5 遺伝子組換え表示の対象とならない農作物を1つ選びなさい。

奈良

1 大豆

2 粳米
うるち

3 ばれいしょ

4 とうもろこし

病原微生物

問6 次の病原微生物に関する記述のうち、正しいものを1つ選び、その番号を記入しなさい。

鹿児島

1 細菌の大きさは1μm前後でウイルスよりも小さい。

2 微生物が発育するには、栄養素、適当な温度、要求した光の有無が必要である。

3 病原微生物が体内に侵入した場合、必ずしも発病するとは限らない。

4 カンピロバクターの発症菌数は1,000,000個以上である。

1　○　食品安全基本法の施行により食品安全委員会は内閣府に創設され、科学的見地に基づいて、食品健康影響の評価（リスク評価）を行う。

2　○　優良誤認表示とは、商品または役務の品質、規格その他の内容について、一般消費者に対し、実際のものよりも著しく優良であると表示するものである。景品表示法の第 5 条には、不当な表示の禁止について定められている。

3　○　農林水産省は、農林畜産水産物に関わる有害化学物質や有害微生物などに対するリスク管理（問題や事故を防ぐ取り組み）を行っている。

4　×　食品表示法を所管している機関は、**内閣府（消費者庁）**である。

　　現在、遺伝子組換え表示が義務付けられている品目は、大豆（枝豆、大豆もやしを含む）、とうもろこし、ばれいしょ（じゃがいも）、菜種、綿実、アルファルファ、てん菜、パパイヤ、からしなの **9** 種類と、これらを原材料とした 33 加工食品群（豆腐、油あげ、おから、納豆、みそ、コーンスナック菓子、ポップコーン、ポテトスナック菓子など）である。よって、対象とならないものは **2** の粳米である。

1　×　細菌の大きさは 1μm（マイクロメートル：メートルの 100 万分の 1）前後の大きさ、ウイルスは **20 ～ 350nm**（ナノメートル：メートルの 10 億分の 1）の大きさで、ウイルスの方が**かなり小さい**。

2　×　微生物が発育するためには、**水、栄養素、適当な温度**が必要である。また、**酸素**については、増殖に酸素が必要な好気性、酸素の有無にかかわらず増殖する通性嫌気性、酸素があると増殖できない偏性嫌気性に分類され、それぞれの要求に適した**酸素**の中で発育・増殖する。

3　○　人間によっては、病原微生物が体内に入っても病気を起こさないことがある。我々の体の中には免疫があり、微生物を無力化することで発病を免れることができる。

4　×　カンピロバクターの発症菌数は**数百個程度**の少量である。

食品衛生学

問 7 次の微生物（真菌類、細菌など）の発育や繁殖に関する記述のうち、正しいものを 1 つ選びなさい。　北海道

1 全ての微生物の増殖には、酸素が必須である。
2 腸炎ビブリオとブドウ球菌では、分裂・増殖の速度が異なる。
3 中温微生物とは、増殖に適した温度が 55 〜 70℃の微生物である。
4 増殖に、ビタミンを必要とするものはない。

食中毒の種類

問 8 次の食中毒に関する記述のうち、正しいものを 1 つ選び、その番号を記入しなさい。　鹿児島

1 食中毒は、感染型と毒素型に分類されるが、細菌性食中毒は全て感染型である。
2 細菌性食中毒は、特に冬季に多く発生している。
3 自然毒による食中毒は、植物性と動物性に分類される。
4 「食品衛生法」では、食品中の化学物質に起因する健康被害は、食中毒には含まない。

問 9 次の線で結んだ関係のうち、誤っているものを 1 つ選びなさい。　福島

1 細菌性食中毒 ──────── サルモネラ属菌
2 ウイルス性食中毒 ─────── サイクロスポラ
3 自然毒食中毒 ──────── フグ
4 寄生虫による食中毒 ────── クドア

1　×　微生物は、増殖に酸素が必要なもの、酸素の**有無にかかわらず増殖す**るもの、酸素があると増殖できないものがあり、酸素は必須ではない。

2　○　分裂・増殖の速度とは、細胞1個が分裂して2個になるのに要する時間のことである。腸炎ビブリオは10分間、ブドウ球菌は30分間であり、分裂・増殖の速度は異なる。

3　×　記述は、**高温微生物**のことである。**中温微生物**の増殖に適する温度は、25～40℃である。なお、低温微生物の場合は、20～25℃である。

4　×　食品中の**ビタミン**は、無機塩類、窒素化合物、炭素化合物などとともに、微生物が**増殖するための栄養素**である。

1　×　細菌性食中毒には、**感染型**と**毒素型**の両方がある。

2　×　高温多湿で細菌の発生しやすい**夏季**に多い。

3　○　植物性の自然毒には、毒キノコ、トリカブト、青梅など、動物性の自然毒にはフグ毒、貝毒などがある。

4　×　食品衛生法第21条の2には、食品、添加物、器具若しくは容器包装に起因して中毒した患者若しくはその疑いのある者を食中毒患者等と記載している。すなわち、食品、添加物、器具、容器包装に含まれたまたは付着した微生物、自然毒、化学物質を摂取することによって起きる**健康障害**はすべて、**食中毒**である。

食中毒の発生件数は減少傾向で、最近の患者数は1万人を切っているよ。

サイクロスポラは**寄生性原虫**であり、ウイルスではない。ウイルス性食中毒の代表的なものは**ノロウイルス**である。また、寄生虫のクドア・セプテンプンクタータとは、養殖のヒラメに寄生するクドア属の寄生虫である。よって、誤っているものは**2**である。

食品衛生学

問10 令和2年食中毒統計調査（厚生労働省）に基づく食中毒に関する次の記述について、（　　）内に入る語句の組合せとして、適切なものを1つ選びなさい。

「病因物質別の発生状況では、（　A　）による食中毒が全体の45％を占め、（　B　）発生している。」

　　　　　A　　　　　　　　　　　　　B
1　寄生虫 ——————————— 年間を通して
2　ウイルス ————————— 年間を通して
3　細　菌 ————————————— 主に1〜3月に
4　化学物質 ————————— 主に1〜3月に

問11 食中毒に関する記述について、誤っているものを1つ選べ。

1　細菌性食中毒は、気温が高くなり湿度が上がると起こりやすい。
2　自然毒による食中毒は、植物性と動物性がある。
3　食中毒又はその疑いがある患者を診断した医師は、保健所長に届け出る義務がある。
4　食中毒は、家庭で発生することはない。

問12 令和元年の食中毒統計調査（厚生労働省）について、最も事件数が多かった病因物質を1つ選びなさい。

1　病原性大腸菌
2　カンピロバクター・ジェジュニ / コリ
3　ノロウイルス
4　アニサキス

　2020（令和 2）年の病因物質別の発生状況では、アニサキスを含む**寄生虫**による食中毒が多く、事件数の約 45％を占めた。細菌性食中毒は夏季に多く発生し、ウイルス性食中毒は冬季に多く発生するが、アニサキスは**年間を通して発生している**。よって、解答は **1** である。なお、2022（令和 4）年もアニサキスが最多となっている。

1　○　細菌が原因で食中毒を起こすことになった食品は、見た目も臭いも味も変化がないことが多く、安全なものと区別がつきにくい。

2　○　植物性のものには、毒草や毒キノコなど、動物性のものには、**フグ毒**や貝毒などがある。

3　○　食品衛生法第 63 条に、示されている。

4　×　食中毒は、**家庭でも発生している**。2022（令和 4）年の食中毒の原因施設の中で発生数が多いのは、飲食店、**家庭**、販売店の順であった。

■施設別食中毒発生状況　2022（令和 4）年

食品衛生学

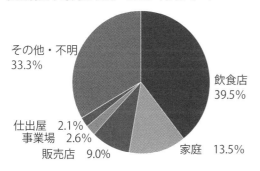

総件数：962 件
飲食店：380 件
家庭：130 件
販売店：87 件
事業場：25 件
仕出屋：20 件
その他・不明：320 件

厚生労働省 食中毒発生状況より

　2019（令和元）年の食中毒事件数では、病原性大腸菌 7 件、カンピロバクター・ジェジュニ / コリ 286 件、ノロウイルス 212 件、アニサキス 328 件であった。よって、最も事件数が多かった病因物質は**アニサキス**で、正解は **4**である。なお、2022（令和 4）年もアニサキスが最多となっている。

次の令和２年の食中毒発生状況に関する記述のうち、正しいものを１つ選びなさい。

1 事件数としては、アニサキスを病因物質とする食中毒が最も多かった。

2 食中毒による死者は発生していない。

3 ノロウイルスによる食中毒は、10 月〜 12 月に最も多く発生した。

4 患者数としては、ウエルシュ菌を病因物質とする食中毒が最も多い。

細菌性・ウイルス性食中毒

細菌性食中毒に関する記述で、正しいものを 1 つ選びなさい。

1 一般に食中毒菌は、気温、湿度が低いと発育がよくなる。

2 細菌が増殖したり、毒素が発生した食品は、一般的に色、香り、味などが変化し、安全なものと区別できる。

3 発症の仕方には、感染型と毒素型がある。

4 原因細菌が生きたまま摂取され、腸管内で増殖して組織や細胞に侵入して発病するのは感染毒素型である。

次のサルモネラ属菌食中毒に関する記述のうち、正しいものはどれか。

1 体のなかに入ったサルモネラ属菌が増殖して起こる。

2 サルモネラ属菌は熱に強いため、75℃ 1 分の加熱では予防は難しい。

3 症状は、腹痛、下痢、嘔吐、発熱などだが、比較的軽いことが多い。

4 生の魚を原因とする発生が多い。

1 ○　記述のとおりである。2022（令和 4）年もアニサキスが最多となっている。

2 ×　自然毒で**3 人の死者**が報告されている。

3 ×　ノロウイルスによる食中毒が最も多く発生したのは、**1 月～ 3 月**であった。

4 ×　病因物質別の患者数では、**その他の病原大腸菌**が最も多かった。2021（令和 3）年、2022（令和 4）年は、ノロウイルスが多くなっている。

1 ×　気温、湿度が**高い**と発育がよくなる。

2 ×　食中毒菌が増殖して食中毒の原因となった食品であっても、色、香り、味などに**変化がないこと**が多く、安全なものと**区別できない**場合がある。

3 ○　感染型はさらに、感染**侵入**型と感染**毒素**型に分けられる。

4 ×　記述は、感染**侵入**型のことである。感染**毒素**型（生体内毒素型）は、食品中に増殖した原因細菌が生きたまま摂取され、腸管内で増殖したり芽胞を形成したりするときに産生された毒素によって発病する。

1 ○　サルモネラ属菌は、**感染型**食中毒のひとつである。感染型は、細菌に感染した食品を摂取し、体内で増殖した細菌が病原性をもつことで起こる。

2 ×　この菌は**熱に弱い**ため、保菌動物の肉や卵、鶏卵加工食品などを十分に加熱して食中毒を予防する。鶏卵については、75℃で 1 分間以上の加熱が必要である。

3 ×　腹痛、下痢、嘔吐、発熱などが起き、ほかの食中毒に比べてその症状は**重い**ことが多い。

4 ×　**食肉**、生卵や卵を使用したとろろ汁、ケーキ、洋生菓子などを原因とすることが多い。

問16 腸炎ビブリオ食中毒に関する記述について、誤っているものを1つ選びなさい。

1 魚介類を飲用適の流水でよく洗うことで予防することができる。
2 最適条件下での分裂、増殖に要する時間は約10分である。
3 0～5℃の温度でも増殖する。
4 海水域に生息する細菌である。

問17 ノロウイルスに関する記述について、誤っているものを1つ選べ。

1 人から人へうつる感染症の原因ともなる。
2 低温でも牡蠣（かき）などの食品中で増殖する。
3 消毒には次亜塩素酸ナトリウムが有効である。
4 食中毒の主な症状は、吐き気、嘔吐、腹痛、下痢、発熱などである。

問18 細菌性食中毒のうち、食品内毒素型に分類される原因菌として、正しいものを1つ選べ。

1 黄色ブドウ球菌
2 腸管出血性大腸菌
3 コレラ菌
4 赤痢菌

問19 次の細菌性食中毒の特色に関する組み合わせのうち、正しいものはどれか。

1 腸炎ビブリオ ——————— 肉と肉加工品 ———— 鶏肉
2 カンピロバクター ———— イズシ ———————— 手指の化膿創
3 腸管出血性大腸菌 ———— 飲料水 ———————— 牛の糞便
4 黄色ぶどう球菌 ———— 魚介類 ———————— 海水

問 16 答 3

1 ○ 腸炎ビブリオは、3%塩分濃度の環境で増殖する食中毒である。魚介類は飲用適の流水でよく洗い、5℃以下の低温での保存、**加熱処理**をして予防する。
2 ○ 増殖速度がきわめて**速い**。
3 × 水温が20℃以上になると活発に増殖するが、15℃以下では増殖しない。
4 ○ 冬の間は海底の泥の中で越冬し、水温が上がると増殖し始める。

問 17 答 2

1 ○ 人の**嘔吐物**や糞便も感染源となり、経口・飛沫により人から人へ感染する。
2 × 人の**小腸**に入り**増殖**する。
3 ○ 200ppm濃度の次亜塩素酸ナトリウムが有効である。**消毒用アルコール**や**逆性せっけん**、酸は効果が薄い。
4 ○ 症状は1〜2日くらいで治ることが多いが、回復後1週間が経過した患者の糞便からウイルスが検出されることもある。

問 18 答 1

食品内毒素型に分類される原因菌は、**黄色ブドウ球菌**、ボツリヌス菌、セレウス菌（嘔吐型）、などである。よって、正しいものは**1**である。

問 19 答 3

1 × 腸炎ビブリオ食中毒は、海産の**魚介類**とその**加工品**などから感染する。原因菌は1本のべん毛をもつ通性嫌気性菌（酸素を必要としない菌）で海水域に生息している。
2 × カンピロバクター食中毒は、肉類の加熱不足による発症が多い。原因菌は**家畜の腸内**に生息し、特に**鶏の保菌率**が高い。イズシは「飯寿司」とも書き、ボツリヌス食中毒の原因食品になることがある。
3 ○ 腸管出血性大腸菌は、動物の糞便中に存在し、汚染された飲料水や野菜、加熱不十分の食肉などから感染する。
4 × 黄色ぶどう球菌食中毒は、人の**鼻腔内**や**化膿した傷**などに存在する黄色ぶどう球菌が食品に付着、増殖し、増殖するときに産生する毒素**エンテロトキシン**を摂取することにより発症する。

問 20 カンピロバクター食中毒に関する記述について、正しいものを 1 つ選べ。

1 菌が増殖するときに産生する毒素をエンテロトキシンという。
2 潜伏期間は 6 〜 12 時間である。
3 鶏の刺身やバーベキューなど、加熱不足の食肉が主な原因である。
4 発症には 10,000 個以上の菌が必要であり、新鮮な食材ならば安全である。

問 21 カンピロバクター食中毒に関する次の記述のうち、<u>誤っているもの</u>を 1 つ選びなさい。

1 菌は、家畜、ペットの腸管内に存在し、保菌率は鶏が高い。
2 潜伏期間は 1 〜 5 時間で、主な症状は、下痢、腹痛、発熱（38 〜 39℃）などで、まれに関節炎、髄膜炎がある。
3 予防方法は、食肉の生食を避け、十分に加熱することが重要であり、汚染食肉から他の食品への 2 次汚染にも注意する。
4 菌の特徴は、微好気的条件でのみ発育し、芽胞を形成しないことである。なお、4℃以下の低温でもかなり長い間生存し、菌数が少量（500 個程度）でも発病する。

問 22 次の文のうち、<u>誤っているもの</u>を 1 つ選びなさい。

1 ウエルシュ菌は、芽胞を形成し、熱に強い。
2 ウエルシュ菌による食中毒は、患者が多く大規模化しやすい。
3 セレウス菌による食中毒には、下痢型と嘔吐型がある。
4 セレウス菌による食中毒の潜伏期は、平均 3 日程度である。

1　×　設問の記述は、**黄色ブドウ球菌**のことである。カンピロバクターは、微好気性（少量の酸素がある状態）という特殊な条件下でしか増殖できず、芽胞は形成しないという特徴がある。

2　×　潜伏期間は 2 ～ 5 日である。

3　○　カンピロバクターは家畜、ペットの腸管内に存在し、鶏の保菌率が高い。ほかの原因食品としては、汚染された**生水**などがある。水中で長時間生存するので、未殺菌の牛乳は飲料しないようにする。

4　×　菌数が**数百個程度の少量**でも発症するので、焼き鳥、バーベキュー、牛の内臓などはしっかり**加熱**する。

1　○　記述のとおりである。また、カンピロバクターは、ヒトや動物の**腸管**内でしか増殖しない、乾燥に弱い、通常の加熱調理で死滅するなどの特性をもっている。

2　×　潜伏期間は 2 ～ 5 日である。主な症状は、記述のとおりである。

3　○　鶏の刺身、バーベキューの加熱不足による感染が多い。2 次汚染のおそれもあり、サラダや生水なども原因食品となっている。

4　○　酸素が少量のときだけ増殖する微好気性菌で、低温でも生存するため、冬季にも食中毒が発生する。

　ウエルシュ菌は、酸素のない状態を好む菌で**芽胞を形成**する。芽胞は大部分が数分の 100℃の加熱で死滅するが、一方で耐熱性のものは 100℃、数時間の加熱に耐えるものもあり、普通の加熱調理では**死滅しない**。食物と共に腸管に達したウエルシュ菌は毒素を産生し、食中毒を起こす。1 事例当たりの患者数が多く、しばしば**大規模化**しやすい。原因食品には、煮込み料理（カレー、煮魚、麺のつけ汁、野菜煮付け）などがある。予防には、調理の際よくかき混ぜて**酸素を送り込む**こと、急速に冷却することなどがある。

　セレウス菌は、土壌などの自然界に広く生息し、芽胞を形成する。下痢型と嘔吐型があり、潜伏期間は 8 ～ 16 時間である。原因食品には、穀類、食肉製品、乳製品、弁当などがある。予防には、米飯やめん類を**作り置きしない**こと、調理後は 5℃以下または 65℃以上で保存することなどがある。よって、誤っているものは **4** である。

食品衛生学

おにぎりを食べた後、約３時間後に多数の者が吐き気や嘔吐を起こしたが、発熱の症状はなかった場合、最も疑われる食中毒として、正しいものを１つ選べ。

関西広域

1 ボツリヌス食中毒

2 サルモネラ属菌食中毒

3 ウェルシュ菌食中毒

4 ブドウ球菌食中毒

問24 ウェルシュ菌食中毒に関する記述について、<u>誤っているもの</u>を１つ選びなさい。

福井

1 ウェルシュ菌芽胞は熱に弱いため、加熱により容易に死滅する。

2 カレーやシチューなどの前日調理した食品が原因となることが多い。

3 酸素が少ない環境を好むため、食品をかき混ぜて酸素を送り込むことが食中毒の発生を防止する方法の一つである。

4 調理後冷却する場合は小分けし、素早く冷却することが食中毒の発生を防止する方法の一つである。

問25 腸管出血性大腸菌Ｏ157に関する記述について、<u>誤っているもの</u>を１つ選べ。

関西広域

1 人が発症するには、10,000個以上の菌が必要とされる。

2 菌が産生するベロ毒素により、腹痛と出血性大腸炎を起こす。

3 溶血性尿毒症症候群を発症し、重症化することがある。

4 75℃１分間以上の加熱で、菌は死滅する。

 細菌による食中毒を予防するには、食中毒予防の３原則「食中毒菌をつけない（清潔・消毒）・ふやさない（迅速・冷却）・やっつける（加熱）」を守ることが大切である。

問 23　　答 4

1　×　ボツリヌス食中毒の原因食品は、缶詰、瓶詰、真空パック食品（からしれんこんなど）などが多い。潜伏期間は約12〜36時間で、吐き気、嘔吐、筋力低下、脱力感、便秘、神経症状（複視などの視力障害や発声困難、呼吸困難）などの症状が起こる。

2　×　サルモネラ属菌食中毒の原因食品は、卵、またはその加工品、食肉（牛レバー、鶏肉）などが多い。潜伏期間は約10〜72時間で、激しい腹痛、下痢、発熱、嘔吐などの症状が起こる。

3　×　ウェルシュ菌食中毒の原因食品は、多種多様の煮込み料理（カレー、煮魚、麺のつけ汁、野菜煮付け）などが多い。潜伏期間は約8〜20時間（平均12時間）で、下痢と腹痛などの症状が起こるが、**嘔吐**や**発熱**はまれである。

4　○　ブドウ球菌食中毒の原因食品は、穀類とその加工品（握り飯、弁当）、卵製品、焼き魚、すし、和洋生菓子等などである。いずれも調理者の化膿巣からの汚染と考えられるため、調理者の手指での作業が原因となる場合が多い。潜伏期間は約1〜5時間（平均3時間）で、吐き気、嘔吐、腹痛、下痢などの症状が起こるが、発熱はほとんどない。よって、設問では、ブドウ球菌食中毒が最も疑われる。

問 24　　答 1

1　×　ウェルシュ菌芽胞の大部分は数分の100℃の加熱で死滅するが、耐熱性のものは、数時間の100℃の熱に耐え、普通の加熱調理では**死滅しない**。

2　○　また、前日調理した煮物やそうめんつゆも原因食品となる。

3　○　嫌気性の菌なので、酸素を送り込んで増殖しにくい環境にする。

4　○　10℃以下の低温では増殖しない性質がある。

問 25　　答 1

1　×　約100個ほどの**少量**の菌で発症するといわれている。

2　○　腸管出血性大腸菌O157は感染型食中毒で、腸管内で増殖した菌が産生するベロ毒素により発症する。

3　○　幼少児童や高齢者が感染すると、**腎臓障害**（溶血性尿毒症症候群）を起こし、死亡する場合がある。

4　○　腸管出血性大腸菌O157は**熱**に弱いので、中心温度が75℃で1分間以上加熱すると食中毒を防ぐことができる。

食品衛生学

自然毒・化学性食中毒

問26 次の自然毒による食中毒の原因物質の組み合わせのうち、正しいものはどれか。

山梨

1 フグ ――――――――― アミグダリン
2 じゃがいも ――――――― ソラニン
3 青梅 ――――――――― テトロドトキシン
4 かび ――――――――― リナマイン（シアン（青酸）配糖体）

問27 フグに関する記述について、誤っているものを1つ選びなさい。

福井

1 フグの毒は、卵巣、肝臓に多く含まれている。
2 フグの毒成分をエンテロトキシンという。
3 フグの毒は、熱に強く煮沸しても無毒化できない。
4 フグの毒は神経毒で、30分〜3時間で発症する。

問28 ヒスタミン食中毒に関する記述で、誤っているものを1つ選びなさい。

福井

1 細菌性食中毒の大半を占めている。
2 赤身の魚肉に多く含まれているヒスチジンが、腐敗の際ヒスタミンに変化し、これが原因物質となり発症する。
3 原因食品としてサンマ、アジなどの干物、イワシのつみれやみそ漬け等の加工品でも報告がある。
4 主な症状は、顔面などの紅潮、頭痛、じんましん様の発疹などがある。

1 ✕　フグの毒物は、**テトロドトキシン**である。口唇や手指のしびれが起こり、重症の場合は呼吸困難で死亡することがある。

2 ◯　ソラニンは、じゃがいもの芽や皮の緑化した皮の部分に含まれ、腹痛、嘔吐、めまいなどを起こす。

3 ✕　青梅の毒物の**アミグダリン**は、嘔吐、消化不良、けいれんを起こす。

4 ✕　かびの毒物は、**マイコトキシン**で、慢性毒性あるいは発がん性などがある。リナマリン（シアン（青酸）配糖体）は、五色豆の毒物である。

1 ◯　フグの毒は内臓に多く含まれている。特に**卵巣**が最も多く、次いで肝臓などである。

2 ✕　毒の成分は**テトロドトキシン**である。神経毒で致死率が高い。エンテロトキシンは、黄色ブドウ球菌などが産生する腸管に作用する毒素のことである。

3 ◯　フグの毒は、熱に強く水に溶けにくいため、調理では有毒部位を捨て、食肉部を大量の水で洗う必要がある。

4 ◯　感覚麻痺から呼吸困難へ進み、多くは 4 ～ 6 時間で死亡する。

1 ✕　**化学性食中毒**の大半を占めている。

2 ◯　ヒスチジンが細菌の産生する酵素によってヒスタミンに変化し、そのヒスタミンの増加した魚肉を食べて発症する。

3 ◯　記述のとおりである。

4 ◯　じんましんなどのアレルギー症状とよく似ているのでアレルギー様食中毒といわれている。

■化学性食中毒

種類	原因
ヒスタミンによる食中毒	赤身の魚肉に含まれる物質が**ヒスタミン**に化学変化して起こる
不良添加物による食中毒	食品衛生法で決められている使用限度量を超えたり、使用を認められていないものによって起こる
有害物質による食中毒	残留農薬基準を超えた農薬、洗浄剤の混入などによって起こる
有害な容器・器具による食中毒	調理容器などに含まれる金属、化学物質が溶け出すなどによって起こる

食品衛生学

問 29 次の食品汚染物質に関する記述のうち、誤っているものはどれか。

1 スズは缶詰内面のメッキ材として使用されているが、溶出の恐れがないので規制値は定められていない。
2 豆類や生あんに含まれるシアン（青酸）化合物には、基準値が設定されている。
3 放射性物質については、平成 24 年 4 月より放射性セシウムの基準値が設けられ、規制が行われている。
4 ヒ素については、ヒ素が混入した乳児用調製粉乳による中毒事件発生後に食品衛生法が改正され、食品添加物の規格基準が設けられた。

問 30 動植物と有毒成分の組合せで、正しいものを 1 つ選べ。

1 スイセン ——————— ソラニン
2 イヌサフラン ————— コルヒチン
3 テングタケ ——————— チクトキシン
4 フグ ——————————— シガトキシン

問 31 植物性自然毒に関する記述について、誤っているものを 1 つ選べ。

1 じゃがいもの芽の部分にはソラニンが含まれるため、発芽したものは、芽の部分を十分取り去る必要がある。
2 カビ毒であるアフラトキシンは、発がん性が強い。
3 食用キノコと確実に判断できないものは食べない。
4 五色豆の毒成分は、ムスカリンというシアン配糖体である。

問29　答1

1　×　スズは開缶して放置すると溶け出して、食中毒の原因となることがある。主な症状は、吐き気、嘔吐、下痢、疲労感および頭痛である。食品衛生法では、スズの規格は150.0ppm以下に規定している。

2　○　小豆類（いんげん、ささげおよびレンズを含む）、えんどう、そら豆、らっかせい、その他の豆類、生あんについては「シアン化合物は**不検出**」、サルタニ豆、サルタピア豆、バター豆、ペギア豆、ホワイト豆およびライマ豆については「**500ppm以下**」との基準値が設定されている。

3　○　厚生労働省において、2012（平成24）年4月より食品中（一般食品、乳児用食品、牛乳、飲料水の4区分）の放射性セシウムの基準値が設けられている。

4　○　食品衛生法第13条に、食品等の基準・規格の制定が定められている。

問30　答2

1　×　スイセンの有毒成分は**アルカロイド**である。ソラニンは、じゃがいもの芽や緑化した表皮にある有毒成分である。

2　○　イヌサフランは多年生の球根植物で、アヤメ科のサフランに似た花をつける。毒性成分はアルカロイドのコルヒチンである。

3　×　テングタケの有毒成分は**ムスカリン**などである。チクトキシンは、ドクゼリの有毒成分である。

4　×　フグの有害成分は**テトロドトキシン**である。シガトキシンは、熱帯・亜熱帯に生息する有毒藻によって作られるもので、この毒藻を摂取した魚に毒素が蓄積し、その魚を人間が食べることでシガテラ中毒を発症する。

問31　答4

1　○　じゃがいもの芽や、緑化した皮にも多く含まれているので、調理の際には、芽や皮の緑色部を十分に取り去るようにする。

2　○　アフラトキシンは、こうじかびが産生するマイコトキシンの一種である。主な汚染食品にはナッツ類がある。

3　○　キノコの見分け方は難しい。毒キノコの毒成分のひとつである**ムスカリン**により、嘔吐、腹痛、下痢のほか、腎臓や肝臓障害を起こして死亡することがある。

4　×　五色豆の毒成分は、リナマリンというシアン配糖体である。

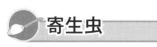

寄生虫

問32 次のアニサキスに関する記述の（　　）に入る語句の組み合わせのうち、正しいものを1つ選びなさい。

北海道

「原因となる食品は（　ア　）で、生食には注意が必要であるが、（　イ　）の（　ウ　）で死滅する。」

	（ア）	（イ）	（ウ）
1	海水魚介類（イカ、タラ、サバ）	−20℃で24時間以上	冷凍貯蔵
2	淡水魚介類（フナ、コイ、アユ）	−20℃で24時間以上	冷凍貯蔵
3	海水魚介類（イカ、タラ、サバ）	5℃で18時間以上	冷蔵貯蔵
4	淡水魚介類（フナ、コイ、アユ）	5℃で18時間以上	冷蔵貯蔵

問33 アニサキスに関する記述について、<u>誤っているもの</u>を1つ選べ。

関西広域

1 酢に対する抵抗性がある。

2 魚を−20℃以下で24時間以上冷凍しても死滅させる効果はない。

3 海産魚介類の生食には注意が必要である。

4 感染すると激しい腹痛を起こすことがある。

問34 寄生虫とその感染源となる食品例の組み合わせのうち、<u>適切でないもの</u>を1つ選びなさい。

愛媛

	（寄生虫）	（食品例）
1	アニサキス ―――――――――――	サバ
2	旋尾線虫 ――――――――――――	熊肉
3	クドア・セプテンプンクタータ ―――	ヒラメ
4	ウエステルマン肺吸虫 ――――――	サワガニ

　　アニサキスは、**イカ**、**タラ**、**サバ**などの**海水**魚介類に寄生する。−20℃で 24 時間以上の**冷凍貯蔵**で死滅する。また、60℃で 1 分間の加熱でも死滅する。よって、正しいものは **1** である。

■寄生虫と主な感染源食品

寄生虫	主な感染源食品
回虫	野菜類
ぎょう虫	野菜類
アニサキス	アジ、**サバ**、ニシン、**タラ**、**イカ**、カツオ
肺吸虫	モクズガニ、サワガニ
肝吸虫	フナ、コイ、モロコ
横川吸虫	アユ、ウグイ、シラウオ
広節裂頭条虫	サケ、マス
旋尾線虫幼虫	**ホタルイカ**
顎口虫	ドジョウ

寄生虫	主な感染源食品
トキソプラズマ	豚肉
無鉤条虫	牛肉
有鉤条虫	豚肉
旋毛虫	**熊肉、豚**肉
サルコシスティス・フェアリー	馬肉
クドア・セプテンプンクタータ	**ヒラメ**
エキノコックス	キツネの糞便で汚染された水や食品

　　アニサキスは、海産魚介類（アジ、サバ、タラ、ニシン、イカ、カツオなど）の寄生虫で、養殖魚には寄生しない。感染すると、みぞおちに激しい腹痛、吐き気、嘔吐を起こす。60℃で 1 分間の加熱や、−20℃で 24 時間以上の**冷凍**で死滅する。酸（酢）に対して、抵抗性がある。よって、誤っているものは **2** である。

1　〇　アニサキスが寄生する食品は、ほかに、**イカ、タラ、アジ、ニシン**である。

2　×　旋尾線虫が寄生する食品は、**ホタルイカ**である。

3　〇　クドア・セプテンプンクタータが寄生する食品は、**ヒラメ**である。

4　〇　ウエステルマン肺吸虫が寄生する食品は、酢漬けや加熱不十分な淡水の甲殻類である。

食品衛生学

食品添加物

問35 次の食品添加物の種類のうち、食品表示が免除されているものとして、正しいものはどれか。 静岡

1 加工助剤
2 甘味料
3 着色料
4 漂白剤

問36 食品添加物とその用途の組合せで、**誤っているもの**を 1 つ選べ。 関西広域

1 安息香酸 ──────────── 保存料
2 スクラロース ────────── 酸化防止剤
3 イマザリル ─────────── 防かび（防ばい）剤
4 銅クロロフィリンナトリウム ── 着色料

問37 次の食品添加物に関する記述のうち、正しいものを 1 つ選び、その番号を記入しなさい。 鹿児島

1 食品添加物は、食品の製造、加工、保存などの目的で食品に添加されたものをいう。
2 全ての食品添加物は全く毒性がない。
3 ADI（一日摂取許容量）は、ヒトがその添加物を一日食べ続けても、健康を害さない量のことをいう。
4 食品添加物を使用しても表示する必要はない。

ヒント！ ADI（一日摂取許容量）とは、ヒトが一生涯にわたり毎日摂取しても健康上悪影響がないと推定される化学物質（食品添加物や農薬などの）の**最大摂取量**をいう。動物を使った試験で有害作用が認められなかった無毒性量に、安全係数（1/100）を掛けて求められる。

問 35　答 1

　　食品に使用される添加物は、食品表示法により表示が必要であるが、**加工助剤、キャリーオーバー、栄養強化の目的で使用されるもの**は免除されている。よって、正しいものは **1** である。なお、キャリーオーバーは、原材料の製造加工で使用されるが、その食品製造には使用されず、最終食品中には影響を及ぼさないものである。

■用途名を表示しなければならない添加物（8種類）

・甘味料	・**着色料**	・保存料	・酸化防止剤	・発色剤
・**漂白剤**	・防かび剤	・増粘剤、安定剤、ゲル化剤、糊料		

問 36　答 2

1　○　保存料にはほかに、**ソルビン酸カリウム**、ヒノキチオールなどがある。

2　×　スクラロースは、**甘味料**である。

3　○　防かび（防ばい）剤にはほかに、**オルトフェニルフェノール**、**ジフェニール**などがある。

4　○　着色料にはほかに、三二酸化鉄、アマランスなどがある。

問 37　答 1

1　○　食品添加物には、安全性・有効性が確認され厚生労働大臣が指定した天然・合成品の区別のない指定添加物、既に使用され長い食経験がある既存添加物、一般に食品として使われる添加物、動植物から得られる天然香料の4種類がある。

2　×　厚生労働大臣は、薬事・食品衛生審議会の意見を聴いて、食品添加物の中でも人の健康を損なうおそれのないものに限って、成分の規格や、使用の基準を定めている。現在使用が認められているものであっても、**毒性試験**を実施し安全性の見直しをしている。

3　×　ヒトがその食品添加物を**一生食べ続けても**、健康を害さない**一日当たり**の量のことをいう。

4　×　使用した食品添加物は、食品表示法により物質名、簡略名、用途名などの**表示が必要**である。ただし、加工助剤、キャリーオーバーなどは、表示が免除されている。

問 38 次のうち、防ばい剤（防かび剤）でないものを1つ選びなさい。

1 ジフェニール（ジフェニル）（DP）
2 イマザリル
3 オルトフェニルフェノール（OPP）
4 ジブチルヒドロキシトルエン（BHT）

問 39 食品添加物とその用途の組合せとして、誤っているものを1つ選べ。

1 アスパルテーム ─────── 甘味料
2 バニリン ─────────── 香料
3 ソルビン酸 ───────── 調味料
4 亜硝酸ナトリウム ───── 発色剤

問 40 次の食品添加物の種類のうち、食品表示法の規定により用途名と物質名を併記して表示しなければならないものとして、適切でないものを1つ選びなさい。

1 発色剤
2 乳化剤
3 防かび剤
4 酸化防止剤

問 41 食物添加物について次の線で結んだ関係のうち、誤っているものを1つ選びなさい。

1 酸化防止剤 ───── 食品の酸化による品質の低下を防止する
2 着色料 ─────── 食品中の成分と反応して食品の色調を安定させる
3 調味料 ─────── 食品にうま味などを与える
4 防ばい剤 ───── かんきつ類、バナナなどのカビの発生を防止する

問 38　　答 4

防ばい剤（防かび剤）は、かんきつ類とバナナなどのかびを防ぐためのものである。**ジフェニール（ジフェニル）**はレモン、グレープフルーツ、オレンジ類、**イマザリル**はかんきつ類とバナナ、**オルトフェニルフェノール**はかんきつ類に使用されている。ジブチルヒドロキシトルエンは、**酸化防止剤**である。よって、防ばい剤（防かび剤）でないものは、**4** である。

問 39　　答 3

1　○　甘味料は、食品に甘味を付けるために使用される。ほかに、**キシリトール**、ソルビトールなどがある。

2　○　香料は、食品に香りを付けるために使用される。ほかに、ギ酸シトロネル、酢酸エチルなどがある。

3　×　調味料は、食品にうまみを与えるために使用され、L- グルタミン酸ナトリウム、5'- イノシン酸二ナトリウムなどがある。**ソルビン酸**は、**保存料**である。

4　○　発色剤は、肉類の色調を保つために使用される。ほかに、**硝酸カリウム**などがある。

問 40　　答 2

発色剤、防かび剤、酸化防止剤は、用途名を表記しなければならない 8 種類の添加物である。よって、適切でないものは **2** の**乳化剤**である。

問 41　　答 2

1　○　酸化防止剤は、油脂などが酸化するのを防ぐために使われる。**L-アスコルビン酸**、**エリソルビン酸**、カテキンなどがある。

2　×　着色料は、**着色して食欲を増す**ために使われる。タール色素、三二酸化鉄、カラメルなどがある。

3　○　記述のとおりである。**L-グルタミン酸ナトリウム**、5′ -イノシン酸二ナトリウムなどがある。

4　○　外国産のかんきつ類やバナナなどは、輸送貯蔵中にカビが発生するため、その防止に使われる。オルトフェニルフェノール、ジフェニル、イマザリルなどがある。

食品衛生学

食品の腐敗と保存法

問 42

食品の鑑別法に関する記述のうち、正しいものを 1 つ選びなさい。

佐賀

1 卵の鮮度良好なものは割った時に卵黄、卵白が広く広がる。

2 新鮮な牛乳は、鍋に入れ徐々に直火で加熱すると固まる。

3 缶詰は缶の上下両面が膨らんだものが良品である。

4 魚類で鮮度良好なものは肉質に透明感があり、骨から魚肉が取れにくい。

問 43

次の食品の保存法の記述のうち、誤っているものはどれか。

沖縄

1 冷蔵も冷凍も、細菌の活動力を著しく弱め、さらに酵素による分解もおさえられるが、細菌を死滅させることはできない。

2 缶詰で殺菌が不十分な場合、缶のなかでボツリヌス菌などの嫌気性菌が増えてガスが発生するため、缶が膨らんでしまう。

3 乾燥法による乾燥の程度は、食品によって異なるが、大体水分を 15％以下にするのが普通である。

4 食品への放射線の照射は γ（ガンマ）線が利用されており、日本では香辛料・乾燥野菜等の殺菌やバナナの熟度調整などに実用化されている。

問 44

次の（　　）に入る語句の組み合わせで、正しいものを 1 つ選びなさい。

福井

食品の（　ア　）とは、主に食品中のたんぱく質が微生物によって分解され、アンモニアなどの悪臭を生じるような現象である。一方（　イ　）とは、食品中の糖質や脂肪が分解され、風味が悪くなり可食性を失う現象である。

	（　ア　）	（　イ　）
1	酸敗	変敗
2	腐敗	酸敗
3	変敗	腐敗
4	腐敗	変敗

問 42　答 4

1　×　卵黄、卵白が広く広がるのは、古いものである。殻の表面が**ザラザラ**して**光沢がなく**、**振って音がしない**ものが鮮度良好な卵である。

2　×　加熱すると固まるのは、古くなって発酵し**酸度**が高くなっているためで、飲まないようにする。牛乳は 10℃以下で保存し、賞味期限内に使い切るようにする。

3　×　膨らむのは、腐敗して**ガス**が溜まっているためであり、食用できない。良品は、上下両面がへこんだものである。

4　○　うろこがしっかり皮膚についていて、魚種特有の色を保ち、みずみずしい光沢があるものも、鮮度良好な魚である。

問 43　答 4

1　○　**低温貯蔵法**には、冷蔵法（0 〜 10℃）と冷凍法（−15℃以下）があり、低温で**微生物**の活動が**抑制**されることを利用している。

2　○　缶詰やびん詰法は、食品を容器に詰めて密封したあとで加熱殺菌して保存する方法で、缶の上下両面が膨らんでいないものが良品である。缶の膨張は加熱不足等により腐敗ガスが発生したものであり食用不可である。

3　○　微生物は、食品の水分活性が低い程発育しにくくなる。乾燥法はこれを利用し、食品を乾燥させて微生物の発育をおさえる方法である。

4　×　γ（ガンマ）線は、香辛料や乾燥野菜などの殺菌やバナナの熟度調整などに実用化されているが、日本では、食品においては、じゃがいもの**発芽防止**のみに使用されている。

問 44　答 4

　食品の**腐敗**とは、微生物により食品のたんぱく質が分解されて食用に適さなくなることである。**変敗**は食品中の糖質や脂質の分解により食べられなくなることである。**酸敗**は、食品が腐敗し酸っぱくなることである。よって、アは**腐敗**、イは**変敗**となり、正しいものは **4** である。

問 45 劣化食品の化学的検査に関する次の文の（　）の中に入る語句の組み合わせとして、正しいものはどれか。　　新潟

「トリメチルアミンは、（　ア　）の初期腐敗の判定法で、新鮮なものに（　イ　）。」

1　ア　魚介類　　　　　　イ　多く存在する
2　ア　野菜　　　　　　　イ　多く存在する
3　ア　魚介類　　　　　　イ　ほとんど存在しない
4　ア　野菜　　　　　　　イ　ほとんど存在しない

殺菌と消毒

問 46 殺菌に関する記述について、誤っているものを 1 つ選べ。　　関西広域

1　アルコールは、100％のものより約 70％濃度のものが強い効果を持つ。
2　逆性石けんは、洗浄力は強いが、殺菌力は弱い。
3　紫外線殺菌灯による効果は、光線が直接照射された表面に限定される。
4　次亜塩素酸ナトリウムは、生野菜に用いることができる。

問 47 低温保持殺菌法（低温殺菌法、LTLT）に関する次の文の（　）の中に入る語の組合せとして、正しいものはどれか。　　新潟

「（　ア　）℃で（　イ　）分間以上加熱する殺菌法で、現在では牛乳などの殺菌に活用されている」

1　ア　53 〜 55　　　　　イ　15
2　ア　53 〜 55　　　　　イ　30
3　ア　63 〜 65　　　　　イ　15
4　ア　63 〜 65　　　　　イ　30

トリメチルアミンは、**魚介類**の初期腐敗の判定法で、新鮮なものに**ほとんど存在しない**。腐敗が進むと、トリメチルアミンやアンモニアなどの揮発性塩基窒素量が多くなる。よって、正しいものは **3** である。

1 ○ 　アルコールは、約 70 ％濃度の溶液の消毒力が強い。手指や器具の消毒に適する。

2 × 　逆性石けんは、洗浄力は**ほとんどない**が、殺菌力は**強い**。

3 ○ 　紫外線殺菌法は、殺菌灯（波長 2,600Å〔260nm〕が殺菌力最高）を照射するが、効果は表面だけである。まな板、包丁などに用いる。

4 ○ 　次亜塩素酸ナトリウムは、食品添加物の殺菌料として指定されており、生野菜や果物に用いられている。最終食品の完成前に、**流水**（食品製造用水）で除去しなければならない。

■化学的消毒法に用いる薬品

薬品名	特徴
クレゾール	・においが**強く**、ふきん、食器、調理器具には不向き ・3 ％溶液を用いる
塩素剤	・**ふきん**、**まな板**、食器、器具、水、床などを消毒 ・腐食作用があり、**金属**には不向き ・50 ～ 100mg/ℓ を用いる（ノロウイルスの対策は **200**mg/ℓ） ・**次亜塩素酸ナトリウム**、さらし粉など
アルコール（エタノール）	・手指や器具の消毒 ・純アルコールより約 70 ％の溶液の方が消毒力が強い
逆性石けん	・洗浄力はないが、**殺菌力が強い** ・**無臭**で刺激がないので、手指の消毒に適する ・普通の石けんと混ぜると**効果がなくなる** ・食器には 300 ～ 500 倍液、冷蔵庫などには 33 倍液を用いる

食品衛生学

低温保持殺菌法は、63 ～ 65 ℃で 30 分間以上加熱する殺菌法で、現在では牛乳などの殺菌に活用されている。よって、正しいものは **4** である。

問48 手指の消毒に適していないものを 1 つ選びなさい。

1 消毒用エタノール
2 逆性石けん液
3 クレゾール石けん水
4 次亜塩素酸ナトリウム液

問49 消毒方法に関する記述について、誤っているものを 1 つ選びなさい。

1 煮沸消毒は、100℃の湯の中で 5 分間以上煮る方法で、ふきん、タオルの消毒に適している。
2 逆性せっけんは、手指の消毒薬として使用されているが、ノロウイルスに効果がない。
3 アルコールによる消毒は、アルコールの濃度が 100％から低下すると濃度に比例して消毒力も低下する。
4 クレゾール石けん液は、芽胞形成菌に効果がない。

食品衛生法とその他の法規

問50 食品衛生法の対象となるもので、誤っているものを 1 つ選びなさい。

1 飲食物
2 野菜・果実・食器の洗浄用の洗剤
3 容器包装
4 薬

問48　　答 4

1 ○　消毒用エタノールは、手指や器具の消毒に適する。アルコールは約70％濃度の溶液の消毒力が強い。

2 ○　逆性せっけん（陽イオン界面活性剤）は、洗浄力がほとんどないが、**殺菌力**が非常に強い。人に対する毒性の心配がなく、臭いや刺激性もないため、手指の消毒に使われる。

3 ○　クレゾール石けん水は、1％の溶液が、手指、皮膚、家具、陶器などの消毒に用いられる。

4 ×　次亜塩素酸ナトリウム液は、**殺菌剤**や**漂白剤**として使われており、手指の消毒には適さない。

問49　　答 3

1 ○　煮沸消毒は、箸やスポンジなどの消毒にも適している。

2 ○　逆性せっけんは、洗浄力はほとんどないが、**殺菌力**は非常に強い。人に対する毒性がないため、手指の消毒薬として使用されるが、ノロウイルスには消毒効果はない。また、水中で陰イオンとなる普通の石けんと、水中で陽イオンとなる逆性石けんを混合して使用すると、普通の石けんの洗浄力も逆性石けんの殺菌力も失われる。

3 ×　アルコールの消毒力は、100％の純アルコールよりも約70％の溶液の方が強く、**濃度に比例しない**。

4 ○　クレゾール石けん液の1％溶液は手指や家具などの消毒に使用される。結核菌の消毒に有効であるが、芽胞形成菌やウイルスには効果がない。

問50　　答 4

　対象となるのは、すべての飲食物（医薬品医療機器等法に規定する**医薬品**、医薬部外品および再生医療等製品を除く）、添加物、器具、容器包装、おもちゃおよび**洗浄剤**（野菜・果実・食器の洗浄用の洗剤）などである。よって、誤っているものは **4** である。

器具や容器包装には、ラップ類も含まれるよ。

次の文の（　　）の中に入る語句の組合せとして、正しいものはどれか。

　「食品営業施設において、食品衛生法第48条で規定する（　ア　）を置かなければならない営業以外の営業（飲食店営業など）にあっては、条例に基づき（　イ　）を定めておかなければならない。」

1　ア　食品衛生監視員　　　　イ　食品衛生責任者
2　ア　食品衛生監視員　　　　イ　食品衛生管理者
3　ア　食品衛生管理者　　　　イ　食品衛生責任者
4　ア　食品衛生責任者　　　　イ　食品衛生管理者

次の文のうち、<u>誤っているもの</u>を1つ選びなさい。

1　食肉製品や添加物を製造する施設には、専任の食品衛生管理者を置かなければならない。
2　食品衛生推進員は、都道府県等から委嘱され、食品衛生の自主的な推進のための活動を行う。
3　食品衛生指導員は、飲食店営業等の施設に設置され、営業者の指示に従い、衛生管理にあたる。
4　食品衛生監視員は、主として保健所に配置され、食品関係営業施設の監視・指導等を行う。

食品衛生法第48条に関する次の記述について、（　　）に入る語句の組み合わせとして、最も適切なものを1つ選びなさい。

　「調製粉乳、（　A　）、魚肉ハムなどの製造又は加工を行う営業者は、その施設ごとに（　B　）を置かなければならない。」

　　　　（　A　）　　　　　　　　（　B　）
1　食肉製品 ――――――――― 食品衛生管理者
2　マーガリン ―――――――― 食品衛生責任者
3　放射線照射食品 ―――――― 食品衛生責任者
4　清涼飲料水 ―――――――― 食品衛生管理者

問51

食品衛生管理者……乳製品、食肉製品、マーガリン、添加物などが衛生的に製造または加工されるよう管理・監督を行う。

食品衛生責任者……都道府県の条例により営業施設へ置くことが義務付けられ、営業施設での衛生上の管理・監督を行う。

食品衛生監視員……保健所や検疫所に配置され、食品関係の営業施設などを監視・指導し、立入検査や食品などの収去等の業務を行う。

（ア）には**食品衛生管理者**、（イ）には**食品衛生責任者**が入る。よって、正しいものは**3**である。

■食品衛生管理者の設置が必要な施設

・全粉乳	・加糖粉乳	・調製粉乳	**・食肉製品**
・魚肉ハム	**・魚肉ソーセージ**	**・放射線照射食品**	・食用油脂
・マーガリン	・ショートニング	・添加物	

以上の食品、添加物の製造又は加工を行う施設

問52

答 3

1 ○　食品衛生管理者の設置が義務となっている施設は、食肉製品、乳製品、マーガリン、添加物などの製造施設である。

2 ○　食品衛生推進員は、地域における食品衛生に関する助言や指導を行う。

3 ×　記述の内容は、**食品衛生責任者**のことである。食品衛生指導員は、日本食品衛生協会が委嘱した職員である。

4 ○　食品衛生監視員は、場合によっては、営業許可の取り消し、営業禁止・停止、その他の行政処分を行う。

問53

答 1

食品衛生法第48条では、乳製品、**食肉製品**、マーガリン、放射線照射食品、添加物などの製造または加工の過程において特に衛生上の考慮を必要とするものの製造または加工を行う営業者は、その製造または加工を衛生的に管理させるため、その施設ごとに、専任の**食品衛生管理者**を置かなければならない、と定めている。よって、（ A ）には**食肉製品**、（ B ）には**食品衛生管理者**が入るので、最も適切なものは**1**である。

問 54 食品衛生法第 1 条に関する記述について、（　　）に入る語句の組み合わせで、正しいものを 1 つ選びなさい。 福井

この法律は、食品の（　ア　）の確保のために（　イ　）の見地から必要な規制その他の措置を講ずることにより、飲食に起因する衛生上の危害の発生を防止し、もって国民の健康の保護を図ることを目的とする。

（　ア　）　　　　　　　　（　イ　）
1　安全性 ——————————— 公衆衛生
2　安全性 ——————————— 健康増進
3　信頼性 ——————————— 公衆衛生
4　信頼性 ——————————— 健康増進

問 55 「飲食に起因する衛生上の危害の発生を防止し、もつて国民の健康の保護を図ること」を目的として掲げる法律として、正しいものを 1 つ選びなさい。 奈良

1　食品安全基本法
2　食育基本法
3　食品衛生法
4　健康増進法

問 56 次の食品衛生法に関する記述のうち、<u>誤っているもの</u>はどれか。 沖縄

1　病原微生物に汚染され、またはその疑いがあり、人の健康を損なうおそれがある食品は販売が禁止されている。
2　食中毒患者を診断した医師は、直ちに最寄りの保健所長にその旨を届出なければならない。
3　一部の食品等事業者にのみ、一般衛生管理に加え、HACCP に沿った衛生管理を実施することが求められている。
4　食品衛生法に違反した場合や食中毒を起こした場合には、営業の停止、禁止等が命じられることがある。

問 54　　　　　　　　　　　　　　　　　　　答 1

　食品衛生法は、飲食に起因する衛生上の危害の発生防止を目的としている。食品衛生法第 1 条により、（　ア　）には**安全性**、（　イ　）には**公衆衛生**が入る。よって、正しいものは **1** である。

問 55　　　　　　　　　　　　　　　　　　　答 3

1　×　食品安全基本法は、**食品の安全性**の確保に関しての施策を推進することを目的としている。

2　×　食育基本法は、**食育**に関する基本理念と施策を定め、食育を総合的かつ計画的に推進することなどを目的としている。

3　○　設問は、**食品衛生法**の一部である。同法第 1 条に「食品の安全性の確保のために公衆衛生の見地から必要な規制その他の措置を講ずることにより、飲食に起因する衛生上の危害の発生を防止し、もつて国民の健康の保護を図ることを目的とする」と定められている。

4　×　健康増進法は、「健康日本 21」を具体化する法律で、**国民保健**の向上を図ることを目的としている。

問 56　　　　　　　　　　　　　　　　　　　答 3

1　○　微生物に汚染されたものの販売禁止は、食品衛生法第 6 条 3 項に定められている。第 6 条には、ほかに、腐敗したもの、有害なもの、不潔なものの販売禁止も定められている。

2　○　医師による 24 時間以内の食中毒患者の届出は、食品衛生法第 63 条に定められている。

3　×　一部の食品等事業者にのみではなく、**すべて**の食品等事業者に、一般衛生管理に加え、HACCP に沿った衛生管理の実施が求められている。

4　○　食品衛生法の違反や食中毒の程度によって、営業許可の取り消しや営業の禁止・停止の行政処分がなされる。

問57 食品衛生法第52条に関する記述について、（　　）に入る語句の組み合わせで、正しいものを1つ選びなさい。 福井

食品衛生法第51条に規定する飲食店営業を営もうとする者は、厚生労働省令で定めるところにより、（　ア　）の許可を受けなければならない。（　ア　）は、許可に（　イ　）を下らない有効期間その他必要な条件を付けることができる。

　　　（　ア　）　　　　　　　　（　イ　）

1　厚生労働大臣 ——————— 3年
2　厚生労働大臣 ——————— 5年
3　都道府県知事 ——————— 3年
4　都道府県知事 ——————— 5年

問58 次の食品安全基本法に関する記述のうち、誤っているものはどれか。 沖縄

1　食品安全委員会は内閣府に設置された機関である。
2　食品の輸入に関する届出について定めている。
3　食品の安全性の確保について、国、地方公共団体及び食品関連事業者が果たすべき責務を定めている。
4　食品の安全性の確保について、消費者の役割を定めている。

問59 次の食品の安全、衛生に関する法律に関する記述のうち、正しいものはどれか。 静岡

1　食品表示法では、食品の回収は命令できない。
2　不当景品類及び不当表示防止法では、実際のものよりも著しく優良であることを示す表示は禁止されている。
3　消費者基本法には、食品安全委員会の設置が規定されている。
4　食品衛生法には、国および都道府県の責務は規定されていない。

問57 答4

　食品衛生法第52条（改正法施行後は第55条）では、「食品衛生法第51条（改正法施行後は第54条）に規定する飲食店営業を営もうとする者は、厚生労働省令で定めるところにより、**都道府県知事の許可を受けなければならない。都道府県知事**は、許可に5年を下らない有効期間その他必要な条件を付けることができる。」ことを定めている。よって、正しいものは**4**である。

※ 2021（令和3）年6月1日の「食品衛生法の一部を改正する法律」が施行されたことに伴い条番号が変更になっています。

問58 答2

1 ○　内閣府に置かれた食品安全委員会は、施策策定に関わる基本的方針の3つの要素（リスク管理、リスク評価、リスクコミュニケーション）の中の**リスク評価**を行っている。

2 ×　食品の輸入に関する届出は、**食品衛生法**第27条に定められている。

3 ○　国、地方公共団体、食品関連事業者の責務として、食品安全基本法第6、7、8条に定められている。

4 ○　消費者の役割として、同法第9条に定められている。

問59 答2

1 ×　食品表示法第6条には、内閣総理大臣は食品関連事業者等に対し、業務停止や**食品の回収の命令**ができると定めている。

2 ○　不当景品類及び不当表示防止法第5条第1項に定められている。

3 ×　食品安全委員会の設置が規定されているのは、**食品安全基本法**である。

4 ×　食品衛生法第2条に、**国及び都道府県の責務**が定められている。

■主な法律と規定内容

法律名	主な規定内容
消費者基本法	消費者契約の適正化、品質規格・表示の適正化
不当景品類及び不当表示防止法	不当景品類及び不当表示による顧客の誘引防止
製造物責任法（PL法）	製造業者等の損害賠償責任
予防接種法	伝染のおそれのある疾病の発生と蔓延を予防
検疫法	感染症の病原体の国内侵入を防止
労働基準法	労働条件の基準
労働安全衛生法	病人の就業禁止、快適な職場環境の形成

食品衛生対策

問60 次の調理従事者の衛生管理に関する記述のうち、正しいものを 1 つ選びなさい。 鹿児島

1 体調に異常を感じない場合は、定期的に健康診断や検便を受けなくてもよい。

2 腸管出血性大腸菌 O157 の保菌者は、法律の定めにより直接食品を扱うことができない。

3 衛生に関する知識、技術の習得は、法令により規定されているものではない。

4 同居家族に下痢や嘔吐の症状が見られても、特に注意する必要はない。

問61 次の異物混入防止策のうち、<u>誤っているもの</u>を 1 つ選びなさい。 福島

1 原料選別の徹底

2 防虫・防そ

3 塵埃の放置

4 包装の密封状態の確認

問62 大量調理施設衛生管理マニュアルに関する記述として、正しいものはどれか。 新潟

1 全ての飲食店営業者が遵守しなければならないマニュアルである。

2 二枚貝等ノロウイルス汚染のおそれがある場合は、65℃、1 分間の加熱を行えばよい。

3 野菜および果物を加熱せずに使用することを認めていない。

4 調理終了後から 2 時間以内に喫食することが望ましいとしている。

問60　答2

1 ✕　体調に異常を感じない場合でも、**定期的な健康診断**および**月に1回以**上の**検便**を受けて、健康を確かめることが大切である。

2 ○　感染症法施行規則第11条第2項により、飲食物に直接接触する業務への就業が制限されているものは感染症法の第6条第2項から第4項に掲げる感染症である。腸管出血性大腸菌感染症は第4項に示されている。

3 ✕　**調理師法**の第1条では、「調理の業務に従事する者の資質を向上させることにより調理技術の合理的な発達を図り、もつて国民の食生活の向上に資することを目的とする」と示されており、調理従事者の**衛生に関する知識、技術の習得**は、法令などにより規定されている。

4 ✕　医師の診断を受けて健康を確かめるなど、**注意が必要**である。

問61　答3

　異物混入防止策として、**原料のふるい分け・ろ過・水洗い**、調理場の窓への**網戸の設置**、調理場や戸棚の**清掃**、調理場の**定期消毒**、包装の**密封状態の確認**、調理中の**帽子**や**白衣**の着用などがあげられる。塵埃とは、ちりやほこりのことである。ちりやほこりを放置せず、清潔に保たなければならない。よって、誤っているものは**3**である。

問62　答4

1 ✕　大量調理施設衛生管理マニュアルは、同一メニューを1回**300食**以上または1日**750食**以上を提供する調理施設に適用されるものである。

2 ✕　中心部が85〜90℃で90秒間以上加熱しなければならない。

3 ✕　野菜および果物を加熱せずに使用する場合には、流水で十分洗浄し、必要に応じて**次亜塩素酸ナトリウム**などで殺菌した後、流水で十分すすぎ洗いを行うこととしている。

4 ○　同マニュアルの「原材料及び調理済み食品の温度管理」の中で示されている。

食品衛生学

問 63 次の環境汚染と食品に関する記述のうち、正しいものはどれか。

1 食物連鎖の例として、水草が湖水中の農薬を継続的に吸収することにより、湖水中の濃度より高濃度に農薬を蓄積することがあげられる。
2 飲料水の放射性セシウムの基準値は 50Bq（ベクレル）/kg である。
3 ダイオキシン類特別措置法に基づき、食品ごとにダイオキシン類の基準が定められている。
4 厚生労働省は、魚介類中の水銀の暫定的規制値を定めている。

問 64 次の HACCP に関する記述のうち、正しいものはどれか。

1 HACCP プランの作成にあたり、7 原則 19 手順が示されている。
2 HACCP プランでは、食品衛生管理者の設置が義務付けられている。
3 「HACCP の考え方を取り入れた衛生管理」の対象事業者は、従業員 50 名以上の大規模事業所が対象である。
4 HACCP の「HA」とは、危害分析のことである。

問 65 HACCP システムの 7 原則に含まれないものを 1 つ選びなさい。

1 管理基準の設定
2 記録・保管の設定
3 食品衛生試験方法の設定
4 監視（モニタリング）方法の設定

1　✕　食物連鎖とは、食う者と食われる者の関係で結びついた生物間のつながりをいう。農薬に汚染された水草を食べる小魚がいて、それを餌とする大きな魚がいて、それを人間が食べる。食物連鎖が人間の生活との関連で問題となるのは、連鎖の段階を経るごとに**有害物質**が**生物濃縮**され、大きな被害をもたらすことである。

2　✕　飲料水の放射性セシウムの基準値は 10Bq/kg である。また、一般食品の基準値は 100Bq/kg、牛乳と乳児用食品は 50Bq/kg と決められている。

3　✕　ダイオキシン類対策特別措置法は、食品ではなく、**大気**、**水質**（底質を含む）、**土壌**の環境基準や、**排出ガス**、**排出水**の排出基準などについて定められている。

4　○　厚生労働省は、「妊婦への魚介類の摂食と水銀に関する注意事項」（2010〔平成 22〕年）において、妊婦が注意すべき魚介類の種類とその摂食量の目安を示している。

1　✕　HACCP では、7 原則 12 手順が示されている。

2　✕　食品衛生管理者ではなく、**食品衛生責任者**が正しい。食品衛生責任者は、HACCP に沿った衛生管理などを行う食品衛生上の管理運営者である。

3　✕　対象事業者は、従業員 50 名未満の企業である。

4　○　HACCP の「HA」とは、Hazard Analysis のことで、危害分析と訳される。

　　HACCP の 7 原則の表より、含まれないものは、**3 食品衛生試験方法の設定**である。

> 🍅 **ポイント** 🍅　HACCP の 7 原則
>
> 原則 1：危害分析（HA）の実施
> 原則 2：重要管理点（CCP）の決定
> 原則 3：各 CCP の管理基準の設定（温度管理、消毒方法など）
> 原則 4：各 CCP の監視と測定方法の設定
> 原則 5：逸脱発生時の修正措置
> 原則 6：検証方式の設定
> 原則 7：記録保存など

食品衛生学

問 66 施設・設備及び器具の衛生管理に関する記述について、<u>誤っているもの</u>を1つ選べ。 関西広域

1 床は乾式（ドライシステム）にするのが好ましい。
2 調理場内の壁、天井及び床は常に清潔を保つ。
3 肉、魚、野菜用のまな板は、それぞれ専用のものを用意する必要はない。
4 手洗い設備は、流水式の専用設備を設け、せっけん、消毒薬、ペーパータオルなどを備える。

問 67 調理従事者の衛生管理に関する記述について、<u>誤っているもの</u>を1つ選びなさい。 福井

1 清潔な仕事着、帽子を着用する。
2 他の作業に移るときは使い捨て手袋を交換する。
3 便所に行った後は、手を洗い、消毒する。
4 腸管出血性大腸菌保菌者は、下痢などの症状が出ていなければ調理に従事してもよい。

問 68 食品衛生に関する記述について、<u>誤っているもの</u>を1つ選べ。 関西広域

1 細菌性食中毒予防の三原則とは、原因となる細菌を「つけない、増やさない、やっつける（殺す）」である。
2 消毒の方法には熱や光線を利用した物理的消毒法と、消毒薬を使用する化学的消毒法がある。
3 腸炎ビブリオ、病原大腸菌及びサルモネラ属菌は、加熱では殺菌できない。
4 冷蔵や冷凍では細菌の増殖は抑えられるが、死滅させることはできない。

1 ○　できるだけ**乾式**（ドライシステム）が好ましい。湿式（ウエットシステム）の場合は、完全に排水できるように適度な勾配をつけて、汚水がたまらないようにするとよい。

2 ○　床や壁は、ゴミなどがたまらないよう平たんにしたり、壁や天井は、汚れが目立つよう**明るい色**にして、掃除がしやすいようにする。さらに天井は、ゴミやネズミの糞などが落ちてこないような材質でつくる。

3 ×　包丁やまな板は、肉、魚、野菜用を区別し、**専用**のものを用意する。

4 ○　なお、手洗い設備は、飛沫で汚染されないよう、調理台や盛り付け台などから **60cm** 離して設置する。

1 ○　作業内容によって、使い捨て手袋やマスクも着用する。

2 ○　なお、使い捨て手袋は、消毒してから作業に従事する。

3 ○　食品を取り扱う者は、便所に行った後だけでなく、仕事中は常に手洗いや消毒に努め、**爪は短く切る**。

4 ×　症状が出ていなくても、腸管出血性大腸菌 O157、サルモネラ、赤痢などの**保菌者**は、**調理に従事**してはならない。

1 ○　なお、食中毒の原因物質として、細菌性のものは、事件数は約 3 割、患者数は約 5 割を占めるほど多く、予防を心がけることが重要である。

2 ○　物理的消毒法には、木製器具や床などに行う乾燥なども含まれる。

3 ×　これらの食中毒は熱に弱いため、十分に加熱処理すれば安全である。

4 ○　冷蔵や冷凍は、低温で保存することで細菌の**活動力**を弱めて、増殖を抑える方法である。

食品衛生学

問69 食品中の異物に関する記述について、誤っているものを1つ選べ。

1 食品中の異物は、一般に動物性異物と植物性異物の二種類に分類される。

2 異物混入のおそれがある材料は、ふるい分け、ろ過、水洗いなどを行う。

3 食品衛生法では、異物の混入により、人の健康を損なうおそれがある食品の販売は禁止されている。

4 異物は、食品の種類、生産や加工の過程により異なるので、混入の発見とその原因究明に努める必要がある。

問70 「大量調理施設衛生管理マニュアル」に基づいた調理従事者の行動に関する記述について、誤っているものを1つ選びなさい。

1 着用する帽子、外衣は、毎日専用で清潔なものに交換する。

2 下痢、嘔吐、発熱などの症状があった時は、調理作業に従事することができない。

3 毎日作業開始前に、自らの健康状態を衛生管理者へ報告する。

4 便所には、手洗いの励行をすることにより調理作業時に着用する外衣、履き物のまま入ることができる。

問71 次の大量調理施設衛生管理マニュアルに関する記述のうち、正しいものを1つ選び、その番号を記入しなさい。

1 使用水は食品製造用水を用いること。

2 食中毒菌の増殖を抑制するためには、10℃以下又は50℃以上で管理することが必要である。

3 調理後の食品は、調理終了後から4時間以内に喫食することが望ましい。

4 検食は原材料及び調理済み食品を食品ごとに50g程度ずつ清潔な容器に入れて、10℃以下で2週間以上保存すること。

問69　　答 1

1 ✕ 　食品中の異物は、**動物性異物**、**植物性異物**、**鉱物性異物**に分類される。

2 ○ 　また、原材料の包装材料の付着にも気をつける。

3 ○ 　食品衛生法第 6 条第 4 号に定められている。

4 ○ 　異物の混入対策としては、帽子をかぶり髪の毛の混入を防ぐ、調理場には網戸をつけ昆虫やネズミの侵入を防ぐ、調理場・戸棚の清掃や消毒をして清潔を心がけるなどが重要である。

■異物の種類

動物性異物	ヒトの毛髪、ダニ類、昆虫や動物の排泄物や死がいなど
植物性異物	食品と異なる種類の種、草、カビ、紙片、木片など
鉱物性異物	土、砂、ガラス片、金属片、プラスチック片、ビニール片など

問70　　答 4

1 ○ 　**毎日専用で清潔なもの**を身につける。「大量調理施設衛生管理マニュアル」5「その他」(4)「調理従事者等の衛生管理」⑦に示されている。

2 ○ 　**下痢、嘔吐、発熱**などの症状のほかに、手指等に**化膿創**があるときも、調理作業に従事できない。同⑤に示されている。

3 ○ 　調理従事者等の報告を受けて、衛生管理者はその結果を記録する。同②に示されている。

4 ✕ 　感染症や食中毒の原因物質を調理場にもち込まないためにも、便所には、調理作業時に着用する外衣、帽子、履き物を**脱いで入る**ようにする。同⑨に示されている。

問71　　答 1

1 ○ 　野菜および果物を加熱せずに供する場合や、次亜塩素酸ナトリウムで殺菌したあとのすすぎに用いる流水は、食品製造用水（食品用水）を使う。

2 ✕ 　食中毒菌の増殖の抑制には、10℃以下または 65℃以上で管理する。

3 ✕ 　調理終了後から 2 時間以内の喫食が望ましい。

4 ✕ 　検食は、原材料および調理済み食品を食品ごとに 50g 程度ずつ清潔な容器に入れて、−20℃以下で 2 週間以上保存する。

調理理論

「調理操作」「調理器具と設備」「調理による食品成分の変化」について、幅広くかつ詳しい知識が問われます。給食の新調理システムの名称とその内容についても出題されています。

加熱調理の適温

	調理	温度（℃）		調理	温度（℃）
飲み物	緑茶（玉露）	65	蒸し物	茶碗蒸し	85 ～ 90
	（煎茶）	70 ～ 90	砂糖の煮詰め	抜絲（バースー）	140 ～ 150
	紅茶（茶こし）	95 ～ 100		カラメル	170 ～ 190
	コーヒー（ドリップ）	85 ～ 95	蒸し焼き	カステラ	160 ～ 170
汁物	すまし汁、みそ汁	80		パン	200 ～ 220
	だし汁（かつお節）	95 ～ 100		パイ	200 ～ 240
	スープ（とりがら）	90 ～ 95	焼き物	ソテー	230

ゼラチンと寒天

	ゼラチン	寒天
原料	動物の骨や皮のコラーゲン	テングサなどの海藻
主成分	たんぱく質	食物繊維（多糖類）
使用濃度	2 ～ 3%以上	0.5 ～ 1%以上
融解温度	約 20 ～ 27℃ *	約 78 ～ 81℃ *
凝固温度	約 3 ～ 14℃ *	約 28 ～ 35℃ *
注意点	たんぱく質分解酵素を含んだ生の果物（キウイフルーツ・パインアップルなど）を入れると固まらない。	果汁と一緒に長く煮ると酸の作用により固まりにくくなるので、火からおろして果汁を加える。

＊使用濃度による

味の相互作用

対比効果	一方が他方の味を引き立てる現象	甘味と塩味	餡に塩、すいかに塩
		うま味と塩味	だし汁に塩
抑制効果	一方が他方の味を抑え、緩和する現象	苦味と甘味	コーヒーと砂糖
		酸味と甘味	果汁と砂糖
		塩味とうま味	塩辛中の塩とうま味
相乗効果	相互に味を強めあう現象	うま味とうま味	グルタミン酸とイノシン酸
		甘味と甘味	砂糖とほかの甘味料

たんぱく質の熱凝固と調味料

たんぱく質の熱凝固の速さと程度は、調味料の影響を受ける。

食塩	熱凝固を速めて、凝固物を固くする。（例）塩入りの卵焼きは固い。
砂糖	熱凝固を遅らせて、凝固物をやわらかくする。（例）砂糖入りの卵焼きはやわらかい。
食酢	熱凝固しやすくする。食塩と併用すると熱凝固を促進する。（例）焼き魚の串や網に酢を塗ると身が付着しにくい。水中に塩や酢を入れておくとポーチドエッグ（落とし卵）は固まりやすい。

ビタミンの調理損失

種類		調理による変化
脂溶性	ビタミン A	・調理による損失は少ない。 ・光、酸素に弱い。
	ビタミン D	・調理による損失は少ない。
水溶性	ビタミン B_1	・煮汁、ゆで汁に溶け出す。水に溶けやすい。 ・アルカリに弱い。豆を煮るときに重曹を加えると、40 〜 90%のビタミン B_1 を損失する。
	ビタミン B_2	・水に少し溶ける。 ・熱には強いが、アルカリ、紫外線に弱い。
	ビタミン C	・空気中の酸素で酸化されやすく、加熱で促進される。 ・アルカリで分解が進む。 ・ゆで汁などへの溶出や加熱による分解は、50 〜 70%に及ぶ。

新調理システム

通常の調理方法「クックサーブ（調理してすぐに提供する）」に加えて、「クックフリーズ」「クックチル」「真空調理（真空パック）」「外部加工品」など、調理、保存、食品活用をシステム化し、集中的に計画的に生産することを新調理システムという。

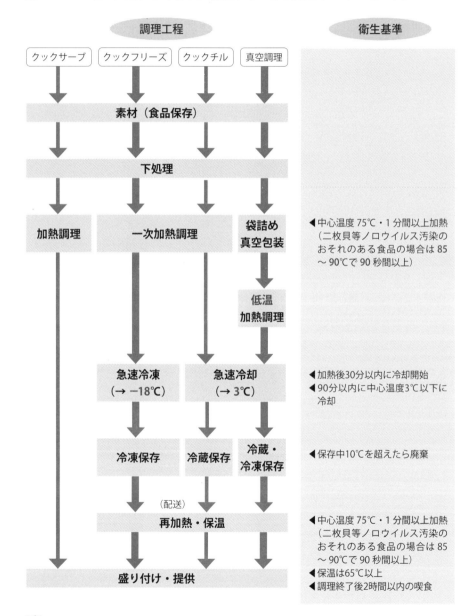

包丁の種類

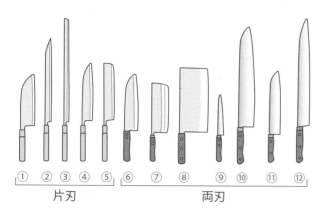

① 出刃包丁
② 刺身包丁（やなぎ刃）
③ 刺身包丁（たこ引き）
④ 薄刃（鎌包丁・関西）
⑤ 薄刃（関東）
⑥ 三徳包丁
⑦ 菜切り包丁
⑧ 中華包丁
⑨ ペティナイフ
⑩ 牛刀（大）
⑪ 牛刀（小）
⑫ スライスナイフ

① ② ③ ④ ⑤ ⑥ ⑦ ⑧ ⑨ ⑩ ⑪ ⑫

片刃　　　　　両刃

食品の主な切り方

輪切り

いちょう切り

くし形切り

地紙切り

薄切り、小口切り
（洋：エマンセ／中：片［ピェン］）

拍子木切り
（洋：ボン・ヌフ／中：条［ティヤオ］）

さいの目切り
（洋：ブリュノアーズ、マセドワーズ／中：丁［ティン］）

せん切り
（洋：ジュリエンヌ／中：絲［スウ］）

みじん切り
（洋：アッシェ／中：末［モー］）

かつらむき

ささがき

面取り
（洋：トゥルネ）

洋：リング

洋：シャトー

洋：リボン

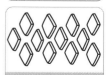

洋：ロザンジュ

調理理論

5 調理理論

調理の操作、種類と特徴

問1 次の調理操作に関する組み合わせのうち、誤っているものはどれか。

1 非加熱調理操作 —— 浸漬 ———— もどす、さらす
2 加熱調理操作 —— 乾式加熱 —— 焼く、揚げる
3 加熱調理操作 —— 湿式加熱 —— 煮る、蒸す
4 調味操作 ———— 調味 ———— つぶす、うらごす

問2 次のソースの材料であるフォンとその内容についての組合せのうち、誤っているものはどれか。

   （　フォン　）　　　　　　　（　内容　）
1 フォン・ド・ヴォー ———— 仔牛肉の煮出し汁
2 フォン・ド・ヴォライユ ——— 鶏肉の煮出し汁
3 フォン・ド・ポアッソン ——— 野菜の煮出し汁
4 フォン・ド・ジビエ ———— 野鳥・野獣の煮出し汁

問3 ソースの種類と名称および調理例について、正しい組み合わせを1つ選びなさい。

1 温ソース —— ブラウンソース ———— 野菜サラダ
2 冷ソース —— マヨネーズソース ——— 野菜サラダ
3 冷ソース —— ブルーテソース ———— 鶏肉料理
4 温ソース —— ビネグレットソース ——— 野菜サラダ

1 ○　浸漬には、もどす、さらすのほかに、**浸す**、**漬ける**方法もある。
2 ○　乾式加熱とは、水を直接の熱媒体としない加熱である。
3 ○　湿式加熱とは、水を主な熱媒体とする加熱である。
4 ×　調味には、**浸透**、**まぶす**方法がある。つぶす、うらごすは、非加熱調理操作の粉砕・磨砕の方法である。

　　フォン（Fond）は、フランス料理で使われる出し汁のことである。ド（de）は、英語のオブ（of）にあたり、後ろに食材名がくる。
1 ○　フランス語でヴォーは仔牛のことである。
2 ○　ヴォライユとは家禽類のことで、鶏ガラや鶏肉でとった出し汁である。
3 ×　ポアッソンは魚のことであり、**魚の煮出し汁**が正しい。
4 ○　シカ、イノシシ、キジ、ウサギなどの野禽獣の骨を焼いて香味野菜を加えた煮出し汁である。

1 ×　温ソースのブラウンソースは、褐色系のソースで、**シチュー**や**獣肉料理**などに用いる。
2 ○　マヨネーズソースは前菜や、サラダなどに利用される。単にマヨネーズともいう。
3 ×　**温ソース**のブルーテソースは、鶏肉、魚、仔牛料理に用いる。
4 ×　**冷ソース**のビネグレットソースは、フレンチドレッシングのことで、野菜サラダに用いる。

■ソースの種類

温かいソース	ベシャメルソース	牛乳の白ソース
	ブルーテソース	白色系のルウをブイヨンでのばしたソース
	トマトソース	トマトピューレ入りソース
	ブラウンソース	ブラウンルウのソース
冷たいソース	ビネグレットソース	**酢**と**サラダ油**
	マヨネーズソース	**卵黄**と**酢**と**サラダ油**

調理理論

問4 次の洋式調理（西洋料理）の特徴に関する記述のうち、正しいものはどれか。
静岡

1 汁と菜を基本に、数種の料理を並列にして、1人分ずつの食膳を構成する。
2 視覚的要素が重視され、包丁さばきが料理のポイントになる。
3 スープにはじまり、数種の料理を1～2種ずつ順を追って食卓に出す。
4 水もどしと煮物の技術を中心に、味つけを重視した料理である。

問5 調理の意義に関する記述について、正しいものを1つ選べ。
関西広域

1 調理技術に関する科学的根拠の理解と、発展的な応用料理には関係性がない。
2 調理することで、嗜好性の向上にはつながらない。
3 食事は栄養素の確保が目的であり、心理的な満足感が与えられるように心がける必要はない。
4 社会情勢がどのように変化しても、調理業務がなくなることはない。

問6 次の調理の意義と目的に関する記述のうち、誤っているものはどれか。
静岡

1 近年、大量調理、流通、消費のシステムが進展したことにより、外食や調理済み食品を利用すれば、家庭内調理は不要になってきている。
2 調理の役割は、食品の栄養効率を高めることであり、嗜好性の向上には関与しない。
3 調理とは、各種の食品材料にいろいろな物理的、化学的処理をほどこして、摂取可能な「食物」につくり変えることである。
4 包丁は人間の手や歯の機能を助け、鍋、釜は胃の延長として食品の利用効率を高める。

1 ✕ 記述は、**和式調理（日本料理）**の特徴である。

2 ✕ 記述は、**和式調理（日本料理）**の特徴である。日本料理は、魚を主材料としており、季節性があり鮮度のよい素材中心の料理である。

3 ◯ 洋式調理（西洋料理）の材料は獣肉を主としており、加熱法やソースも料理のポイントとなっている。

4 ✕ 記述は、**中国式調理（中国料理）**の特徴である。中国料理は、海産物の乾燥品を主材料とした、多彩な料理である。

1 ✕ 従来の調理技術やコツを科学の目で解明することで、今後の調理技術の**発展や進歩**につなげることができる。

2 ✕ 調理には、食品の栄養価を高めると同時に、安全性や嗜好性を**向上させる**役割がある。

3 ✕ 栄養の確保も重要であるが、おいしいものを食べることで、**満足感、幸福感、心の豊かさ**がもたらされることも心に留めておくべきである。

4 ◯ 調理業務は、食事形態や、社会状況がどのように変化しても変わらずに行われるものであり、なくなることはない。

1 ◯ 記述のとおりである。近年は調理済み食品を購入し、家に持ち帰って食べる**中食**が増えている。

2 ✕ 調理の役割は、食品の**栄養効率**を高めると同時に、**嗜好性**の向上及び**安全性**の向上にも**関与**する。

3 ◯ 摂取可能な「食物」につくり変える調理とは、人の食物摂取行動の最終段階を受け持つといえる。

4 ◯ また、包丁、鍋、釜は、人の機能の代行として保有率、利用頻度が最も高い調理器具である。

調理理論

問7 調理の目的や方法に関する記述について、<u>誤っているもの</u>を1つ選べ。

関西広域

1 調理とは、各種の食品材料に処理をほどこして、摂食可能な「食物」に作り変えることである。

2 調理により、食品の栄養効率を高めることはできない。

3 調理には、昔から経験的に行われてきた方法が、調理のコツとして受け継がれている。

4 調理により、食品の安全性を向上させることができる。

問8 次の調理操作のうち「物理的調理操作」にあてはまらないものを1つ選びなさい。

奈良

1 洗浄

2 浸漬

3 乳化

4 ろ過

問9 次の調理操作の分類の組み合わせのうち、<u>誤っているもの</u>を1つ選びなさい。

北海道

1 浸漬 ──────── 浸す、漬ける、もどす、さらす

2 混合・攪拌（かくはん）──── 混ぜる、和える、かき回す、練る、こねる、泡立てる

3 粉砕（ふんさい）・磨砕（まさい）──── 切る、むく、削る、そぐ

4 湿式加熱 ──── 煮る（ゆでる、炊く）、蒸す

問7 　答2

1 ○ 調理とは、食品材料に物理的・化学的処理をほどこして、人の食物摂取行動の最終段階を担う仕事である。

2 × 生では消化されず摂取できない栄養も、調理で**加熱**したり、**包丁**で切って**噛みやすい形状**にしたりなど、栄養効率を**高める**ことができる。

3 ○ 調理のコツを科学的に調べて解明することが、調理技術の発展や進歩につながる。

4 ○ 嗜好性だけでなく、安全性を向上させることが、調理の役割である。

問8 　答3

　　洗浄、浸漬、ろ過は、物理的調理操作である。**乳化**は、化学的調理操作に分類される。よって、あてはまらないものは**3**である。

■調理操作の分類

物理的調理操作	計量、洗浄、浸漬、切断、ろ過、解凍
化学的調理操作	乳化、凝固、防腐、漂白、着色
加熱調理操作	焼く、揚げる、煮る、ゆでる、蒸す、炊く、炒る
美的調理操作	サービス、盛付

問9 　答3

　　粉砕・磨砕にあてはまるものは、砕く、つぶす、する、裏ごす、おろす（野菜、果物）である。切る、むく、削る、そぐのは、**切砕・成形**である。よって、誤っているものは**3**である。

○**ポイント**○　調理操作の「浸漬」の目的と例

「浸漬」は、食品を水や液体に浸しておく操作である。
　・味付けと防腐 ──────────── しょうゆ漬け、酢漬け
　・食品中の成分の抽出 ───── 塩抜き、あく抜き
　・吸水とそれに伴う膨潤・軟化 ── 乾物の水浸
　・褐変の防止 ──────────── 野菜・いもなどの水浸

調理理論

問 10 次の行事食、供応食、特別食に関する記述のうち、誤っているものを1つ選び、その番号を記入しなさい。 鹿児島

1 行事食、供応食はその時1回限りで、特定の目的を持った食事である。
2 行事食、供応食は、視覚、嗜好が中心の食事である。
3 行事食、供応食は、宴の進行に影響され、調理のタイミングはあまり問題ではない。
4 特別食は、食事であると同時に、治療としての性格もあわせ持つ。

問 11 様式別調理の特徴に関する次の記述のうち、適切でないものを1つ選びなさい。 愛媛

1 和式調理は、鮮度と季節性を大切にする素材中心の料理である。
2 洋式調理は、加熱法とスパイスやソースの組み合わせが料理のポイントになる。
3 中国式調理は、味付けを重視する料理である。
4 多種類の料理を大皿で食卓に並べ、自由に取り分ける供食法は、和式調理と中国式調理に共通している。

 非加熱調理操作

問 12 包丁による食品の切り方に関する次の記述について、（　　）に入る語句の組み合わせとして、最も適切なものを1つ選びなさい。 愛媛

「やわらかく粘着力のある食材は、刃の切れ味よりも摩擦が（　A　）ことが大切で、チーズやようかん等を切るときは、鋭利な包丁より（　B　）のほうがよく切れる」

	（　A　）	（　B　）
1	小さい	ハサミ
2	小さい	針　金
3	大きい	ハサミ
4	大きい	針　金

　行事食、供応食は、慶弔、記念日、祝日、招待といった特定の目的を持った、その時 1 回限りの食事であり、その目的が反映されるように、視覚や嗜好がしつらえられた食事となる。宴の進行に**合わせる**ために、調理の**タイミング**は重要である。また、特別食には、**病院食**が含まれる。よって、誤っているものは**3**である。

1　○　和式調理が鮮度と季節性を大切にする素材中心の料理であるのは、魚を主材料としているためである。**視覚**的要素を重視し、包丁さばきをポイントとしている。

2　○　洋式調理が加熱法とスパイスやソースの組み合わせが料理のポイントになるのは、素材の種類が限られ**季節**に関係のない獣鳥肉類を主材料としているためである。**スープ**に始まり、料理を 1 ～ 2 種ずつ順を追って食卓に出す形式である。

3　○　中国式調理が味付けを重視する料理であるのは、海産物の乾燥品や塩蔵品などの水もどしと**煮物**の技術が中心にあるためである。

4　×　「多種類の料理を大皿で食卓に並べ、自由に取り分ける」というのは、**中国式**調理のみの供食法である。**和式**調理では、個人別に盛り付け、組み合わせ料理を提供する。

　やわらかく粘着力のある食材は、刃の切れ味よりも摩擦が**小さい**ことが大切で、チーズやようかん等を切るときは、鋭利な包丁より**針金**のほうがよく切れる。もち、のり巻き、ケーキなどを切るときは、刃を**湿らす**と摩擦が小さくなり切りやすくなる。

　よって、（　A　）には**小さい**、（　B　）には**針金**が入るので、適切なものは**2**である。

調理理論

問13 次の記述のうち、誤っているものはどれか。

1 寒天は 0.5 ～ 1％以上の濃度になると、冷やせば凝固する。

2 ゼラチンは 2 ～ 3％以上の濃度になると、冷やせば凝固する。

3 寒天やゼラチンは、濃度が高いほど固まりやすく、砂糖を入れるとゲルが安定化する。

4 寒天ゼリーは、時間が経つと、ゼリーから水が出てくる。この現象をブランチングという。

問14 食材と包丁を使った切り方の組み合わせで、誤っているものを 1 つ選びなさい。

1 イカ ─────────── 鹿の子切り

2 きゅうり ─────────── 押し切り

3 豆腐 ─────────── 引き切り

4 骨付きの鶏肉 ─────────── たたき切り

問15 ゼリー類についての記述で、正しいものを 1 つ選びなさい。

1 寒天ゼリーはゼラチンゼリーに比べて融解温度が高い。

2 パインアップル缶でゼラチンゼリーを作ると、固まらない。

3 カラギーナンゼリーは、寒天ゼリーの口ざわりに似ている。

4 添加する牛乳量が多いと、寒天ゼリーの強度は強くなる。

1 〇　寒天の原料はテングサなどの海藻で、主成分は**食物繊維（多糖類）**である。

2 〇　ゼラチンの原料は動物の骨や皮の**コラーゲン**で、主成分はたんぱく質である。

3 〇　なお、凝固温度は、ゼラチン 3 〜 14℃、寒天 28 〜 35℃である。

4 ✕　ゼリーから水が出てくる現象を、離漿という。ブランチングは、野菜などを冷凍する際に、色の保持のため、ごく短時間に 60℃以上の熱を加え、酵素を失活させる処理のことである。

主な切り方として、やわらかいものは**引き切り**（魚や肉など）、かたいものは**押し切り**（きゅうりなどの野菜）、さらにかたいものは**たたき切り**（魚の頭や骨、骨付きの鶏肉）がある。イカやこんにゃくなどに用いる**鹿の子切り**は、材料に対して垂直に包丁を入れ、縦横の格子、または、斜め格子に切り目を入れるため、見た目も美しく味もしみ込みやすい。**豆腐**はやわらかいが、ゆっくり垂直に力をかけるだけで切ることができるので**引き切りではない**。よって、誤っているものは **3** である。

1 〇　寒天ゼリーの融解温度は 78 〜 81℃、ゼラチンゼリーは 20 〜 27℃で、寒天ゼリーの方が高い。

2 ✕　ゼラチンに、たんぱく質分解酵素を含む生のキウイフルーツやパインアップルの果肉や果汁を加えると、ゼラチンの成分であるたんぱく質が分解し固まらなくなる。一方、パインアップル缶では、加熱処理でたんぱく質分解酵素が**失われている**ので、ゼラチンゼリーは、**固まる**。

3 ✕　カラギーナンは、紅藻類から抽出される多糖類である。寒天と違いぷるんとした食感である。

4 ✕　ゼリーは、濃度が高いほど固まりやすい。よって、牛乳など添加する液体が多いほど濃度は低くなり、寒天ゼリーの強度は**弱くなる**。

調理理論

問 16 冷凍食品の扱いに関する記述について、正しいものを 1 つ選びなさい。

センター

1 食肉は、凍結したまま焼く。

2 調理済食品は、緩慢解凍で完全に解凍してから使用する。

3 ミックスベジタブルは、凍結したまま加熱する。

4 ハンバーグは、解凍してから蒸す。

問 17 中国式で丁（ティン）、西洋式でマセドワーヌと呼ばれる切り方として、正しいものを 1 つ選びなさい。

奈良

1 乱切り

2 千切り

3 短冊切り

4 さいの目切り

問 18 次の乾物のもどしたときの倍率（重量比）が、大きい順に並んでいるものはどれか。

山梨

1 即席わかめ＞干ししいたけ＞大豆

2 昆布＞ひじき＞凍り豆腐

3 あずき＞昆布＞即席わかめ

4 大豆＞切り干し大根＞ひじき

ヒント！ 中国大陸は海から離れた地域も多く、中国式料理（中国料理）は、海産物の乾燥品の水もどしなどを主材料として、**味付けを重視した**料理を作り上げる。乾燥品には、木耳（きくらげ）、海参（干しなまこ）、魚翅（ふかひれ）、香菇（干ししいたけ）、燕窩（海つばめの巣）、乾鮑（干しあわび）などがある。

問16   答 3

1 ✕　食肉は、凍結したまま焼くと、臭みが出やすく焼きがムラになりやす
い。完全に解凍すると、肉からドリップが出てしまう。**半解凍**状態に加熱
してから、焼く、煮る、揚げるなどの加熱調理をする。
2 ✕　調理済食品は、**凍ったまま**加熱調理をするほか、電子レンジで解凍調
理をする。
3 ○　ミックスベジタブルは、**凍ったまま**加熱する。
4 ✕　ハンバーグは調理済食品なので、**凍ったまま**加熱調理をする。

問17   答 4

　中国料理で丁（ティン）、西洋式でマセドワーヌやブリュノアーズは、日本
式で**さいの目切り**という。よって、正しいものは **4** である。

問18   答 1

　1〜4 の乾物をもどしたときの倍率が大きい順に並べると、即席わかめ、
ひじき、干ししいたけと凍り豆腐、切り干し大根、昆布とあずき、大豆となる。
設問の中で大きい順に並んでいるのは、**即席わかめ＞干ししいたけ＞大豆**であ
り、正しいものは **1** である。

■乾物のもどし方ともどし倍率（重量比）

食品	吸水時間	倍率（重量比）
即席わかめ	水に **5 分**	10
ひじき	水に 20 分	8.5
きくらげ	水に 20 分	7
凍り豆腐	水に数分	5〜6
干ししいたけ	水に **20 分**	5.5
切り干し大根	水に 15 分	4.5
平ゆば	水に 3 分	3
昆布	水に 15 分	2.5
あずき	浸漬せず、60〜90 分ゆでる	2.5
大豆	水に **1 晩**	2

調理理論

問 19 乾物をもどした時の重量増加について、正しいものを 1 つ選びなさい。

福井

1 干ししいたけは 2 倍に増加する。
2 ひじきは 8.5 倍に増加する。
3 切り干し大根は 7.5 倍に増加する。
4 大豆は 5.5 倍に増加する。

問 20 切砕（せっさい）の特徴に関する記述について、<u>誤っているもの</u>を 1 つ選べ。

関西広域

1 食品の食べられない部分を取り除く。
2 食品の形や大きさを整え、食べやすくする。
3 切り方によってテクスチャー（食感）は変化しない。
4 熱の伝達や調味料の浸透を容易にする。

問 21 次の浸漬の目的と例に関する記述のうち、<u>誤っているもの</u>を 1 つ選び、その番号を記入しなさい。

鹿児島

1 米の浸漬の目的は、吸水・膨潤・軟化である。
2 野菜のあく抜きの目的は、食品中の成分の抽出である。
3 いも類のみょうばん水への浸漬の目的は、物理性の改善・向上である。
4 いわしの油漬けの目的は、味付け・防腐である。

問 22 次の文のうち、<u>誤っているもの</u>を 1 つ選びなさい。

福島

1 野菜の切り方には、いちょう切りやみじん切りがある。
2 野菜の面取りは、角ばった部分をうすく切りおとし、煮くずれを防ぐために行う。
3 魚を三枚におろしたものは、上身、中落ち、下身にわかれる。
4 刺身をつくるときは、刃先を魚の上におき、まな板に向かい斜め前方に押し切るように包丁を扱う。

問 19 　　　　答 2

　水でもどした場合の乾物の重量の増加率は、干ししいたけ 5.5 倍、ひじき 8.5 倍、切り干し大根 4.5 倍、大豆 2 倍となる。よって、正しいものは **2** である。

問 20 　　　　答 3

1　○　不要部を取り除くことで、可食部を利用しやすくする特徴や目的がある。例として、**3 枚おろし**や皮むきなどがある。

2　○　形や大きさを整えることで、食べやすく外観もよくする特徴や目的がある。また、均一に加熱できるという効果もある。例として、**姿づくり**やむき物などがある。

3　×　切り方の違いは、実用性だけでなく**嗜好性**にも**影響**を与える。よって、切り方により、食材のテクスチャーは変化するといえる。

4　○　切砕によって食品の表面積を広げると、熱の伝達や調味料の浸透を容易にすることができるという特徴や目的がある。

問 21 　　　　答 3

1　○　吸水・膨潤・軟化の例としては、乾物の水戻しなどもある。

2　○　食品中の成分の抽出の例としては、魚の塩出し、こんぶや煮干しのうま味成分の抽出などもある。

3　×　いも類のみょうばん水への浸漬の目的は、**化学物質**による**組織の硬化**である。物理性の改善・向上の例としては、野菜の水浸などがある。

4　○　味付け・防腐の例としては、酢漬け、しょうゆ漬け、焼酎に漬けた梅酒などもある。

問 22 　　　　答 4

1　○　そのほか、拍子木切り、くし形切り、せん切り、小口切り、輪切り、乱切りなどがある。

2　○　**だいこん、かぶ、いも類**などに用いられるむき方のひとつである。

3　○　三枚おろしは、まず、二枚におろしてから、中骨の付いているほうの骨に沿って包丁を入れ、もう片方の身を取る。中落ちは、中骨ともいう。

4　×　刺身は、斜め前方に押し切るのではなく、斜め前方から**引き切る**ように包丁を扱う**引き切り**にする。押し切りは、野菜などの切り方である。

問 23 油中水滴型のエマルションとして、正しいものを 1 つ選べ。

1 生クリーム
2 バター
3 牛乳
4 マヨネーズ

問 24 食品の洗浄に関する記述について、正しいものを 1 つ選びなさい。

1 魚の切り身は、塩を使い洗う。
2 豚肉の切り身は、血液を除くために流水で洗う。
3 根菜類は、ブラシなどで洗う。
4 油揚げは、流水で洗う。

加熱調理操作

問 25 次の文のうち、誤っているものを 1 つ選びなさい。

1 たけのこは、米糠(ぬか)や米のとぎ汁で茹(ゆ)でると繊維が柔(やわ)らかくなり、えぐ味成分が溶け出しやすくなる。
2 ぜんまいは、重曹(じゅうそう)やわら灰を加えて加熱すると、繊維が軟化して苦味なども除去できる。
3 れんこんは、酢水に浸したり、酢を加えて茹でると白く保つことができる。
4 ほうれんそうは、重曹を加えて茹でるとビタミンの損失が少なくなる。

　　水と油など混ざり合わない 2 つの液体を、撹拌などにより強制的に混合させると、水中に油が分散する状態、または油中に水が分散する状態となる。この状態が乳化であり、乳化したものをエマルションという。油中に水が分散する状態〔油中水滴型（W ／ O）〕の例として、**マーガリン、バター**がある。よって、正しいものは **2** である。水中に油が分散する状態〔**水中油滴型（O ／ W）**〕の例として、**マヨネーズ、牛乳、生クリーム**がある。

■エマルション

型	状　態	例
水中油滴型(O／W)	水中に**油**が粒子となって分散	生クリーム、マヨネーズ、牛乳など
油中水滴型(W／O)	油中に**水**が粒子となって分散	バター、マーガリンなど

　　洗浄は、食品についている汚れを水で**除去**する操作である。水だけで不十分なときは、塩を使う、ブラシなどを使う、加熱後に洗うなどの手段を用いるが、切り身の魚や肉などは**洗わない**。また、油揚げは洗わず、熱湯で**油抜き**をする。**根菜類**、いも、かぼちゃなど汚れが多く表面がかたいものは**ブラシ**で洗う。よって、正しいものは **3** である。

1　〇　たけのこは、米糠や米のとぎ汁を加えて茹でると柔らかくなり、シュウ酸を含んだえぐ味が溶出しやすい。

2　〇　重曹やわら灰のアルカリは、繊維を軟化する効果がある。

3　〇　れんこんは、酢が**フラボノイド**に作用し、白く保つことができる。

4　×　ほうれんそうに重曹を加えて茹でると、鮮やかな緑色になるが、ビタミンの損失が**多く**なる。

ビタミン C はゆで汁に 50 ～ 70%溶け出すよ。

調理理論

問 26 蒸し物に関する次の記述のうち、誤っているものを 1 つ選びなさい。

熊本

1 大形の食品、あるいは小粒でも一度に大量に加熱したいものに向いている。
2 焦げたり煮くずれたり、成分が溶出しては困るものに向いている。
3 素材のもち味本位の料理によく、味つけ本位の料理にも向いている。
4 でん粉質の食品、小麦粉をこねたようなもの、さらに調理済み食品の再加熱などに向いている。

問 27 揚げ物の調理に関する記述について、正しいものを 1 つ選びなさい。

センター

1 揚げ物の適温は、200 〜 250℃である。
2 天ぷら用の衣は、強力粉に低温の水と卵を加え、粘りがでるまでよく攪拌して用いる。
3 じゃがいもを揚げる時は、丸ごとの方が薄切りより、油の温度降下が大きい。
4 揚げ物の衣は、食材の水分蒸発を防ぐ。

問 28 次の調理法のうち、乾式加熱ではないものを 1 つ選びなさい。

愛媛

1 煮る
2 焼く
3 炒める
4 揚げる

　蒸し物は、沸騰した湯から発生する蒸気の熱を利用した加熱操作である。100℃の一定温度を保つことができ、蒸気が均一に届いて加熱むらはできないので、大形の食品、あるいは小粒でも**一度に大量に加熱**するものに適している。100℃の蒸気では食品は焦げることはなく、水中に食材を入れないので、煮くずれしたり、成分が溶出することもない。食品の形、色、香り、うま味、栄養成分を損なわずに**長時間加熱**することができる。また、饅頭、しゅうまい、いもなどの**でんぷん質の食品**や小麦粉をこねたようなもの、食材に適度な水分を含む**調理済み**食品の**再加熱**に用いる。しかし、素材のもち味本位の料理にはよいが、自由に味付けすることはできないので、**味付け本位の料理**には向いていない。よって、誤っているものは **3** である。

1　×　揚げ物の適温は、**180℃前後**である。

2　×　天ぷら用の衣は、粘り気のない**薄力粉**に低温の水などを加え、あまり攪拌せずに溶き、すぐ揚げる。

3　×　油は水に比べて比熱が小さいので材料を入れたときの油の温度降下が大きい。同じ重量の丸ごとのじゃがいもと薄切りでは、丸ごとの方が油と接する面積が少なく油の温度降下が**少ない**。

4　○　衣は、食材と油の間に壁をつくるので、食材の水分は蒸発せずに**蒸気**となり、衣の中で蒸される状態をつくる。

　加熱調理操作には、水を使用しない**乾式加熱**（焼く、炒める、揚げるなど）と、水を使用する**湿式加熱**（煮る、蒸す、ゆでるなど）の作業がある。よって、乾式加熱ではないものは、**1** である。

調理理論

問 29 次のうち、衣による揚げ油の温度の目安で、160℃の揚げ温度の状態で正しいものを 1 つ選びなさい。

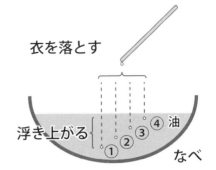

衣を落とす

浮き上がる

油

なべ

1 下まで沈み、ゆっくり浮き上がる。（図中①）

2 なかほどまで沈み、すっと浮き上がる。（図中②）

3 少し沈み、すぐに浮く。（図中③）

4 表面で激しく散る。（図中④）

問 30 加熱調理の適温の組み合わせで、誤っているものを 1 つ選びなさい。

1 かつおだし ——————— 95℃〜100℃

2 茶碗蒸し ——————— 65℃〜70℃

3 パン ——————— 200℃〜220℃

4 カラメル ——————— 170℃〜190℃

問 31 ゆで物とゆで汁への添加材料の組合せで、正しいものを 1 つ選べ。

1 たけのこ ——————— 食塩

2 わらび ——————— 重曹

3 やつがしら ——————— 酢

4 青菜 ——————— みょうばん

問29

　油の中に衣の1粒を落としたとき、油の温度によって水の蒸発状態が異なる。低温では衣は底まで**沈み**、高温では水が瞬時に**蒸発**して衣は浮く。よって、**1**は160℃、**2**は170℃、**3**は180℃、**4**は200℃となり、正しいものは**1**である。

問30

　茶碗蒸しの加熱の適温は85〜90℃である。茶碗蒸し、卵豆腐、プディングは沸騰するとすがたつので、100℃にならないように火力を調節する。よって、誤っているものは**2**である。なお、これらの数値は調理時の適温であって、飲みごろ、食べごろの温度とは同じではない。

問31

- **1**　✕　たけのこに添加するものは、**米糠**や米の**とぎ汁**である。これらを加えてゆでると、やわらかくなり、えぐみも溶出し味がよくなる。
- **2**　〇　わらびやぜんまいなどに添加するものは、重曹である。重曹やわら灰の**アルカリ**は、組織のかたいわらびなどの繊維を軟化し、色も鮮やかにする。
- **3**　✕　やつがしらに添加するものは、**みょうばん**である。みょうばんを加えてゆでると、細胞膜が強化され煮くずれを防げる。
- **4**　✕　青菜に添加するものは、**食塩**である。食塩を加えてゆでるとクロロフィルの緑が安定し、色鮮やかに仕上がる。

■ゆで物の添加材料

野菜	添加物
たけのこ	米糠
わらび、ぜんまい、よもぎ	重曹
青菜	食塩
やつがしら、栗の甘露煮	みょうばん
れんこん	酢

調理理論

問32 加熱調理操作に関する記述について、<u>誤っているもの</u>を1つ選べ。

1 加熱により、たんぱく質の熱変性やでん粉の糊化など、食品に変化を与える。
2 加熱により、栄養素の損失や嗜好的価値の低下が起こることがある。
3 水を主な熱媒体とする操作を湿式加熱という。
4 網焼きは、間接加熱に分類される。

問33 次のうち、調理の五法により作られる基本の料理分類として<u>誤っているもの</u>を1つ選びなさい。

1 和え物
2 生物
3 蒸し物
4 焼き物

問34 次の加熱調理と適温の組み合わせのうち、<u>誤っているもの</u>を1つ選びなさい。

　　　（調理）　　　　　　　　　（温度）
1 すまし汁、みそ汁 ——————— 80℃
2 焼き肉、ソテー ——————— 230℃
3 茶わん蒸し、卵豆腐 ——————— 85〜90℃
4 ケーキ一般 ——————————— 240℃

1 ○　これらの望ましい変化を与える調理法を加熱調理操作という。

2 ○　加熱調理の**熱**による変化は多岐にわたるため、すべてのものの価値が上がるとは限らず、栄養素の損失（ビタミン C の分解など）や嗜好的価値の低下（過度のこげなど）が起こることがある。

3 ○　水を用いる煮る、ゆでる、蒸すは、**湿式**加熱である。水を直接の熱媒体としない操作は**乾式**加熱であり、揚げる、焼く、炒めるなどがある。

4 ×　網焼き、串焼き、機械焼きは、**直接**加熱である。なお、間接加熱には、石焼き、包み焼き、鉄板焼き、炒め焼き、蒸し焼きがある。

■主な非加熱調理操作

計量	計る
洗浄	洗う、とぐ（米）
浸漬	浸す、もどす、さらす、漬ける
混合・撹拌	混ぜる、和える、かき回す、こねる、練る、泡立てる
切砕・成形	切る、削る、むく、そぐ、おろす（魚）
粉砕・磨砕	砕く、つぶす、する、おろす（野菜）
圧搾・ろ過	握る、押す、しぼる、こす
冷却・冷凍	冷ます、冷やす、凍らせる
解凍	溶かす

■主な加熱調理操作

乾式加熱	焼く、炒める、揚げる
湿式加熱	煮る、ゆでる、炊く、蒸す
誘電・誘導加熱	電子レンジ、電磁調理器による加熱

■主な調味操作

調味	まぶす、浸透
うま味成分の抽出	だしをとる

調理理論

五法は「**生**」（切る）、「**煮る**」、「**焼く**」、「**蒸す**」、「**揚げる**」の 5 つの調理法のことである。生（切る）は刺身、煮るは煮物、焼くは焼き物、蒸すは蒸し物、揚げるは揚げ物を意味し、基本的な**会席**料理ではこれら 5 つの料理を提供する。よって、誤っているものは **1** の和え物である。

適温には、調理時、供食時、喫食時の 3 つがあるが、今回は調理時の適温である。設問のうち、ケーキ一般の加熱温度は 170 〜 200℃である。よって、誤っているものは **4** である。

次の加熱調理操作に関する記述のうち、正しいものを 1 つ選びなさい。

北海道

1 加熱調理操作の目的は、食中毒予防のみを実現することにある。
2 乾式加熱は、煮る、ゆでる、蒸すが該当する。
3 湿式加熱は、焼く、炒める、揚げるが該当する。
4 マイクロ波による加熱は、乾式加熱と湿式加熱の中間的特徴をもつ。

調理器具と設備

問 36 次の加熱調理器具についての記述で、正しいものはどれか。

沖縄

1 スチームコンベクションオーブンは、焼く、蒸すの作業を単機能でも同時併用でも行える。
2 ステンレス鍋は、金属製鍋の中では熱伝導率が高い。
3 電子レンジは、電磁誘導によるうず電流により発熱する。
4 土鍋は、熱伝導率が低く、熱容量が小さいので保温力が弱い。

問 37 次の文のうち、誤っているものを 1 つ選びなさい。

福島

1 みそは、大さじ 1 杯で 18 g である。
2 カレー粉は、大さじ 1 杯で 7 g である。
3 ショートニングは、カップ 1 杯で 160g である。
4 小麦粉（薄力粉）は、カップ 1 杯で 200g である。

問35　答4

1 ✕ 食中毒予防も大切であるが、調理の目的はこれだけではない。**安全、栄養、嗜好**の条件を実現することにある。

2 ✕ 乾式加熱は、**水を直接の熱媒体としないもの**で、焼く、炒める、揚げるが該当する。

3 ✕ 湿式加熱は、**水を主な熱媒体とするもの**で、煮る、ゆでる、蒸すが該当する。

4 〇 マイクロ波を食品に照射して発熱を起こす原理を用いたのが電子レンジである。食品の内部に含まれる水や水分を**熱**に変えるため、乾式加熱と湿式加熱の中間的特徴をもつといえる。

問36　答1

1 〇 スチームコンベクションオーブンは、熱風と水蒸気を用いて調理を行う。熱風または蒸気をそれぞれ単独でも同時にも使えるため、「焼く」「蒸す」「煮る」「炊く」「炒める」ができる多機能加熱調理機器である。

2 ✕ ステンレス鍋は、金属製鍋の中で熱伝導率が**低い**ほうである。高いのは、アルミニウムや銅の鍋である。

3 ✕ 設問の記述は、電磁調理器（IH調理器）のことである。電子レンジは、マグネトロンから発生する**マイクロ波**で加熱する。

4 ✕ 土鍋は、熱伝導率が低く温まりにくいが、熱容量が**大きい**ので保温力が**強く**冷めにくい。

問37　答4

　設問の重さを調べると、**小麦粉（薄力粉）**は、カップ1杯（200ml）で約110gである。よって、誤っているものは**4**である。

■計量スプーン大さじ1杯の重量（g）

	大さじ1…15（ml・cc）		大さじ1…15（ml・cc）
水・酢・酒	15	食塩	約18
しょうゆ	約18	油	約12
みそ	約18	ショートニング	約12
砂糖（上白糖）	約9	小麦粉	約9
カレー粉	約7	片栗粉	約9

調理理論

問38 次のオーブンの温度と調理（目安）に関する組み合わせのうち、正しいものはどれか。

	（火の強さ）	（温度）	（料理）
1	ごく強火 ———	280〜300℃ ———	ローストチキン
2	強火 ———	200〜220℃ ———	グラタン
3	中火 ———	130〜150℃ ———	ハンバーグ
4	中弱火 ———	100〜120℃ ———	焼きりんご

問39 次の調理用熱源に求められる条件に関する記述のうち、<u>誤っているも</u>のを1つ選びなさい。

1 安全であること。
2 安価であること。
3 発熱量が小さいこと。
4 火力調節が容易なこと。

問40 次の電磁調理加熱（IHヒーター）に関する記述のうち、<u>誤っているも</u>のはどれか。

1 熱効率が大変良い。
2 鍋底に密着している部分のみ発熱するので、中華鍋のような底の丸いものでは発熱が弱い。
3 どんな材質の鍋でも使用可能である。
4 鍋を離すと電流が切れて加熱が止まるので、安全性が高い。

1 ✕ ごく強火は 230 〜 250℃で、**ホイル焼き**、**焼きいも**、**メレンゲ色つけ**などの調理温度である。

2 ◯ 強火で調理するものは、グラタンのほか、**パン**、**ピザ**、**パイ**、**ハンバーグ**などがある。

3 ✕ 中火は 160 〜 200℃で、**ケーキ**、**クッキー**、**シュー**、焼きりんごなどの調理温度である。

4 ✕ 中弱火は 130 〜 160℃で、**プディング**、**卵豆腐**などの調理温度である。

調理用熱源に求められる条件には下の表より、発熱量が**大きい**ことがある。よって、誤っているものは **3** である。

■調理用熱源の条件

1 安全であること	2 安価であること
3 発熱量が**大きい**こと	4 火力調節が**容易**なこと
5 一定温度を**保持**できること	6 点火しやすいこと
7 入手しやすく取り扱いが容易なこと	8 保管や輸送・補給が容易であること
9 煙や排ガス、臭気が少ないこと	

1 ◯ 電磁調理加熱は、ガスや電気コンロなどのほかの加熱と比べて熱効率が大変よい。

2 ◯ 中華鍋のような底が丸い形状の鍋は IH では使用できない。鍋底は**平**らなものを使う。

3 ✕ 耐熱ガラス、土鍋、陶磁器（セラミック）などは使用できない。

4 ◯ 電磁調理加熱は、ガスコンロで日常に行っていた鍋を傾けたり振ったりするような動作をすると、鍋が離れて電流が切れる。

電磁調理器（IH ヒーター）での調理では、不完全燃焼や衣類への着火の心配がないよ。

調理理論

問 41 次のうち、片刃の包丁を 1 つ選びなさい。

福井

1 牛刀
2 三徳
3 菜切り
4 出刃

問 42 次の鍋のうち、最も熱伝導率の大きいものを 1 つ選びなさい。

奈良

1 アルミニウム鍋
2 ステンレス 18−8 鍋
3 土鍋
4 鉄鍋

 ヒント! アルミニウム鍋は、鉄鍋や土鍋（陶器）より**熱伝導が速い**が薄いため**冷めやすい**。土鍋は、熱伝導率が小さく熱が伝わりにくいのでなかなか温まらないが、厚手にできているのでいったん温まると冷めにくい。

問 43 次の調理器具のうち、主にろ過に用いるものを 1 つ選びなさい。

福井

1 茶こし
2 ポテトマッシャー
3 ピーラー
4 ブレンダー

問41　　　　　　　　　　　　　　　　　　　　　答 4

　両刃包丁は、食材に対する力が均等に加わり、真っすぐに切ることができる。利き手も選ばず扱いやすい。牛刀などの**洋包丁**は両刃である。万能包丁としてよく使われる三徳包丁、主に野菜を刻むのに用いる菜切り包丁も両刃である。一方、**片刃包丁**は、片面にしか刃がついていないため、真っすぐ切るためには慣れが必要であるが、食材の**断面**が非常にきれいに仕上がる。和包丁は片刃であり、**出刃**包丁や**柳刃**包丁などの専門調理に特化したものが多い。よって、片刃の包丁は、**4** である。

問42　　　　　　　　　　　　　　　　　　　　　答 1

　熱伝導率は、熱の伝わりやすさを表す。鍋材質の熱伝導率（W/(m・K)）は、アルミニウム：237、ステンレス 18-8：16、陶器：1.0〜1.6、鉄：80.3 である。アルミニウム＞鉄＞ステンレス 18-8 ＞陶器となり、最も熱伝導率の大きい鍋は**1**の**アルミニウム鍋**である。

問43　　　　　　　　　　　　　　　　　　　　　答 1

　ろ過用器具には、裏ごし器、粉ふるい、すいのう、こし器（**茶こし**、スープこし、油こし）などがある。ポテトマッシャーとブレンダーは磨砕用器具、ピーラーは根菜皮むき機である。よって、解答は**1**である。

■主な調理器具

ピーラー	根菜皮むき機
包丁、フードカッター、フードスライサー	切砕・成形用器具
ブロイラー	加熱用器具
おろしがね、すり鉢、**すりこ木**、ミートチョッパー、ポテトマッシャー、ブレンダー	磨砕用器具
裏ごし器、**粉ふるい**、**すいのう**、**こし器**	ろ過用器具
スチームコンベクションオーブン	熱風と水蒸気を利用する多機能の加熱機器
ブラストチラー、タンブルチラー	急速冷却機器

調理理論

問 44 次の調理器具に関する記述のうち、誤っているものはどれか。

静岡

1 調理器具は省力手段として用いられ、その中で包丁と鍋類は、保有率、利用頻度とも最高の器具である。

2 電子レンジのマイクロ波は、水や水分を含む食品に当たると吸収され、その分のエネルギーが熱に変わることで食品の温度を上昇させる。

3 スチームコンベクションオーブンは、品質管理が容易であるため、料理ごとの加熱温度や時間のマニュアル化は不要である。

4 電磁調理器（IH 調理器）のコンロ本体は、発熱しないため安全かつ清潔で、室内空気の汚染もしない。

調理の味・色・香り

問 45 食物の色とそれを含む食材の組み合わせで、誤っているものを 1 つ選びなさい。

奈良

1 カロテノイド系色素 ――― エビ、カニ

2 クロロフィル系色素 ――― ほうれんそう

3 アントシアニン系色素 ―― にんじん

4 ミオグロビン ―――――― 肉

問 46 日本料理のだしにおけるかつお節の調理方法で、正しいものを 1 つ選びなさい。

福井

1 水に浸漬し、静かに加熱して沸騰直前に取り出す。

2 水から入れ、煮立つ間際に火を弱め、約 10 分間加熱する。

3 2 ～ 3 時間かけて静かに加熱し、すぐに布でこす。

4 沸騰したところに入れ、すぐ加熱を止めて静かに放置する。

1　○　調理器具は、手や歯など人の機能の代行や、調理の手間を省く道具としても用いられる。

2　○　電子レンジは、容器や包装のまま短時間で加熱でき、栄養損失や色、香りの変化も少ない。

3　×　マニュアル化は不要ではなく、**必要**である。

4　○　電磁調理器は熱効率が大変よく、ガスコンロより熱効率がよい。

1　○　カロテノイド系色素は、**橙色**_{だいだい}の脂溶性色素である。**エビやカニ**の色は、**アスタシン**という動物性のカロテノイドで、生のときに色はないが、加熱するとたんぱく質が熱変性を起こし、同時に酸化が起こって**鮮やかな赤色**が現れる。

2　○　クロロフィル系色素は、**緑色**の脂溶性色素で、**緑黄色野菜**に含まれる。酸・加熱・光によって退色し、アルカリによって鮮やかな緑色になる。また、食塩を加えると色が安定する。

3　×　アントシアニン系色素は、**鮮やかな原色**の水溶性色素で、**しそ、なす、赤かぶ**などの野菜や果物に含まれる。**酸**によって**赤色**に、**アルカリ**によって**青色や紫色**に変化する。また、にんじんの色素は、**カロテノイド系色素**である。

4　○　ミオグロビンは、**肉や赤身の魚**の色で、加熱により**灰褐色**に変化する。

■色素の性質

調理理論

　かつお節は**沸騰水**に入れたら**すぐ加熱を止める**。かつお節が沈んだら、ざるに布またはキッチンペーパーをしいてこす。よって、正しいものは**4**である。

問 47 調理の香りについて、誤っているものを 1 つ選びなさい。

1 のり、まつたけなどはさっとあぶると香りが強まる。
2 みそやしょうゆをあまり長く煮ると香りが弱まる。
3 ワインはなるべくゆらさないほうが香りやすい。
4 みそや牛乳は魚の臭みの成分を吸収してくれる。

問 48 次の味の種類とその呈味物質の組み合わせのうち、適切でないものを 1 つ選びなさい。

1 甘味 ——————————— アスパルテーム
2 酸味 ——————————— イノシン酸
3 苦味 ——————————— カフェイン
4 渋味 ——————————— カテキン

問 49 味の相互作用に関する組み合わせで、正しいものを 1 つ選びなさい。

1 抑制効果 ——————————— すいかに食塩
2 対比効果 ——————————— だし汁に食塩
3 抑制効果 ——————————— しるこに食塩
4 相乗効果 ——————————— コーヒーと砂糖

ヒント! 味細胞を刺激し、神経にその刺激が伝わり、感覚として味覚を生じさせるものが呈味物質である。味の基本である**甘味、酸味、苦味、塩味**にうま味を加えた五味のほか、辛味、渋味などの味も含まれる。

1　○　加熱により香気成分が揮発して香りが立つ。

2　○　新たに香気成分が発生しない限り、加熱し続けると香りは失われる。みそやしょうゆは、香りが飛ばないように、調理の**最後**に加えるようにする。

3　×　液体中の香気成分は、**ゆり動かす**と**香り**が立つ。ワインをグラスに注いだら、グラスを回してから香りをかぐ。

4　○　みそや牛乳に含まれるたんぱく質には、臭いを吸着する性質があるので、魚の**臭み**を消す効果がある。

1　○　甘味には、ほかに、**ブドウ糖**、**果糖**、ショ糖、乳糖、サッカリンなどがある。

2　×　イノシン酸は、**うま味**物質である。酸味には、酢酸、乳酸、クエン酸などがある。

3　○　苦味には、ほかに、**アルカロイド**などがある。**アルカロイド**は、植物の種子、果実、葉、根などに塩として含まれ、植物塩基ともいわれるものである。

4　○　渋味には、カテキンと同じく、茶に含まれる**タンニン**などがある。

1　×　抑制効果は、2種以上の異なる味を混合したとき、一方が他方の味を抑え**緩和**する現象で、苦味や酸味は、甘味や塩味によって緩和される。すいかに食塩は、甘味に塩味が加わると甘味が増すという**対比効果**である。

2　○　対比効果は、2種以上の異なる味を混合したとき、一方が他方の味を**引き立てる**現象である。だし汁に食塩は、うま味に塩味が加わるとうま味が増すという効果になる。

3　×　しるこに食塩は、しるこの餡に塩味が加わると甘味が増すという**対比効果**である。

4　×　相乗効果は、同じ味をもつ2種以上の呈味物質を混合したとき、相互に味を強め合う現象で、うま味とうま味、甘味と甘味などにみられる。コーヒーと砂糖は、苦味が甘味で緩和される**抑制効果**である。

調理理論

天然色素に関する次の記述のうち、最も適切なものを 1 つ選びなさい。

愛媛

1 クロロフィルは、酸により鮮やかな緑色になる。
2 フラボノイドは、酸により黄色くなる。
3 カロテノイドは、加熱に対して不安定で、長い加熱調理で色を失う。
4 アントシアニンは、鉄イオンと反応して色が鮮やかになる。

問 51 着色作用のある香辛料として、正しいものを 1 つ選べ。

関西広域

1 コリアンダー
2 ターメリック
3 シナモン
4 ナツメグ

ヒント! 香辛料、香味野菜の作用には、舌にくるホットな辛味（とうがらし、こしょう、さんしょう、しょうが）、鼻にくるシャープな辛味（わさび、からし、ねぎ、にんにく、たまねぎ）、色（ターメリック、パプリカ、サフラン）、香り（バニラ、ミント、ナツメグ、バジル、コリアンダー、シナモン、ゆずなど）がある。

問 52 味と温度に関する記述で、正しいものを 1 つ選びなさい。

福井

1 酸味と苦味は、常温（15℃）で強く、温度の上昇に伴い弱く感じる。
2 甘味は、60℃で最も強く感じる。
3 塩味は、低温で弱く、温度が高くなると強く感じる。
4 呈味物質の濃度が同じであれば、料理、飲み物に感じる味の強さは同じである。

問50

1 × クロロフィル（葉緑素）は、光、加熱、**酸**で**退色**する。アルカリによって鮮やかな緑色になる。また、食塩を加えると色が安定する。

2 × フラボノイドは、**酸**により**無色（白色）**になるので、れんこんなどを酢で煮ると色が白くなる。アルカリによって黄色くなる。

3 × カロテノイドは、**加熱**に対して**安定**していて、長い加熱調理でも**色を失わない**。

4 ○ なすの漬物にみょうばんを入れたり、黒豆を煮るときに古くぎを入れたりすると色鮮やかになるのは、アントシアニンのこの性質を利用している。

■主な天然色素と食品

色素	食品
クロロフィル（緑）	緑黄色野菜、海藻
フラボノイド（白・黄色）	大豆、れんこん、小麦、ごぼう
アントシアニン（赤〜紫）	赤かぶ、なす、黒豆
カロテノイド（橙）	かんきつ類、かぼちゃ、にんじん
アスタシン（加熱で鮮やかな赤）	甲殻類（えび、かになど）
ミオグロビン（赤）	肉、赤身の魚

問51

香辛料（スパイス）は、調理や食品の加工の際に用いる芳香性と刺激性を持った植物素材のことで、**食欲**を増進させる働きがある。使用目的によって、辛味料、香味料、着色香辛料に大別できるが、コリアンダー、シナモン、ナツメグは香味料、**ターメリック**は着色香辛料である。よって、正しいものは**2**である。

調理理論

問52

1 ○ なお、酸味は食酢や果実、苦味は茶、コーヒー、ビールで味わうことができる。

2 × 甘味を最も強く感じるのは、30 〜 40℃である。

3 × 塩味は、高温で弱く、低温で強く感じる。

4 × 呈味物質の濃度が同じであっても、料理、飲み物の**温度**により感じる味の強さは**異なる**。

問 53 次のうち、食物と香り成分の組み合わせとして誤っているものを1つ選びなさい。

福島

1　も　も ——————————— ギ酸エチル
2　セロリ ——————————— セダノライド
3　牛　乳 ——————————— リモネン
4　ね　ぎ ——————————— 硫化アリル

問 54 次の天然色素とそれを含む食品に関する組み合わせのうち、適切でないものを1つ選びなさい。

愛媛

1　クロロフィル系 ———————— 緑色野菜
2　カロテノイド系 ———————— かんきつ類
3　アントシアン系 ———————— なす、黒豆
4　フラボノイド系 ———————— 甲殻類（カニ、エビなど）

問 55 味の相互作用に関する記述で、（　　）に入る組み合わせとして、正しいものを1つ選びなさい。

福井

　（　ア　）効果は、2種以上の異なる味を混合したとき、一方が他方の味をおさえ、緩和する現象であり、（　イ　）と砂糖の例がある。（　ウ　）効果は、同じ味をもつ2種以上の呈味物質を混合したとき、相互に味を強め合う現象である。

　　（　ア　）　　　　　（　イ　）　　　　　（　ウ　）
1　対比 —————— 餡 —————— 相乗
2　抑制 —————— 餡 —————— 対比
3　相乗 —————— コーヒー ———— 抑制
4　抑制 —————— コーヒー ———— 相乗

問 53　　　　　　　　　　　　　　　　　　　　　　　　答 3

1 ○　ももの香気成分は、ギ酸エチルである。

2 ○　セロリの香気成分は、セダノライドである。

3 ✕　リモネンは、**かんきつ類**の香気成分である。また、牛乳については、牛乳に含まれるたんぱく質は、魚の生臭みの成分（**トリメチルアミン**）を吸着する働きがある。

4 ○　硫化アリルは、にんにく、玉ねぎ、ねぎなどに含まれる香気成分である。

■食品中の主な香気成分

まつたけ	桂皮酸メチル	かんきつ類	リモネン、シトラール
大根	メチルメルカプタン	桃	**ギ酸エチル**
たまねぎ	プロピルメチルジスルフィド	はっか	メントール
にんにく	**硫化アリル**	魚	**トリメチルアミン（生臭み）**

問 54　　　　　　　　　　　　　　　　　　　　　　　　答 4

1 ○　クロロフィルは、野菜に含まれる緑色の脂溶性色素である。酸、加熱、光によって**退色**し黄褐色になるが、**アルカリ**によって鮮やかな緑色になる。食塩を加えると色が安定する。

2 ○　カロテノイドは、かんきつ類や緑黄色野菜に含まれる橙色の脂溶性色素である。**熱**に対して安定しているため、長い加熱調理でも色を失わない。

3 ○　アントシアンは、野菜や果物に含まれる赤、青、紫色の水溶性色素である。なすの漬物にみょうばんを入れたり、黒豆を煮るとき古くぎを入れると、アントシアンは鉄やアルミニウムなどの金属イオンと反応して、鮮やかな色になる。

4 ✕　フラボノイドは、穀類、豆類、果物、野菜などに含まれる黄色の水溶性色素である。カニ、エビなどは、**カロテノイド系のアスタシン**という色素をもち、加熱すると鮮やかな赤色が現れる。

問 55　　　　　　　　　　　　　　　　　　　　　　　　答 4

　コーヒーと砂糖には、苦みと甘みによって一方が他方の味をおさえ緩和するという**抑制効果**がある。また、かつお節のイノシン酸と昆布のグルタミン酸のような、うま味とうま味によって相互に味を強め合う現象は、**相乗**効果である。よって、正しいものは **4** である。

問56 次の記述の（　）に入る組み合わせとして、正しいものを1つ選びなさい。

　れんこん、ごぼうなど、空気中の酸素で褐変しやすい野菜は、（　ア　）を加えて煮ると、褐変が止まるだけでなく、（　イ　）も無色になるので白く仕上がる。

	（　ア　）	（　イ　）
1	酢 ———————————	クロロフィル
2	米糠 ———————————	カロテノイド
3	酢 ———————————	フラボノイド
4	重曹 ———————————	クロロフィル

調理による食品成分の変化

問57 食酢の調味以外の作用に関する記述で、<u>誤っているもの</u>を1つ選びなさい。

1　微生物の発育を抑える。
2　酸化酵素を抑えて褐変を防ぐ。
3　でん粉の老化を防ぐ。
4　フラボノイドに作用し色を白くする。

問58 次の文のうち、<u>誤っているもの</u>を1つ選びなさい。

1　食酢には、微生物の生育を抑える作用がある。
2　うす口醤油は、こい口醤油に比べ塩分が少ない。
3　食塩には、小麦粉生地の弾力を増加させる作用がある。
4　砂糖は、加熱によりカラメル化し、良い色と香りを与える。

問 56

　れんこん、ごぼうなど、空気中の酸素で褐変しやすい野菜は、酢を加えて煮ると褐変が止まる。さらに、野菜、穀類、豆類、果物などに含まれる黄色い色素の**フラボノイド**も酢で無色になるので白く仕上がる。よって、正しいものは**3**である。なお、クロロフィル（葉緑素）は野菜に含まれる緑色の色素、カロテノイドは緑黄色野菜やかんきつ類に含まれる橙色の色素である。

問 57

1　○　食酢の防腐作用である。例として、酢漬け、酢魚、マヨネーズ、ピクルスなどがある。

2　○　食酢の酵素への作用である。例として、ずいきの色止めなどがある。

3　×　設問の記述は、**砂糖**の**でん粉**への作用である。

4　○　食酢の色素への作用である。例として、酢れんこんなどがある。

■酢の主な作用

・微生物の発育を抑制する	・たんぱく質の熱凝固を促進する
・金属への付着を防ぐ	・フラボノイドに作用して色を白くする
・アントシアニンに作用して色を赤くする	・さといものぬめりをとる
・魚の生臭みをとる	
・酸化酵素のはたらきを抑え、褐変を防止する	

問 58

調理理論

1　○　食酢には、防腐作用があり、微生物の生育を抑える。その例として、酢漬け、マヨネーズ、ピクルスなどがある。

2　×　100g 当たりの塩分量は、うす口醤油 16.0g、こい口醤油 14.5g で、うす口醤油のほうが**塩分が多い**。

3　○　食塩のたんぱく質への作用のひとつである。その例として、パンや麺類などがある。

4　○　このような作用を、**アミノ・カルボニル**反応という。その例として、スポンジケーキ、ドーナツ、カステラなどがある。

○**ポイント**○　うす口醤油とこい口醤油の違い

　うす口（薄口）醤油 ──── 塩分の濃度 16%、主に関西地方で発達
　こい口（濃口）醤油 ──── 塩分の濃度 14%、主に関東地方で発達

問 59 次のたんぱく質に関する記述のうち、<u>誤っているもの</u>はどれか。

沖縄

1 小麦粉に水を加えてこねると、たんぱく質が凝集し弾力のある塊になる。これがカゼインで、パン、ケーキ、てんぷら等に利用される。
2 動物性食品のたんぱく質の熱凝固は、60〜70℃で、この温度を過ぎると色が変わり、身が締まって煮えた状態になる。
3 動物の皮や筋に含まれるコラーゲンは冷水には溶けないが、長時間加熱を続けると次第に溶けてゼラチンになる。
4 塩を入れた卵焼きは固く、砂糖を入れた卵焼きは軽くフワリと固まる。

問 60 油脂の調理的特色に関する記述として、<u>誤っているもの</u>はどれか。

新潟

1 食品に風味を与える。
2 100℃以上の高温になる。
3 ショートニング性を与える。
4 水より比重が大きく重い。

問 61 次の調理による食品成分の変化に関する記述のうち、<u>適切でないもの</u>を1つ選びなさい。

愛媛

1 食物繊維はアルカリで軟化するので、山菜や野草をゆでるときは重曹を加えるとよい。
2 魚の煮こごりは、汁に溶け出したカゼインが冷えて固まってできる。
3 28〜36℃でバターは溶けるが、ヘットは溶けない。
4 無機質（ミネラル）は、調理で破壊されることはない。

1　×　設問の記述は、**グルテン**のことである。カゼインは、牛乳やチーズに含まれるたんぱく質の一種である。

2　○　肉色素の**ミオグロビン**は、加熱されると灰褐色に変化する。

3　○　ゼラチンは冷えると固まる性質があり、代表的なものに肉や魚の煮こごりがある。

4　○　たんぱく質に対して、塩には熱凝固を速めてかたく仕上げる作用、砂糖には熱凝固を遅らせてやわらかく固める作用がある。

塩入りの卵焼きはかたいけど、砂糖入りの卵焼きはふわりとやわらかいよー。

1　○　いくらかの油が料理に吸収されるので、風味やコクを与える。

2　○　200℃近い高温になる。

3　○　クッキーなどの場合、噛んだときにもろくサクサクした食感になる。これが**ショートニング性**である。油脂が小麦粉のグルテンの組織形成を阻害するために起こる。

4　×　水の比重 1 に対して油は 0.9 である。**油の方が比重が小さく軽い。**

1　○　繊維のかたい山菜や野草をゆでるときは、重曹を 0.2 ～ 0.3％加えると繊維が軟化すると同時に、緑色の保持にも効果がある。

2　×　煮こごりは、溶け出した**ゼラチン**が冷えて固まったものである。なお、カゼインは、牛乳の主要なたんぱく質である。

3　○　ヘットの溶ける温度は 40～50℃なので、28～36℃では溶けない。

4　○　無機質は、ゆで汁などに溶け出す損失はあるが、基本的には調理では**破壊**されない。

調理理論

問62 糊化（アルファ化）したでんぷんの老化を防ぐ調味料で、正しいものは、次のうちどれか。

千葉

1 食塩
2 食酢
3 砂糖
4 しょうゆ

問63 食塩の作用に関する記述について、正しいものを1つ選びなさい。

センター

1 きゅうりに食塩を加えると、浸透圧の作用により野菜中の水分が出てしんなりする。
2 食塩は、茶碗蒸しの凝固を抑制する。
3 グルテンの形成を阻害する。
4 大豆を煮るときに食塩を加えると、硬くなる。

問64 脂質に関する次の記述について、（　　）に入る語句の組み合わせとして、最も適切なものを1つ選びなさい。

愛媛

「バターや（　A　）は、口に入れると体温で軟化するが、（　B　）は融点が体温より高いため、冷えて固まると口に入れても溶けないので、その特性を考慮し調理する。油脂は（　C　）と、劣化するので取扱いに注意する。」

	（　A　）	（　B　）	（　C　）
1	牛脂	豚脂	空気中に放置する
2	豚脂	牛脂	不純物が混ざる
3	牛脂	鶏油	直射日光が当たる
4	豚脂	鶏油	冷暗所で保存する

　糊化（α〔アルファ〕化）したでんぷんを、水分を含んだまま放置すると、もとの生に近い状態に戻る。これを、老化（β〔ベータ〕化）という。老化を防ぐには、急速に水分を 15％以下まで乾燥させるか、大量の**砂糖**を一度に加えるとよい。よって、正しいものは **3** である。

■でんぷんの糊化と老化

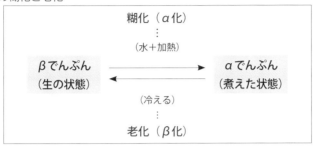

問63　　　　　　　　　　　　　　　　　　　答 1

1　○　食塩の**脱水**作用によるものである。
2　×　食塩はたんぱく質の熱凝固を**促進**し、茶碗蒸しを固まりやすくする。
3　×　食塩は**小麦粉生地の弾力**を増す作用があり、グルテンの形成を助ける。
4　×　大豆たんぱく質のグリシニンは食塩溶液に溶けるため、大豆を煮るときに食塩を加えると、**やわらかくなる**。

■食塩の主な作用

・微生物の発育を抑制する	・**脱水作用**がある	・すり身の**粘着力**を強める
・たんぱく質の熱凝固を促進する	・青菜の**緑色**を保つ	・氷水の**温度**を下げる
・さといもなどのぬめりをとる	・小麦粉生地の**弾力**を増す	
・酸化酵素の働きを抑え、野菜や果実の**褐変**を防止する		

問64　　　　　　　　　　　　　　　　　　　答 2

　バターの融点は 28 ～ 36℃、豚脂（ラード）は 28 ～ 40℃のため、バターや**豚脂**は、口に入れると体温で軟化する。牛脂（ヘット）は融点が 40 ～ 50℃と体温より高いため、冷えて固まると口に入れても解けないので、その特性を考慮して調理する。油脂は、空気中に放置する、**不純物が混ざる**、直射日光が当たる、長時間加熱するなどで劣化（酸化）するので、取扱いに注意する。よって、適切なものは **2** である。

調理理論

問 65 砂糖の作用に関する記述について、正しいものを 1 つ選べ。

関西広域

1 でんぷんの老化を防ぐ。
2 たんぱく質の熱凝固を促進し、固くする。
3 アントシアニンに作用し、色を赤くする。
4 魚の骨をやわらかくする。

問 66 次のビタミン C に関する記述について、（　）内に入る語句の組み合わせとして、適切なものを 1 つ選びなさい。

愛媛

　「食品中のビタミンCは、空気中の酸素により（　A　）されやすく、それが加熱により（　B　）される。」

	（ A ）	（ B ）
1	酸化 ——————	促進
2	酸化 ——————	抑制
3	活性化 ——————	促進
4	活性化 ——————	抑制

植物性食品の調理

問 67 次の小麦粉に関する記述のうち、正しいものを 1 つ選びなさい。

三重

1 小麦粉に水分を含ませた塊で、どろどろした流動性があるものをドウという。
2 小麦粉にアルカリ性であるかん水を加えると、黄色くなる。
3 グルテンの含量が多い強力粉は、ビーフンやフォーに適している。
4 グルテンの含量が少ない薄力粉は、パンやマカロニに適している。

1　○　砂糖にはでんぷんの老化を防ぐ効果があり、しっとりやわらかい糊化状態を保つことができる。

2　×　設問の記述は、食塩のことである。砂糖は、たんぱく質の熱凝固を**遅らせ、やわらかく固める**。

3　×　アントシアニンに作用して色を赤くするものは、酸であり、用いる調味料は、酢酸が主成分の**酢**である。

4　×　魚の骨をやわらかくするものは、**酢**である。

　ビタミンCは、空気中の酸素により酸化されやすく、それが加熱により促進される。ただし、効力には変わりがないので、調理後短時間で食べる場合は酸化による損失は気にしなくてよい。よって、（　A　）には**酸化**、（　B　）には**促進**が入るので、適切なものは **1** である。

1　×　記述は、**バッター**のことである。ドウは、小麦粉に水分を加えてこねた生地のことである。

2　○　中華麺が黄色いのは、麺の材料である小麦粉の色素**フラボノイド**が、アルカリ性のかん水に反応して黄色くなるためである。

3　×　強力粉は、**パンやパスタ**に適している。ビーフンやフォーの材料は、小麦粉ではなく米粉である。

4　×　薄力粉は、**ケーキやクッキー**などに適している。

■小麦粉の種類

	グルテンの量	グルテンの性質	主な用途
強力粉	多い	弾性・粘性が強い	**パン・パスタ**など
中力粉	中くらい	伸びがよい	**麺類**など
薄力粉	少ない	やわらかい	**ケーキ・クッキー**など

調理理論

問68 いも類に関する記述で、正しいものを 1 つ選びなさい。

1 じゃがいもを煮物や煮込み料理にするときは、男爵など粉質のいもが適している。

2 じゃがいもを牛乳で生から煮ると、水で煮るよりやわらかく煮える。

3 さつまいもは、ゆっくり加熱すると甘味が強くなる。

4 さといもは、膨化剤としてはんぺんなどの材料や、そばのつなぎとして用いられる。

問69 豆類の調理に関する記述のうち、誤っているものを 1 つ選びなさい。

1 大豆は、1％前後の食塩水に浸漬し、そのまま加熱するとやわらかくなりやすい。

2 乾燥した大豆は、かたい表皮があるため吸水に時間がかかるが、水温が高いほど吸水速度が速くなる。

3 黒豆を煮るときに鉄くぎを入れると、黒豆の皮に含まれるアントシアニン系色素が鉄イオンと結合して安定し、黒豆の色を鮮やかに仕上げることができる。

4 小豆は吸水しやすいので、加熱する前に短時間水につけておくとよい。

問70 次の炊飯に関する記述の（　　）に入る語句の組み合わせのうち、正しいものを 1 つ選びなさい。

「洗米、（ ア ）ののち、でん粉の（ イ ）が完了するまで、少なくとも98℃で 20 分以上加熱し、水加減は、米の重量の（ ウ ）が目安とされている。」

	（ア）	（イ）	（ウ）
1	浸漬	軟化	1.9 〜 2.5 倍
2	浸漬	糊化	1.4 〜 1.5 倍
3	吸水	軟化	1.4 〜 1.5 倍
4	吸水	糊化	1.9 〜 2.5 倍

1 ✕　煮物や煮込み料理に適しているのは、でんぷんが少なく煮崩れしにくい粘質の**メークイン**である。粉質でホクホクし、でんぷんが多くて煮崩れしやすい男爵いもは、マッシュポテトなどに適している。

2 ✕　生のいもは、水に長く浸すと細胞膜のペクチンが水中の無機質と結合してかたくなり、煮えにくくなる。牛乳は、カルシウムなどの無機質を水より多く含むため、**よりかたくなり煮えにくい**。

3 〇　ゆっくり加熱すると消化酵素のアミラーゼが働き、でんぷんが分解して糖に変わるので、甘味が強くなる。

4 ✕　設問の記述は、**やまいも**のことである。

1 〇　大豆などの乾燥豆は、少なくとも一晩吸水に時間をかけて十分膨潤させてから、加熱するとよい。うすい食塩水に浸漬すると、大豆たんぱく質のグリシニンが溶けるため、やわらかくなる。

2 〇　浸漬温度が**高い**程、吸水は速く進む。

3 〇　また、なすの漬物にみょうばんを入れて色鮮やかにするのも、アントシアニン系色素と金属イオンの同じ作用を利用している。

4 ✕　小豆は、表皮が硬く吸水しにくく、吸水で表皮が切れて**胴割れ**を起こすので、他の乾燥豆のように吸水せずに、**洗ってすぐに**加熱する。

調理理論

洗米、**浸漬**ののち、でん粉の**糊化**が完了するまで、少なくとも 98℃で 20分以上加熱し、水加減は、米の重量の 1.4 〜 1.5 倍が目安とされている。よって、正しいものは **2** である。

浸漬を省いてすぐに加熱すると、ごはんの中心にかたい芯が残ることがあるよ。

問71 次の記述の（　）に入る組み合わせとして、正しいものを１つ選び
なさい。
福井

炊飯の水加減については、重量で米の（　ア　）倍、容量で米の（　イ　）倍
である。炊きあがりの米飯の量は、もとの米の重量の、（　ウ　）倍になる。

	（　ア　）	（　イ　）	（　ウ　）
1	1.1 〜 1.2	1.4 〜 1.5	2.1 〜 2.3
2	1.4 〜 1.5	2.1 〜 2.3	3.1 〜 3.3
3	1.4 〜 1.5	1.1 〜 1.2	2.1 〜 2.3
4	2.4 〜 2.5	2.1 〜 2.2	4.1 〜 4.3

 ## 動物性食品の調理

問72 魚の調理に関する次の記述のうち、<u>誤っているもの</u>を１つ選びなさい。
熊本

1 焼き魚は、焼く 20〜30 分前に、魚の１〜２％程度の食塩をまぶす。
2 焼き魚は、強い火力で放射熱を与えることが望ましく、炭なら強火とする。
3 皮や骨のある魚を長時間煮ると、コラーゲンという脂質がゼラチンに変化
して汁に溶け、冷えると煮こごりとなって固まる。
4 煮魚は、少ない煮汁で味をムラなくつけるため、鍋より一回り小さい落と
しぶたをする。

問73 卵の調理に関する次の記述のうち、<u>誤っているもの</u>を１つ選びなさい。
熊本

1 卵の加熱調理のコツは、たんぱく質をいかにうまく熱凝固させるかにある。
2 卵は 40 〜 45℃の湯のなかに入れ、20 〜 30 分保つと、いわゆる温泉卵が
できる。
3 卵白の泡立ちは、たんぱく質が攪拌により変性を起こし、薄い膜状になっ
て空気を包み込む現象である。
4 卵白を泡立てるときレモン汁などの酸性のものを少量加えると、弱酸性に
なり泡立ちやすくなる。

炊飯の水加減については、重量で米の 1.4 〜 1.5 倍、容量で米の 1.1 〜 1.2 倍である。炊きあがりの米飯の量は、もとの米の重量の 2.1 〜 2.3 倍になる。よって、正しいものは **3** である。

1　○　魚に食塩をまぶして焼く理由は、魚表面の**たんぱく質**の熱凝固を促進させるためである。

2　○　なお、炭火で焼く場合の「強火の遠火」といわれる手法は、火が強すぎても火はそのままにしておき、魚体を火から遠ざけて調節する。

3　×　コラーゲンは、脂質ではなく、**たんぱく質**である。煮こごりは、ゼリー状に固まったもので、口当たりのよい料理である。

4　○　鍋より一回り**小さい**落としぶたをする。沸き上がった煮汁がふたにあたって落ちるので、少ない煮汁でも汁が全体にまわり、ムラなく味を含ませることができる。

1　○　3 分以上ゆでると好みに合った半熟卵に、約 12 分で完全な固ゆで卵になるなど、目的に合った加熱温度と時間の調節が重要である。

2　×　卵黄は 65℃を過ぎるとほとんど凝固する。一方、卵白は 57 〜 58℃で凝固し始め、65℃で流動性を保ち、完全に凝固するのは 80℃である。この性質を利用して、60 〜 70℃の湯の中で、20 〜 30 分保つと、卵黄はほぼ固まり、卵白はどろどろした、いわゆる**温泉**卵ができる。

3　○　砂糖には卵白の起泡性を抑制する一方で、気泡を**安定**させる作用があるので、卵白をある程度泡立ててから砂糖を入れるとよい。

4　○　また、油は、たんぱく質の**膜**を壊してしまい卵白の泡立ちが悪くなるので、卵白を泡立てるときに用いる道具は、十分に洗浄して油分を除去しておく。

調理理論

> ◯ **ポイント** ◯　卵の調理の特色
>
> ・加熱により固まる。　完全凝固：卵白 80℃／卵黄 65 〜 70℃
> ・生の卵は流動性があり、水や油などで薄めることができる
> ・長時間ゆでるとイオウ分（硫化水素）が発生して、卵黄が青黒くなる
> ・卵黄はレシチンを含み、油分と水分を結びつける乳化の作用がある

問 74 牛乳の調理に関する記述で、正しいものを 1 つ選びなさい。

佐賀

1 牛乳を用いた煮込み料理にトマトを入れて加熱すると口当たりが悪くなることがあるので、完熟しないものを選ぶ。
2 冷やした牛乳に、レモン汁や食酢を加えるとカッテージチーズができる。
3 牛乳中のカルシウムイオンは、卵のたんぱく質の凝固を遅らせる。
4 牛乳中のコロイドに魚やレバーのにおい成分を吸着させることにより、脱臭効果がある。

問 75 バターの特徴に関する記述について、正しいものを 1 つ選べ。

関西広域

1 脂質は約 80% である。
2 乳脂肪を凝集させた水中油滴型エマルションである。
3 ビタミン C を多く含んでいる。
4 我が国では、主に発酵バターが使われている。

問 76 牛乳に関する記述で、誤っているものを 1 つ選びなさい。

福井

1 牛乳は、油の中に水が分散した油中水滴型のエマルションである。
2 牛乳に酸を加えると、たんぱく質であるカゼインが凝固する。
3 75℃以上で長時間加熱すると、牛乳たんぱく質が変質して不快臭を発生させる。
4 牛乳でホワイトルウを伸ばしたものがホワイトソースである。

1 × 煮込み料理では、酸味の強い野菜などを入れて加熱すると、牛乳のたんぱく質（カゼイン）が酸で固まり口当たりが悪くなる。トマトは、熟度が進むほど糖分が増え、酸の成分が減るので、入れるのなら**完熟したもの**を選ぶ。

2 × 温めた牛乳にレモン汁や食酢を加えると、カゼインが固まりカッテージチーズができる。

3 × 牛乳に含まれるカルシウムなどの無機質は、たんぱく質を**凝固しやすくする**。

4 ○ 牛乳は、水の中にたんぱく質や脂肪の小さな粒がコロイド粒子として分散している。これらのコロイドがにおい成分を吸着し、脱臭する。

1 ○ 乳等省令の成分規格によると、バターは、乳脂肪分80.0％以上、水分17.0％以下、大腸菌群陰性とされている。

2 × バターは、**油中水滴型**エマルションである。

3 × 栄養素の中で、**ビタミンCは含まれていない**。

4 × 原料クリームの発酵の有無によって、発酵バターと非発酵バターに分けられるが、日本で使われているものは、**非発酵バターが多い**。

1 × 牛乳は、水の中に**油が分散した水中油滴型**のエマルションである。

2 ○ 牛乳の主要たんぱく質のカゼインは、**熱では凝固しにくい**が、酸を加えるとすぐに固まる。

3 ○ 加熱により牛乳たんぱく質に含まれる含硫アミノ酸が分解されると、硫化水素などの硫黄化合物が生成し、これらの物質が加熱臭（不快臭）をもたらす。

4 ○ その他にも、牛乳は、**シチュー**、**グラタン**、牛乳かんなど様々な料理に用いられる。

調理理論

問77 卵の調理に関する記述で、正しいものを1つ選びなさい。

福井

1 卵黄は、57℃で凝固し始め、65℃では流動性を保ち、80℃以上になると完全に凝固する。

2 メレンゲをつくる際に、レモン汁など酸性のものを加えると、泡立ちにくくなる。

3 茶わん蒸しや卵豆腐のすだちを防ぐには、85℃～90℃になるよう、火力を調節する。

4 ナトリウムイオンやカルシウムイオンは、卵の熱凝固を抑制する。

問78 ビーフステーキの焼き加減について、生焼けから完全加熱まで正しい順に並べているものを1つ選びなさい。

関西広域

1 ミディアム → レア → ベリーウェルダン → ウェルダン

2 ベリーウェルダン → ウェルダン → ミディアム → レア

3 レア → ウェルダン → ミディアム → ベリーウェルダン

4 レア → ミディアム → ウェルダン → ベリーウェルダン

問79 次の文章の（　　　）に入る数字、語句の組み合わせのうち、最も適切なものを1つ選びなさい。

福井

　肉のたんぱく質は（　ア　）℃付近で凝集・凝固が起こり、肉が収縮して小さくなる。また、加熱により、色素たんぱく質が変性し、灰褐色になる。スープストックや煮込み料理のように水中で長く加熱するときは、すじの多いかたい部分を使ったほうが、（　イ　）のゼラチン化により普通の肉と比べてやわらかくなる。

	（　ア　）	（　イ　）
1	80	グルテン
2	80	コラーゲン
3	60	コラーゲン
4	60	グルテン

1 ✕　設問の記述は、卵白のことである。卵黄は、65℃を過ぎると、**ほとんど凝固**する。

2 ✕　レモン汁など酸性のものを加えると、メレンゲは弱酸性になって**泡立ちやすくなる**。

3 ○　茶わん蒸しなどは、沸騰すると気泡が発生してそのまま固まり「す」がたつので、85℃〜90℃を保つようにする。

4 ✕　カルシウムなどの無機質は、たんぱく質を凝固しやすくするため、卵の熱凝固を**促進する**。

下記の表より、正しいものは **4** である。

■ビーフステーキの焼き加減

焼き方	焼き加減	肉の中心温度（℃）
ベリーウェルダン	完全に**中まで焼いた状態**	85〜95
ウェルダン	十分に焼いた状態	70〜85
ミディアム	レアとウェルダンの中くらいに焼いた状態	65〜70
レア	**表面のみを焼いた状態**	55〜65

調理理論

　肉のたんぱく質は 60℃付近で凝集・凝固が起こり、肉が収縮して小さくなる。また、加熱により、色素たんぱく質ミオグロビンが熱変性を起こし、灰褐色になる。スープストックや煮込み料理のように水中で長く加熱するときは、**コラーゲン**が可溶性のゼラチンに変化して溶出する。したがって、すじの多いかたい肉は、**長時間煮る**ことによって普通の肉と比べてやわらかく調理することができる。よって、（　ア　）には **60**、（　イ　）には**コラーゲン**が入るので、最も適切なものは **3** である。

🍎ポイント🍎　肉の部位と調理例

　〈使用部位〉　　　　　　　　　〈調理例〉
　ロース、ヒレなど ── ステーキ、ロースト、カツレツ　など
　かた、もも ──── 焼き肉、串焼き、みそ漬け、つくだ煮　など
　すね、ばら ──── シチュー、スープ、角煮　など

献立作成と集団調理

問80 次の文のうち、誤っているものを 1 つ選びなさい。

福島

1 クックチルは、調理加工後に急速冷却し、冷蔵で運搬・保管し、再加熱して提供することを前提とした調理方法である。

2 クックフリーズは、加熱調理後に急速冷凍し、冷凍で運搬・保管し、再加熱して提供することを前提とした調理方法である。

3 クックサーブは、加熱調理後、冷蔵または冷凍で運搬・保管し、再加熱して提供することを前提とした調理方法である。

4 真空調理は、真空包装して、低温で加熱調理後、急速に冷却または凍結して、冷蔵または冷凍で運搬・保管し、再加熱して提供することを前提とした調理方法である。

問81 大量調理についての記述で、正しいものを 1 つ選びなさい。

奈良

1 蒸発率が高い。

2 加熱時間が短い。

3 焼き物は、焼き加減を同じにすることが難しい。

4 煮物は、加熱に要する時間が長くなり、煮くずれしにくい。

問82 給食の献立と調理に関する記述で、誤っているものを 1 つ選びなさい。

福井

1 調理従事者は、和・洋・中すべての日常食を習得する必要がある。

2 対象者の嗜好が異なることから、味つけは一部の人に適合するよう考慮する。

3 衛生的安全性を重視するため、献立に取り入れる料理が限定される。

4 レシピ（作業指示書）に従って調理すれば、能率的においしい料理に仕上がる。

1 ○ クックチルにより提供する場合は、中心温度 75℃以上で 1 分間以上、ノロウイルス汚染のおそれのある食品の場合は 85 〜 90℃で 90 秒間以上の再加熱をする。

2 ○ クックフリーズは、クックチルの急速冷却の工程からさらに冷却を続け、最終の品温を−18℃以下としたものである。

3 × クックサーブは、加熱調理後、冷蔵または冷凍せずに運搬し、速やかに提供することを前提とした調理法である。当日調理、当日喫食である。

4 ○ 真空調理の加熱、および再加熱は、衛生管理の面から食材の中心温度をしっかり管理する。

1 × 蒸発率が**低い**。よって、加える水分量は少ない。

2 × 加熱する食材の種類・量や加熱機器の性能次第で、加熱時間は**違ってくる**。

3 ○ 食材の大きさ、厚さ、水分量などに違いがあったり、また、衛生管理の面からそれぞれの中心部にしっかり火を通さなければならないなど、焼き加減を同じにすることは難しい。

4 × 煮物は、**煮くずれしやすい**。そのため、8 分程度煮えたら火を消して、余熱で仕上げるようにする。

1 ○ 日本では日常の食事に和食、洋食、中国料理が混在しているので、専門料理にこだわることなく、毎日違う料理を作ることが求められる。

2 × **嗜好の違う大勢の人**に受け入れられる**味付け**も考慮しなければならない。

3 ○ たくさんの料理を衛生的で安全に提供することを考えた献立作りが必要となる。

4 ○ 献立作成者と調理従事者が分かれていることで、能率的においしく仕上げることが可能となっている。

調理理論

⑥ 食文化概論

出題傾向 「日本の食文化」では食文化の歴史、料理様式、郷土料理について、「世界の料理」では西洋料理、中国料理、エスニック料理について、「食料自給率」などが多く出題されています。

食事の基本的条件と食文化

・**食物の基本的条件**…安全性、栄養性、嗜好性

・**人類の食文化を象徴することがら**…「道具の使用」、「火の利用」、「食物の味付け」

おいしさに関与する要因

刺激や条件など	
化学的要因	甘味、酸味、塩味などの呈味物質、香りなどの香気成分の刺激
物理的要因	温度、食感、歯ごたえ、音などの刺激、形、色
生理的要因	空腹感、渇感、疲労感、加齢、健康状態などの身体的な条件
心理的要因	感情、気分、外観、形、色、香り、食環境、食体験などの条件
文化的要因	気候、風土、歴史、宗教、食習慣など

日本の食文化史

奈良時代…仏教の殺生禁断の思想によって、**肉食禁止令**が出され徐々に広がった。

平安時代…貴族の宴会が盛んになり、平安貴族の**大饗料理**は日本料理の原形となった。
  ◆大饗料理➡視覚的要素を加えた儀式料理で、色、形、盛りつけの美しさを重視。

鎌倉時代…武家社会の食生活は簡素で、形式にとらわれない合理的な食生活が発達した。
  ◆精進料理➡仏教の教義により動物性食品を禁じ、植物性食品と調味料で工夫し発展。

室町時代…武士の食生活も公家社会の影響を受け、華美で形式的なものに変わった。儀式料理専門の流派ができ、それぞれの調理法を確立した。

◆**本膳料理**➡儀式用の日本料理の基礎と呼ばれる料理の誕生。

安土桃山時代…海外との貿易が盛んになり、新しい食品や南蛮料理が持ち込まれた。

◆**茶会席料理**➡茶道と結びついて誕生。江戸時代には**懐石料理**と呼ばれるようになった。

江戸時代…形式を崩した酒宴向きの会席料理が庶民に広まり、一膳飯屋、すし、天ぷら、そばなどの屋台も現れた。

◆**卓袱料理**➡オランダと中国の折衷料理が、日本風に変化したもの。長崎の郷土料理。

◆**普茶料理**➡中国風の精進料理。野菜を中心に植物油や葛などを使用するのが特徴。

明治時代…急速に欧米化が進んで**肉食**が解禁になり、牛肉屋、牛なべ屋が現れた。西洋料理店、中華料理店が普及し、**和洋中折衷型**の食文化が生み出された。

◆**明治の3大洋食**➡トンカツ、コロッケ、ライスカレー

主な郷土料理

北海道	石狩鍋・ジンギスカン鍋・ルイベ・三平汁
東北	じゃっぱ汁（青森）、きりたんぽ・しょっつる・いぶりがっこ（秋田）、わんこそば（岩手）、ずんだもち（宮城）、いも煮（山形）
関東・中部・北陸	深川めし（東京）、なめろう（千葉）、しもつかれ（栃木）、ほうとう（山梨）、五平もち・おやき（長野）、朴葉ずし（岐阜）、治部煮（石川）、のっぺ（新潟）
近畿	ふなずし（滋賀）、柿の葉ずし（奈良）、**千枚漬け・しば漬け**（京都）、手こねずし（三重）、船場汁（大阪）
中国・四国	出雲そば・めのは飯（島根）、祭りずし（岡山）、うずみ（広島）、さぬきうどん（香川）、皿鉢料理（高知）
九州・沖縄	おきゅうと（福岡）、卓袱料理・ちゃんぽん・皿うどん（長崎）、からしれんこん（熊本）、冷や汁（宮崎）、チャンプルー・ソーキそば（沖縄）

※郷土料理には呼び名の違うものもあります

食文化概論

6 食文化概論

日本の食文化

問1 食事のおいしさに関与する要因の組み合わせで、<u>誤っているもの</u>を1つ選びなさい。
福井

1 化学的要因 —— 甘味、酸味、塩味などの呈味物質による刺激
2 物理的要因 —— 温度、食感、歯ごたえなどの口腔内に与えられる刺激
3 生理的要因 —— 外観、形状、色彩、香りなどの条件
4 文化的要因 —— 気候、風土、歴史、宗教

問2 わが国の食文化の発展についての記述で、<u>誤っているもの</u>を1つ選びなさい。
奈良

1 鎌倉時代には、精進料理が発達し、3回食が発生し始めた。
2 ポルトガル船が種子島に漂着したのを機に、安土・桃山時代には、南蛮文化が食生活に大きな影響を与えた。
3 江戸時代には、中国から伝来した普茶料理、卓袱料理が発達した。
4 明治の3大洋食は、コロッケ、ハンバーグ、カレーライスである。

問3 ユネスコ無形文化遺産に関する記述として、正しいものはどれか。
新潟

1 「和食」は平成24年に登録され、一汁四菜の理想的な栄養バランスが認められた。
2 「和食」は「フランス美食術」と同時に登録され、日本の伝統的な食文化が認められた。
3 「和食」は特にお盆の行事に特徴を持つが、伝承の担い手は少ない。
4 「和食」は素材の味わいを活かす調理技術が発達し、季節感を楽しむ特徴が認められた。

　食事のおいしさに関与する要因のなかで、**生理的要因**の刺激・条件となるのは、**空腹感、渇感、疲労感**などである。外観、形状、色彩、香りなどは、心理的要因の条件である。よって、誤っているものは **3** である。

1　○　精進料理は、鎌倉時代に発達した料理で、仏教の教義により動物性食品を禁じ、**植物性食品と調味料**で工夫したものである。また、この頃の1日の食事回数は、僧侶は3回、庶民は2回が一般的となった。

2　○　南蛮貿易により、かぼちゃ、じゃがいも、とうもろこしなどの野菜や、パン、カステラ、ビスケット、金平糖などの菓子類、洋酒などが伝来した。**天ぷらや南蛮漬け**など日本の食べ物として定着したものもあり、日本の食生活に大いに影響を与えた。

3　○　どちらも江戸時代に発達した料理である。普茶料理は、万福寺に中国僧隠元禅師が伝えた中国風精進料理の一種であり、卓袱料理は、長崎に入ってきたオランダ料理が唐（中国）料理と折衷し日本風に変化したものである。

4　×　明治の3大洋食は、**トンカツ、コロッケ、ライスカレー（カレーライス）**である。

1　×　「和食；日本人の伝統的な食文化」がユネスコ無形文化遺産に登録されたのは、2013（平成25）年である。また、一汁四菜ではなく、「**一汁三菜（いちじゅうさんさい）**」の栄養バランスに優れた健康的な食生活などが認められた。

2　×　「フランス美食術」は、「和食」より**以前**に登録されている。

3　×　「和食」はお盆だけでなく、さまざまな**年中行事**と密接なかかわりがあり、社会的慣習として**伝承されている**。

4　○　「和食」の特徴である多様で新鮮な食材とその持ち味の尊重、栄養バランスに優れた健康的な食生活、自然の美しさや季節の移ろいの表現、年中行事との密接なかかわりが食文化として認められた。

食文化概論

問4 日本の年中行事とその行事食の組合せで、誤っているものを1つ選べ。

1 正月 ──────────── おせち料理
2 節分 ──────────── いり豆（福豆）
3 端午の節句 ──────── ちまき
4 冬至 ──────────── おはぎ

問5 次の五節句の名称と行事食の内容に関する組み合わせのうち、正しいものはどれか。

1 端午（たんご） ──────── 草もち
2 人日（じんじつ） ──────── クリもち
3 重陽（ちょうよう） ──────── 菊の花びらを浮かせた酒
4 上巳（じょうし） ──────── 五色そうめん

問6 次の料理様式のうち、最も古い様式として、正しいものを1つ選べ。

1 大饗料理（だいきょう）
2 精進料理（しょうじん）
3 懐石料理（かいせき）
4 本膳料理（ほんぜん）

問7 魚介類を主材料とする郷土料理として、誤っているものを1つ選べ。

1 石狩鍋
2 ソーキそば
3 深川飯
4 じゃっぱ汁

1 ○ 正月の行事食は、おせち料理、**雑煮**である。

2 ○ 節分の行事食は、福豆、**恵方巻**である。

3 ○ 端午の節句の行事食は、ちまき、**柏餅**である。

4 ✕ 冬至の行事食は、**かぼちゃ**、**小豆がゆ**である。おはぎは、9月の秋分の行事食である。

下記資料より、正しいものは **3** である。

■五節句

節句	日付	節句料理
人日 じんじつ（七草の節句）	1月7日	**七草がゆ**
上巳 じょうし（桃の節句）	3月3日	**白酒**、菱餅 ひしもちなど
端午 たんご（菖蒲 しょうぶの節句）	5月5日	**柏餅** かしわもち、ちまき
七夕 しちせき（七夕 たなばた祭り、星祭り）	7月7日	そうめん
重陽 ちょうよう（菊の節句）	9月9日	菊酒、栗ごはん

1 ○ **平安**時代は、貴族の宴会が盛んになり、そこで供された大饗料理は色、形、盛り付けの美しさを重視した儀式料理で、**日本**料理の原型となった。

2 ✕ 仏教の伝来により動物性食品を禁じられていたが、**鎌倉**時代初期の禅寺では、中国伝来の調理法を応用して、植物性食品と調味料から日本独自の精進料理が発展した。

3 ✕ **安土桃山**時代に茶道と結びついて誕生した**茶会席**料理は、**江戸**時代には懐石料理と呼ばれるようになった。

4 ✕ **室町**時代に始まった本膳料理は、江戸時代にかけて発展した武家社会の饗応料理であり、儀式用日本料理の基礎と呼ばれた。

食文化概論

石狩鍋は**サケ**使った北海道の郷土料理、深川めしは**アサリ**を使った東京都の郷土料理、じゃっぱ汁は**タラ**を使った青森県の郷土料理である。ソーキそばは**豚肉**を使った沖縄県の郷土料理で、魚は使われていない。よって、誤っているものは、**2** である。

問8 江戸時代の食文化に関する記述のうち、誤っているものを1つ選びなさい。

1 鎖国により、独自の日本料理が発達、完成した。

2 普茶料理は、宇治の黄檗（おうばく）宗万福寺に中国僧隠元（いんげん）禅師が伝えた精進料理の一種で、江戸時代に発達した。

3 薄口しょうゆが江戸で発達し、その普及により、握り寿司、うなぎ蒲焼き、つくだ煮など多様な日本の食べ物が生まれた。

4 都市では白米食が進み、江戸患いと呼ばれる脚気の増加をみるなど、調理や食事構成上の偏食による害などが出始めた。

問9 次の郷土料理と主に使われる材料の組合せのうち、正しいものはどれか。

　（郷土料理）　　　　　　　（主に使われる材料）

1 しょっつる鍋 ──────── 小　麦

2 深川めし ──────── 大　根

3 おきゅうと ──────── えごのり

4 きりたんぽ ──────── 魚

問10 次の食文化に関する記述のうち、誤っているものはどれか。

1 安全性、栄養性、嗜好性の3つは、食物の基本的な条件である。

2 人類の食文化を象徴しているものとして、道具の使用、水の利用、食物の味付けがある。

3 世界の食事様式には、手食、箸食、ナイフ・フォーク・スプーン食があり、これを三大食法という。

4 食事のおいしさに関与する化学的要因は、甘味、酸味、塩味、苦味、うま味、渋味、辛味などの呈味物質の刺激である。

1 ○　幕府の鎖国政策により、貿易相手は中国（唐）と、長崎でのオランダのみとなった。それゆえに、外国からの影響をあまり受けることなく、日本料理が発達していった。

2 ○　普茶料理は、精進料理で、ごま・植物油脂・野菜・大豆製品・葛粉を用いたものであった。

3 ×　薄口しょうゆではなく、**濃口しょうゆ**の発達によるものである。

4 ○　脚気は、白米食による**ビタミンB₁**不足によるもので、風土病とみなされた。

1 ×　しょっつる鍋とは、秋田県に伝わる**魚醤**・塩魚汁（しょっつる）を出汁に、**ハタハタ**や野菜を入れた鍋料理である。

2 ×　深川めしは、東京都の郷土料理で、ざっくりと切ったネギと生の**アサリ**を煮込んで熱いご飯にぶっかけた、漁師の知恵の一品である。

3 ○　おきゅうとは、福岡県の郷土料理で、主材料は**えごのり**などの**海藻**である。えごのりを水と酢で煮溶かし、小判型に冷やし固めたものを細長く切って、削り節、しょうが、すりごまをかけ、しょうゆや酢じょうゆで食べる。

4 ×　きりたんぽは、秋田県の郷土料理で、主材料は**米**である。つぶしたうるち米のご飯を杉の棒に先端から包むように巻き付けて焼き、棒から外して食べやすく切ったもので、鍋で野菜などと一緒に煮て食べる。

1 ○　安全性、栄養性、嗜好性は、地域や民族を問わず人類共通の基本的な条件である。

2 ×　人類の食文化を象徴しているのは、道具の使用、**火の利用**、食物の味付けの3つである。

3 ○　箸食は、中国大陸で生まれ東アジアに広まっている。ナイフ・フォーク・スプーン食は、ヨーロッパ、ロシア、アメリカなどで行われており、それ以外の地域では、手食の習慣が現在でも浸透している。

4 ○　なお、味の構成要因は、化学的要因のほか、**物理**的要因、**生理**的要因、**心理**的要因、**文化**的要因に分類されている。

食文化概論

世界の料理

問11 次の世界の食文化と料理に関する記述のうち、**誤っているもの**を1つ選び、その番号を記入しなさい。
鹿児島

1 1533年、フィレンツェの貴族メディチ家のカトリーヌがフランスのアンリ2世と結婚する際、個人用食器やフォークなどを導入したことで、食事のサービスやマナーに影響を与えた。

2 薬膳料理は薬効をもつ食材を組み合わせた献立で、中国で紀元前に始まったものである。

3 1970年代、フランスでヌーベル・キュイジーヌ（新しい料理）の運動が起きた。

4 魚醤は魚介類から作られる醤油で、秋田県のしょっつる、石川県のいしる、タイのナンプラー等がある。

問12 次の世界各地の主作物と食べ方に関する組み合わせのうち、**誤っているもの**を1つ選び、その番号を記入しなさい。
鹿児島

1 小麦 ─────── ヨーロッパ、中国北部、インド西部 ─ パン、麺、ナン
2 米 ─────── 日本、東南アジア、中国南部 ─────── 飯、粥
3 とうもろこし ─ 北アメリカ、メキシコ ─────── トルティーヤ、粗挽き粥
4 大麦 ─────── 朝鮮半島 ───────────── 粗挽き粥、おねり

問13 中国料理についての組み合わせで、正しいものは、次のうちどれか。
千葉

1 麻婆豆腐 ─────────── 四川料理
2 酢豚 ─────────── 上海料理
3 餃子 ─────────── 広東料理
4 東坂肉 ─────────── 北京料理
（トンポーロウ）

問11 答2

1 ○　また、カトリーヌが、菓子職人もイタリアから連れてきたことで、フランスの菓子類が進歩したといわれている。

2 ×　薬膳料理は、薬効をもつ食材を組み合わせた新しい献立として、中国で1980年代に始まったものである。

3 ○　ヌーベル・キュイジーヌは、従来の豪華で味付けの濃厚なフランス料理と違って、簡素でヘルシーな現代風料理である。

4 ○　ほかに、ベトナムのヌクマム、フィリピンのパティスなどがある。

問12 答4

　大麦は、チベット周辺の**ヒマラヤ地方**やヨーロッパ北部の主作物で、**粗挽き粥**や湯で練る**おねり**にして食べる。よって、誤っているものは**4**である。なお、朝鮮半島の主作物は米である。

問13 答1

　下記資料より、麻婆豆腐は、四川料理の代表料理である。よって正しいものは**1**である。

■中国料理の4つの系統とその特徴

地域	代表料理	主な特徴	料理例
東方	**上海、江蘇**料理	四季がある温暖な気候の下、魚介類や農産物など素材が豊富	上海蟹、東坡肉など
西方	**四川、雲南**料理	厳寒な気候の下で、肉、蔬菜、淡水魚、唐辛子を材料に用いる	麻婆豆腐、搾菜など
南方	**広東、福建**料理	季節性が豊かな気候の下、素材・調理法が多彩	飲茶点心、酢豚など
北方	**北京、山東**料理	大陸性気候のため1年の気温差が大きく厳しい気候の下、小麦粉、油、羊肉などを使った濃厚な味の料理	北京烤鴨（北京ダック）、餃子など

食文化概論

問 14 次の世界の食事様式に関する記述のうち、誤っているものを1つ選びなさい。

1 箸は、古代中国に起源があり、現在、日常の食事に箸を使用するのは、中国、朝鮮半島、日本、ベトナムなどである。

2 旧石器時代には、人間はすべて手食をしていた。

3 イスラム教圏やヒンズー教圏では、食事に使うのは左手のみで、右手は不浄なものとされている。

4 ヨーロッパ、スラブ圏、アメリカではナイフ、フォーク、スプーンの3種類が食事の必需品となっている。

問 15 フランス料理に関する記述について、正しいものを1つ選びなさい。

1 各地方の伝統的な郷土料理が受け継がれており、パスタにはラザーニャ、ラヴィオリなど百種類以上ある。

2 オリーブオイル、にんにく、豆、豚肉加工品が多く使われる。

3 何百種類ものソースが料理の種類を増やし、味の多様性を引き出している。

4 調理法は単純で、肉料理ならローストビーフ、オックステールシチュー、キドニーパイなど家庭料理に名物が多い。

問 16 次の記述のうち、誤っているものはどれか。

1 中国料理は、医薬や道教思想と結びついた世界でも独特の料理である。

2 ギド・ミシュランは、もともとフランスのタイヤ会社が顧客サービスのために作成した有名レストランの案内書である。

3 エスニック料理は、移住した人々がつくった自国料理を食べられる料理店にその起源があり、移民料理ともいえる。

4 西洋料理は、多彩な香辛料、豊富な野菜、魚介類、魚醤を中心とする調味料が特徴である。

手食は人類の食文化の根源である。現在でもアフリカや中南米の先住民、イスラム教圏やヒンズー教圏などの間に浸透している。イスラム教圏やヒンズー教圏では、食事に使うのは**右手のみ**で、**左手**は**不浄**なものとされている。よって、誤っているものは、**3** である。

問15　　答3

1　×　イタリア料理についての記述である。

2　×　フランス料理はオリーブオイルではなくバターがよく使われる。

3　○　フランス料理はソースが決め手といわれている。白・赤・黄・茶と多彩で、温かいものと冷たいものがあり、変化に富むソースの種類は非常に多い。

4　×　イギリス料理についての記述である。

■西洋料理の特徴

料理	特徴	特色ある料理や食材
フランス料理	洗練性、豪華、高級宴会料理	**エスカルゴ、フォアグラ**
イギリス料理	保守的、合理的	**ローストビーフ、紅茶とビスケット、プディング**
イタリア料理	温暖な気候、地域性	パスタ類、ピザ、リゾット
ロシア料理	農産・水産物や肉類の貯蔵品	**ボルシチ、ピロシキ、キャビア**
スペイン料理	地域ごとの郷土料理、東洋風	**パエリア、ガスパチョ、サングリア**
ドイツ料理	素朴、貯蔵性、実質的	じゃがいも、ザウアークラウト、ソーセージ
スイス料理	隣接する国の食文化から影響	チーズフォンデュ、ラクレット
アメリカ料理	移民による各国の混合料理	ビーフステーキ、ハンバーガー、シリアル

問16　　答4

1　○　中国では、「医」と「食」を両立させる「医食同源」の思想が現代にも受け継がれている。

2　○　現在では、レストランやホテルの料理やサービスを星の数で表すことで知られている。

3　○　エスニック料理という言葉は、1960 年代にアメリカで使われ始めた。日本では、東南アジア、中近東、中南米の料理をエスニック料理という。

4　×　西洋料理の共通の特徴は、**獣鳥肉、乳製品、油脂、香辛料**を用い、パンを常食することである。

問 17 フランス料理で用いられる特徴的な食材として、誤っているものを 1 つ選べ。

関西広域

1 エスカルゴ
2 トリュフ
3 にしん
4 フォアグラ

問 18 次の西洋料理の調理様式の特徴に関する記述のうち、正しいものはどれか。

長野

1 料理 ———————————— 味を重視し、調味中心。澱粉の使用も特色。
2 主材料 ———————————— 珍味各物、乾燥食品などの保存食品。
3 調味法 ———————————— 濃厚、ソース重視。
4 調理法 ———————————— 炒め物、揚げ物。

問 19 魚醤の名称と国名の組合せとして、誤っているものを 1 つ選べ。

関西広域

1 ニョクマム（ヌクマム）——— ベトナム
2 ナンプラー ——————————— インド
3 しょっつる ——————————— 日本
4 パティス ———————————— フィリピン

イスラム教、ユダヤ教、ヒンズー教では、**宗教上の食物禁忌（タブー）** が知られている。イスラム教の場合では、食用不可なものは豚肉、死獣の肉、血液、アルコールである。一方、食べることを許された食べ物は「ハラールフード」といわれている。

　　フランス料理（フレンチ）の特徴的な食材に、エスカルゴ、フォアグラ、ト
リュフなどがある。**にしん**は、ドイツ、オランダ、ポーランドで酢漬け、塩漬
けなどとして食され、フランス料理ではあまり用いられない。よって、誤って
いるものは **3** である。

1　×　西洋料理は香りを重視し、加熱法が中心である。

2　×　主材料は、肉類、乳、乳製品、野菜類などである。

3　○　なお、スパイスやハーブなどの香辛料を使用することが多いのが特徴
　　　　　である。

4　×　調理法は、シチュー鍋などを使用する煮込み調理、オーブン、フライ
　　　　　パンなどを使用する焼き物が中心である。

　　魚醤は、魚介類を原料に造った醤油状の調味料である。塩を加えた魚介類を
1 年以上かけて熟成させたもので、特有の臭気と濃厚なうま味をもつ。代表的
なものにしょっつる（秋田）、いかなご醤油（香川）、**ナンプラー（タイ）**、ニョ
クマム（ベトナム）、パティス（フィリピン）などがある。よって、誤ってい
るものは **2** である。

■世界の主な料理と調味料

トムヤンクン・ナンプラー	タイ
生春巻き・フォー・ニョクマム	ベトナム
サムゲタン・プルコギ・ナムル・トッポギ	韓国
タンドリーチキン・チャパティ	インド
シシカバブ	トルコ
クスクス	北アフリカ
タコス・トルティーヤ	メキシコ
シュラスコ	ブラジル
ナシゴレン	インドネシア

食文化概論

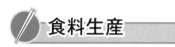

食料生産

問20 小麦と比較した米の特性に関する組み合わせで、<u>誤っているもの</u>を1つ選びなさい。

> 福井

1　生産環境 ──────── 高温多湿の地域、連作が可能
2　穀粒構造 ──────── 外皮がかたく胚乳部がもろい
3　調味の必要性 ────── ほとんど不要
4　物理性の特徴 ────── でん粉による粘弾性

問21 農林水産省食料需給表による令和2年度（概算値）の日本の食料自給率（重量ベース）が90％以上である品目として、正しいものを1つ選べ。

> 関西広域

1　魚介類
2　野菜
3　鶏卵
4　果実

問22 次の食料生産と消費に関する記述のうち、<u>誤っているもの</u>はどれか。

> 静岡

1　現代の食生活は飽食の時代と呼ばれているが、同時に家庭、外食の残食や食料品店の店頭廃棄などの食品ロスも問題視されている。
2　現代の飽食を支える食料自給率は、世界的水準からみてもきわめて低く、供給熱量自給率は、40％を下回る。
3　米の摂取量は、1989（平成元）年をピークに減少を続けている。
4　一世帯当たりの年間食料費支出のうち、調理食品、特に弁当類を中心とする主食的調理食品の支出は増加傾向を示している。

1 〇　米は高温多湿の地域に適し、同じ田において連作が可能だが、小麦は冷涼乾燥の地域に適し、連作は困難である。

2 ✕　設問の記述は、**小麦**のことである。米は、外皮がもろくて胚乳部がかたいので、精白して外皮を除去し、粒で食す。小麦は製粉して胚乳を採取し、粉で食す。

3 〇　米は調味がほとんど不要であるが、小麦は調味が必要である。

4 〇　小麦は、たんぱく質による粘弾性がある。水を加えてこねると、たんぱく質が**グルテン**を形成する。

　令和 2（2020）年度の食料自給率（重量ベース）は、魚介類 55％、野菜 80％、鶏卵 97％、果実 38％である。よって、90％以上の品目は**鶏卵**で、正しいものは **3** である。なお、令和 4（2022）年度（概算値）も鶏卵は 97％と 90％以上である。

1 〇　2019（令和元）年に、「食品ロスの削減の推進に関する法律」が公布され、国全体で食品ロス削減に取り組んでいる。食品ロスには、①（食べられる部分も捨てる）過剰除去、②食べ残し、③（食卓に出すことなく廃棄する）直接廃棄の 3 つがある。

2 〇　日本の 2022（令和 4）年度の供給熱量（カロリーベース）自給率は 38％で 40％を割っている。

3 ✕　米の摂取量のピークは、1989（平成元）年ではなく、**1962**（昭和 37）年が正しい。

4 〇　食料費支出の推移をみると、伸びが著しい主食的調理食品のほか、パンや外食も増えるなか、米の減少傾向が顕著である。

　食料自給率は、長い間低下傾向だったけど、このごろは横ばいだよ。でも、目標にはまだまだ届かないよ…。

食文化概論

問 23 次の食料生産に関する記述のうち、誤っているものはどれか。

静岡

1 令和元年10月に「食品ロスの削減の推進に関する法律」が施行された。
2 食品ロスには、過剰除去、食べ残し、直接廃棄の3つがある。
3 日本の食料自給率は、世界的水準からみても極めて低く、米、豆類を除くほとんどの食品を輸入に頼っている。
4 保存方法や流通方法の変化に対応し、開発が進んでいる新調理システムには、クックチルシステム、真空調理法などがある。

問 24 現代の食生活についての記述で、正しいものを1つ選びなさい。

奈良

1 スローフード運動は、伝統の食文化を見直し、素材や料理について考え、食事とともに会話を楽しめるような生活の質を再発見しようとして、フランスで始まった。
2 平成29年の日本の食料自給率（カロリーベース）は、65%である。
3 「調理済み食品」を購入して家庭に持ち帰って食事をすることを「内食」という。
4 「食育」を国民運動として推進するため食育基本法が策定された。

問 25 日本の2017年度の供給熱量自給率（概算）に関する次の数値のうち、正しいものを1つ選びなさい。

熊本

1 78%
2 58%
3 38%
4 18%

問 23　答 3

1 ○　食品ロスとは、食べられるのに捨てられてしまう食品のことである。

2 ○　**過剰除去**は、野菜や果物の皮を厚くむくなど食べられる部分も捨てること、**直接廃棄**は、冷蔵庫に入れたまま調理せず食卓に出すことなく廃棄することである。

3 ×　日本の食料自給率は、世界的水準からみても極めて**低い**。令和 3 年の食料自給率で 100％に近いのは、米と**鶏卵**である。豆類は 8％で、輸入に頼っている。

4 ○　これらのほかに、**クックフリーズシステム**、外部加工品の活用がある。

問 24　答 4

1 ×　スローフード運動は、伝統的な**食材**や**料理方法**を守り、**質のよい食品**やそれを提供する小生産者を守り、消費者に**味の教育を進める**というもので、1986 年ごろに**イタリア**で生まれた運動である。

2 ×　カロリーベースの食料自給率は、38％ である。なお、2022（令和 4）年度も 38％ である。

3 ×　設問の記述は、「**中食**」のことである。「内食」は、食材を購入し家庭内で調理をすることをいう。

4 ○　「食育基本法」は、2005（平成 17）年に、国民が健全な**心身**を培い、豊かな**人間性**を育むため、食育に関する施策を総合的かつ計画的に推進することなどを目的として創設された。

問 25　答 3

　2017（平成 29）年度の供給熱量自給率（カロリーベース）は、38％である。よって、正しいものは **3** である。なお、2022（令和 4）年度も 38％となっている。

食文化概論

ポイント 食料自給率について

・食料自給率の目標

	2022（令和4）年度 （基準年度）	2030（令和12）年度 （目標年度）
カロリーベースの食料自給率	38%	45%
生産額ベースの食料自給率	58%	75%

・2022（令和4）年度食料自給率（概算）

米	① 99%	肉類	⑤ 53%
小麦	16%	鶏卵	② 97%
大豆	25%	牛乳・乳製品	④ 62%
野菜	③ 75%	魚介類	⑥ 49%
果実	30%	砂糖類	34%

予想模試

解答・解説

予想模試　解答用紙

この解答用紙はコピーしてお使いください。

公衆衛生学　別冊 P.1

問1	1 2 3 4
問2	1 2 3 4
問3	1 2 3 4
問4	1 2 3 4
問5	1 2 3 4
問6	1 2 3 4
問7	1 2 3 4
問8	1 2 3 4
問9	1 2 3 4
問10	1 2 3 4

食品学　別冊 P.4

問11	1 2 3 4
問12	1 2 3 4
問13	1 2 3 4
問14	1 2 3 4
問15	1 2 3 4
問16	1 2 3 4

栄養学　別冊 P.5

問17	1 2 3 4
問18	1 2 3 4
問19	1 2 3 4
問20	1 2 3 4

問21	1 2 3 4
問22	1 2 3 4
問23	1 2 3 4
問24	1 2 3 4
問25	1 2 3 4

食品衛生学　別冊 P.8

問26	1 2 3 4
問27	1 2 3 4
問28	1 2 3 4
問29	1 2 3 4
問30	1 2 3 4
問31	1 2 3 4
問32	1 2 3 4
問33	1 2 3 4
問34	1 2 3 4
問35	1 2 3 4
問36	1 2 3 4
問37	1 2 3 4
問38	1 2 3 4
問39	1 2 3 4
問40	1 2 3 4

調理理論　別冊 P.12

| 問41 | 1 2 3 4 |

問42	1 2 3 4
問43	1 2 3 4
問44	1 2 3 4
問45	1 2 3 4
問46	1 2 3 4
問47	1 2 3 4
問48	1 2 3 4
問49	1 2 3 4
問50	1 2 3 4
問51	1 2 3 4
問52	1 2 3 4
問53	1 2 3 4
問54	1 2 3 4
問55	1 2 3 4
問56	1 2 3 4

食文化概論　別冊 P.17

問57	1 2 3 4
問58	1 2 3 4
問59	1 2 3 4
問60	1 2 3 4

/60

予想模試　解答一覧

公衆衛生学

1 ✕　「すべての人に健康を」を基本理念としたプライマリー・ヘルス・ケアが提唱されたのは、アルマ・アタ宣言においてである。WHO がオタワ憲章において提唱したのは、ヘルスプロモーションである。

2 ◯　日本国憲法第 25 条に定められている。

3 ✕　健康増進法ではなく、健康日本 21 が正しい。

4 ✕　生活の質を高めることと単に長生きすることが、逆である。現代では、**単に長生きすることが健康の証ではなく、生活の質を高めることが重要**視されている、が正しい。

1 ✕　UNICEF（ユニセフ）は、**国連児童基金**で、母子保健や児童の問題を担当する機関である。UNEP（国連環境計画）は、環境保全問題を担当する機関である。

2 ◯　FAO（国連食糧農業機関）は、食料や農産物、栄養水準などに関する問題を担当する機関である。

3 ◯　ILO（国際労働機関）は、労働保健に関する問題を担当

する機関である。

4 ◯　WHO（世界保健機関）は、国際的な公衆衛生の中心機関である。

1 ◯　労働安全衛生法第 66 条の 10 には「医師等による心理的な負担の程度を把握するための検査を行わなければならない」とあり、職場においてストレスチェックの実施が規定されている。

2 ◯　未成年者の飲酒や喫煙について、目標を 0％に設定している。

3 ◯　「健康づくりのための身体活動指針（アクティブガイド）」では、**運動習慣をもつ**ことで、生活習慣病や生活機能低下に対する予防効果を高めることが期待されている。

4 ✕　特定健康診査は、高齢者の医療の確保に関する法律に即したもので、40 〜 74 歳の被保険者・被扶養者が対象である。

1 ✕　人口動態統計は、**出生・死亡・死産・婚姻・離婚**の実態を把握する統計である。設問の記述は、人口静態統計のことである。

2 ◯　死亡率とは、人口1000人に対する年間の死亡数のことである。人口の高齢化にしたがって、死亡率はゆるやかに上昇している。

3 ◯　総務省発表の2022（令和4）年9月の高齢化率は29.1％となっており、過去最高の更新が続いている。「令和4年版高齢社会白書」によると、2040（令和22）年の高齢化率（総人口に占める65歳以上の人口）は35.3％であると予想されている。

4 ◯　国民生活基礎調査は、厚生労働省が全国の世帯および世帯員を対象に行っている調査である。また、有訴者率とは、世帯員のうち病気やけがなどで自覚症状のある者の割合、通院者率とは、世帯員のうち通院などをしている者の割合である。

問5	解答　4

厚生労働省が発表した2022（令和4）年悪性新生物の部位別死亡数を見ると、男性では**肺**が最も多く1993（平成5）年以降第1位である。女性では**大腸**が最も多く2003（平

成15）年以降第1位である。よって、アには肺、イには**大腸**が入るので、正しいものは**4**である。

問6	解答　3

タバコの煙に含まれるさまざまな成分のうち、健康上特に有害な成分は**一酸化炭素**、ニコチン、および**タール**と考えられている。ニコチンには発がん性はないが、依存性がある。一方、**タール**には発がん性があるが、依存性はない。また、健康日本21（第三次）では、20歳未満の喫煙率をなくす（0％）という目標を掲げている。よって、アには**一酸化炭素**、イには**ニコチン**、ウには**タール**、エには**0**が入るので、正しいものは**3**である。

問7	解答　3

病原体が細菌であるものは、**3**の結核である。麻しん、エボラ出血熱、インフルエンザは、ウイルスである。

問8	解答　1

1 ◯　施策の基本として、排出抑制（Reduce）、再利用（Reuse）、再資源化（Recycle）を柱とし

■がんの部位別の年齢調整死亡率　2022（令和4）年

順位	1位	2位	3位	4位	5位
男性	肺がん	大腸がん	胃がん	膵臓がん	肝臓がん
女性	大腸がん	肺がん	膵臓がん	乳がん	胃がん

た3R政策がある。循環型社会形成推進のための施策の一環である。

2 ✕　産業廃棄物と同じく、一般廃棄物も**循環的利用ができない資源**である。

3 ✕　一般廃棄物は、**市町村の責任**で処理しなければならない。排出事業者の責任で処理しなければならないものは、産業廃棄物である。

4 ✕　ここ最近は、**減少傾向**である。

1 ✕　労働者となる最低年齢は、**満15歳**に達した日以後の最初の3月31日が経過した者（義務教育修了者）である（労働基準法第56条）。

2 ✕　使用者は、6週間以内に出産予定の女性が休業を請求した場合には、**就業させてはならない**（労働基準法第65条）。

3 ✕　児童生徒だけでなく、**職員の健康の保持増進も図る**ことを目的としている（学校保健安全法第1条）。

4 〇　学校給食の目標としては、適切な栄養摂取による**健康の保持増進**を図ること、社交性および協同の**精神**を養うこと、伝統的食文化について理解を深めること、望ましい食習慣を養うこと、環境の保全に寄与する態度を養うこと、勤労を重んじる態度を養うこと、食料の**生産**などについて正しい理解に導くことの7つが設定されている。

調理師名簿の訂正を申請しなければならない事項は、**氏名**、**本籍地都道府県**、性別、**生年月日**である。よって、適切でないものは**4**の業務に従事する場所の所在地および名称である。なお、変更が生じたときは、30日以内に免許を与えた**都道府県知事**に名簿の訂正を申請しなければならない。申請の際には、変更事項を証明する書類を添付する必要がある。

食品学

1 〇　以前は食品表示に対して、食品衛生法、健康増進法、JAS法（農林物資の規格化及び品質表示の適性化に関する法律）の3つの法律が存在し、わかりにくさがあったが、「**食品表示法**」に統合された。

2 〇　懲役または罰金が科せられることとなった。

3 〇　記述のとおりである。なお、賞味期限は、**定められた方法**により保存した場合において、

240

期待されるすべての品質の保持が十分に可能であると認められる期限をいう。

4 × 特定原材料8品目は、卵、乳、小麦、そば、**落花生（ピーナッツ）**、えび、かに、くるみである。また、特定原材料に準ずるものとして、20品目の表示が奨励されており、大豆はここに入っている。

問 12	解答 1

1 ○ 記述のとおりである。食品それぞれの栄養成分は、日本食品標準成分表によって知ることができる。

2 × 食品の種類は、**植物性**食品、**動物性**食品の2つに分類できる。

3 × 食品は、**有害・有毒物質**や**腐敗菌**を含まず安全であることが第一であり、その上で栄養性に富むものでなければならない。

4 × 摂取栄養素量から便として排出された**栄養素量**を差し引いて、残りを体内に吸収された栄養素とし、その量を摂取栄養素に対する百分率で示したものが消化吸収率である。

問 13	解答 3

1 ○ 花菜類にはほかに、アーティチョーク、カリフラワー、

みょうがなどがある。

2 ○ ソラニンは自然毒の一種で、食後1〜12時間で吐き気や下痢、嘔吐、腹痛、頭痛、めまい、発熱、軽度の意識障害などの症状が起こる。必ず取り除いて調理する。

3 × 魚類と貝類が逆である。魚類の旬は脂肪の多いいわゆる**脂の乗った時期**、貝類では**脂肪とグリコーゲンの多い時期**である。

4 ○ キャッサバは、熱帯地方で広く栽培されている低木である。地下にでんぷんが蓄積肥大した塊根を持ち、これを食用とする。甘味種と苦味種の2種類があるが、苦味種はシアン化合物（青酸配糖体）を除毒して、タピオカとして利用する。

問 14	解答 4

1 × バターは牛乳やクリームからつくられる乳製品で、主成分は**乳脂肪**である。硬化油は、植物油や魚油に水素を添加し、不飽和脂肪酸を飽和脂肪酸に変えて固形脂肪としたものである。**マーガリン**やショートニング製造の原料として使われる。

2 × マーガリンの原材料は、乳脂肪分を含まない食用油脂およびその**硬化油**である。

 問題 別冊 P.3〜5

3 ✕ ヘットは**牛の脂肪（牛脂）**のことである。豚の脂肪（豚脂）は**ラード**である。

4 ◯ イワシの他、アジ、サバなどが原材料となる。魚油は、**多価不飽和脂肪酸**を多く含んでいるので、**動物性油脂**と区別され、**植物性**油脂と同じに扱われる。

問15	解答 1

1 ◯ 大豆の加工品には、ほかに、豆腐、ゆば、納豆、きなこ、しょうゆなどがある。

2 ✕ ジャムは、重曹ではなく、**クエン酸**を加える。

3 ✕ 記述の説明は、**ハム**のことである。ベーコンは、豚のばら肉や肩ロースを用いる。加工法はハムとほとんど同じである。

4 ✕ 主原料は牛乳およびクリームではなく、**卵黄**（あるいは全卵）である。これに食塩などを加えて、さらに酢やサラダ油を混ぜて攪拌する。

問16	解答 2

1 ◯ 乾燥法は、食品中の**水分**を15％以下に減らして微生物の繁殖を防ぐ方法である。天日・熱風・電気・凍結乾燥などがある。

2 ✕ CA貯蔵は、炭酸ガス濃度を高くして**青果物**などの呼吸作用を制御し貯蔵期間を延長する方法である。

3 ◯ 紫外線を照射して殺菌する方法で、清涼飲料水の殺菌に利用されている。**包丁**、まな板などにも用いるが、効果は光線の当たった表面だけである。

4 ◯ 放射線を照射して**殺菌**する方法である。わが国では、じゃがいもの発芽防止にのみ許可されており、他の食品への照射は食品衛生法で禁じられている。

栄養学

問17	解答 3

1 ◯ 炭水化物は、エネルギーになる**糖質**と、エネルギーにならない**食物繊維**に分けられる。食物繊維は、ヒトの消化酵素では分解されない食品中の難消化成分である。

2 ◯ 脂質は、単純脂質、複合脂質、誘導脂質に分けられる。コレステロールはその中の**誘導脂質**のひとつである。**生体膜**の構成成分であり、また、食物から摂るよりも**肝臓**で合成される方が多い。

3 ✕ たんぱく質は、炭素、酸素、水素、**窒素**で構成される。**窒素**を含むことが特徴である。

4 ○ 無機質の鉄の約70％は、赤血球のヘモグロビン（血色素）の成分である。

が正しい。

3 ○ LDLコレステロールは、**悪玉コレステロール**と呼ばれる。

4 × 脂質の1日当たりの目標量は、総エネルギーの20～30％である。

■コレステロールの種類

LDLコレステロール（**悪玉コレステロール**）	肝臓で作られたコレステロールを全身へ運ぶ。運動不足などで増えすぎると血管壁にたまって動脈硬化を起こす。
HDLコレステロール（**善玉コレステロール**）	血管などの付着した余分なコレステロールを回収して肝臓に運び、動脈硬化を抑える。

問18　　　解答　3

1 ○ でんぷんは**多糖類**のひとつで、穀類やいもなどに多く含まれる。

2 ○ **血糖**とはぶどう糖（グルコース）のことで、血糖の濃度（血糖値）は約0.1％に保たれている。

3 × 必要とされるのは**ビタミン B_1** である。穀類、いも類などを食べるときは、ビタミン B_1 を多く含む食品も一緒に摂取するようにする。

4 ○ セルロースとリグニンは植物の細胞壁の構成成分、キチンは**えびやかに**の殻の成分、キトサンはキチンからの抽出物である。また、水溶性の食物繊維には、果物に多いペクチンやこんにゃくの成分グルコマンナンなどがある。

問19　　　解答　3

1 × 二重結合をもつ、もたないが逆である。脂肪酸は、二重結合を**もたない飽和脂肪酸**と、二重結合を**もつ不飽和脂肪酸**に分けられる。

2 × 飽和脂肪酸のなかでではなく、「**不飽和脂肪酸**のなかで」

問20　　　解答　1

1 ○ ビタミンA、D、E、Kはいずれも脂溶性ビタミンで、油脂に溶けやすい。

2 × ビタミンEの働きは、**抗酸化作用**である。正常な骨形成を促進するのは、ビタミンDである。ビタミンDは、小腸でのカルシウムとリンの吸収を促進し、骨の形成に関与している。

3 × 脂質ではなく、**炭水化物（糖質）** の代謝が正しい。脂質の代謝に補酵素としてかかわっているのは、ビタミン B_2 である。

4 × 記述の説明は、水様性ビタミンのことである。脂溶性ビ

タミンは、排出されにくく過剰症を起こすおそれがある。

不足しにくい。腎機能低下は、リンの過剰症である。

問 21　　　解答　4

1　〇　栄養分や酸素を身体中に運び、**老廃物は体外へ出す**。
2　〇　体成分の分解と合成や食物の消化吸収に、溶媒として重要な働きをする。
3　〇　体温が上がったときには、皮膚への血液の循環を増やして汗を出し、体温を**一定**に保つ。
4　×　体内の水分バランスは、水分摂取量と排尿等の量で保たれており、毎日、2,000 ～ 2,500ml の水が必要となる。

問 22　　　解答　1

1　〇　銅の欠乏症には、貧血のほかに骨形成異常がある。
2　×　カルシウムの欠乏症には、**くる病**、骨粗しょう症、**骨軟化症**がある。結石はカルシウムの**過剰症**である。
3　×　ナトリウムは、主に**食事中**の食塩として摂取されている。欠乏症には**血圧低下**があるが、むしろ、過剰摂取で血圧上昇、動脈硬化、がんなどの生活習慣病を招くおそれがあり、注意が必要である。
4　×　リンは、加工食品に添加物として利用されており通常

問 23　　　解答　2

1　×　消化には、**物理的（機械的）**消化、**化学的消化**、**細菌学的（生物学的）**消化がある。なお、消化とは、食物を消化管内で吸収しやすい形に分解することをいう。
2　〇　そのほか、余剰分の血糖は、**体脂肪**となって皮下や腹腔内などに蓄えられる。
3　×　胃ではなく、**小腸**で行われる。
4　×　ビタミンの吸収ではなく、**ミネラル**の吸収を阻害する。フィチン酸は、米ぬかやふすまに含まれるリン酸化合物のひとつで、カルシウムなどの吸収を阻害することがある。ポリフェノールの一種のカテキンは、鉄の吸収を妨げるといわれている。

問 24　　　解答　2

1　×　初乳は、ラクトフェリン、リゾチームなどの**免疫物質**を多く含んでいる。
2　〇　記述のとおりである。離乳とは、母乳や育児ミルク等の乳汁栄養から、**幼児食に移行**する過程のことをいう。
3　×　間食は時間を決めて、総エ

ネルギーの 10 ～ 20 ％程度が望ましい。

4　×　学童期には、好きなものや決まったものしか食べないなどの食べ方の問題、食事時間の乱れ、欠食、個食、孤食、間食、夜食などの食習慣やその弊害など、**食生活と心の健康**に関する問題がみられるようになる。

問 25　　　　　　解答　4

1　×　アレルゲン（抗原）により起こるが、個人の体質による影響が**大きい**。

2　×　乳幼児の食物アレルギーの主要原因食品は、鶏卵、牛乳、**小麦**の割合が多い。

3　×　設問の記述は、**即時型**反応のことである。遅延型反応は、食物摂取後、数時間か数日後、さらに数週間後に発症するものもあり、反応まで時間がかかるため、原因に気づきにくいアレルギーである。

4　○　アナフィラキシーショックが起こった場合は、緊急に対応しなければ生命に危険が及ぶ状況である。

食品衛生学

問 26　　　　　　解答　2

1　×　食品安全基本法ではなく、

食品衛生法が正しい。

2　○　BSE は 1986 年にイギリスで初めて確認された。日本でも 2001（平成 13）年に BSE 牛が見つかり対策が取られてきた。そして、2004（平成 16）年には、牛トレーサビリティ法（牛の個体識別のための情報の管理及び伝達に関する特別措置法）が施行された。

3　×　生食用食肉の成分規格、加工基準が設定されたのは、**牛肉**に対してである。2011（平成 23）年に牛肉の生食による腸管出血性大腸菌食中毒が発生したことから設定された。

4　×　2001（平成 13）年には、遺伝子組換え食品に対する表示だけでなく、**安全性審査**も義務付けられ、不合格の場合は市場に出ないこととなった。

問 27　　　　　　解答　1

1　×　酢漬け法は、pH が**酸性**に傾くことにより、微生物の増殖が阻止される。

2　○　微生物の増殖には**水分**が必要である。乾燥法では、食品を乾燥させて微生物が増殖しにくい状態にして保存する。

3　○　長期間乾燥保存すると、脂質が変敗することが多いが、真空凍結乾燥（フリーズドライ）は、急速凍結した食品を**減圧**条件下で乾燥するため、傷み

栄養学

食品衛生学

が少ない。

4 ○　未開封なら、常温で3か月程度保存が可能である。

| 問28 | 解答　1 |

1 ○　食中毒は原因物質により、細菌性食中毒、ウイルス性食中毒、化学性食中毒、自然毒食中毒、寄生虫、その他に大別され、多発する**季節**、健康被害、**対処法**が異なる。

2 ×　ウイルス性食中毒の大半を占めるノロウイルス食中毒は、**冬季**に多く発生する。設問の記述は、細菌性食中毒のことである。

3 ×　ヒスタミンによる食中毒では、じんましん様の発疹などが現れる。設問の記述は、動物性自然毒の**フグ毒**のことである。フグ毒の神経毒は、神経マヒから呼吸困難に進み、致死率が高い。

4 ×　慢性中毒のほかに、多くの毒物が一度に体内に入って起こる**急性中毒**もある。

| 問29 | 解答　2 |

1 ○　調理の際には、清潔な手袋の使用や器具の消毒が重要であるが、手や指に膿のでる傷などのある人は、調理や食品の取り扱いに従事しないようにする。

2 ×　カンピロバクターの菌は家畜の**腸内**に生息し、特に鶏の保菌率が高い。食肉の生食を避け、**中心部**まで加熱調理して予防する。設問の記述は、腸炎ビブリオのことである。

3 ○　乳児ボツリヌス症は乳児特有の感染症であり、満1歳以上ではハチミツを与えても発病しないといわれている。なお、ボツリヌス菌食中毒の原因となる芽胞は大部分が易熱性であり、普通の調理で死滅する。

4 ○　ノロウイルス食中毒は、**冬季**に多発する。感染力が強く、10～100個の少量のウイルスの侵入だけでも感染する。

| 問30 | 解答　4 |

1 ×　消毒用アルコールは消毒効果がない。**次亜塩素酸ナトリウム**を用いて消毒する。

2 ×　新鮮さは予防にならない。二枚貝を生で、または加熱不十分のまま食べることを避ける。

3 ×　食品の中心温度85～90℃で90秒以上の加熱で不活性化する。

4 ○　回復後1週間が経過した患者の糞便から、ウイルスが検出されたことがある。

問31　　　　解答　4

　ヒスタミンによる食中毒は、**赤身**の魚肉に多く含まれている**ヒスチジン**から**ヒスタミン**が生成され、食後30分〜1時間後に発症する。顔面の紅潮、じんましん様の発疹など、アレルギーに似た症状を起こす。**ヒスタミンは加熱処理で分解されない**ので鮮度の管理が重要である。よって、Aには**赤身**、Bには**ヒスチジン**、Cには**ヒスタミン**、Dには**されない**が入るので、正しいものは**4**である。

問32　　　　解答　2

1　〇　フグ毒の成分はテトロドトキシンで、神経毒である。死亡する率は高い。

2　×　ソラニンの中毒症状は、30分〜数時間で吐き気、腹痛、めまい、のどの痛みなどを起こす。

3　〇　スイセンの毒の成分はリコリンである。30分以内におう吐、下痢、悪心などを起こす。葉が細いタイプのスイセンは、ニラに似ているため、花が咲いていないと間違えることがある。

4　〇　ほかの原因物質には、アマトキシンがある。30分〜数時間で腹痛、おう吐、下痢、けいれん、肝臓や腎臓の機能障害を起こす。

問33　　　　解答　4

1　×　クドア・セプテンプンクタータの感染源食品は、ヒラメである。−20℃で4時間以上の冷凍で**死滅する**。あるいは、75℃で5分間以上の加熱で死滅する。

2　×　アニサキスの感染源食品は、アジやサバなどの海産魚介類である。**酸に対して抵抗性があるので酢じめにしても死なない。**−20℃で24時間以上の冷凍、あるいは、60℃で1分間の加熱で死滅する。

3　×　トキソプラズマの感染源は、主に野生動物や猫の**糞便**に汚染された食品である。肉類は十分に熱処理する。−15〜−10℃で無毒化する。また、設問の記述は、旋毛虫のことである。

4　〇　サルコシスティス・フェアリーの感染源食品は、馬刺し肉（馬肉の**生食**）である。−20℃で48時間以上の冷凍で死滅する。

問34　　　　解答　2

1　×　洗浄は、食品の原材料、調理器具、容器などに付着した汚れや異物を水などで**取り除く**ことをいう。記述の説明は、消毒のことである。

2　〇　オゾン水は、殺菌後に酸素

問題　別冊　P.8〜10　　　247

食品衛生学

と水に戻るため、すすぎは**不要**である。

3 ✕　対象物の表面が濡れているほど、消毒効果は**弱まる。**

4 ✕　水道水の消毒は、水道法の規定により塩素によるものとなっており、その塩素消毒剤として、次亜塩素酸ナトリウムが使用**されている。**

問35	解答　1

1 〇　残留農薬は、人体に有害な影響を与えるおそれがあるため、食品衛生法には**残留基準**が決められている。

2 ✕　1日摂取許容量を超えない程度ではなく、大幅に**低くなっ**ている。農薬摂取量調査については、消費者が購入した食材を通常のやり方で調理して、残留農薬量を測定するというマーケットバスケット調査が、1991（平成3）年度から実施されている。

3 ✕　一律基準は、0.1ppm ではなく、**0.01ppm** である。一律基準を超えた農薬等が残留する食品の販売等を原則禁止するポジティブリスト制度が、導入されている。

4 ✕　ポジティブリスト制度の対象と**なっていない。**なお、天敵農薬とは残留しないことが明白な物質、特定農薬とは食品に残留しても人の健康を損

なうおそれがないことが明白な物質のことである。

問36	解答　3

1 ✕　規格・表示の適正化は、**消費者基本法**第14条と第15条に規定されている。

2 ✕　製造物責任は、**製造物責任法**第3条に規定されている。

3 〇　食品表示基準は、**食品表示法**第4条、5条に規定されている。消費者が食品を安全に摂取し、自主的かつ合理的に選択するために必要と認められる事項を、販売する食品に表示しなければならない。

4 ✕　優良誤認表示は、**不当景品類及び不当表示防止法**（景品表示法）第5条に規定されている。

問37	解答　4

1 ✕　食品衛生法第18条に定められている。

2 ✕　120 ～ 140℃以上のオーブンには**適さない。**電子レンジでの加熱が可能なものはある。

3 ✕　メラミン樹脂製の食器の耐熱温度は約110℃である。

4 〇　これらの製品には、有害金属のカドミウムや鉛が溶出しないよう規格値が定められており、規格試験に合格しなけ

れば使用できない。

問38　　　解答　2

1　✕　保菌していても症状が出ない場合もあるので、月1回（学校給食調理従事者は月2回）は**検便**を受けて、健康を確かめる必要がある。

2　○　洗濯できる仕事着と帽子を着用し、常に清潔を心がける。

3　✕　化膿菌が食物について口に入り、**食中毒**を起こす危険性があるため、調理の仕事をしてはならない。

4　✕　食中毒や感染症の原因菌などを調理室に持ち込むおそれがあるので、調理室に入るときは指輪や腕時計を**着用しない**。

問39　　　解答　1

1　○　営業許可については食品衛生法第55条に示されている。

2　✕　食品安全基本法は、食品の安全性の確保に関する施策を総合的に推進することを目的としている。設問の記述は、**食品衛生法**第1条に示されている一部である。

3　✕　2法ではなく、**健康増進法**を加えた3法それぞれの食品表示に関する措置が統合されている。

4　✕　PL法（製造物責任法）は、

製造業者に損害賠償を負わせることにより被害者を適切に**救済する**ことを目的としている。設問の記述は、**消費者基本法**第1条に示されている一部である。

問40　　　解答　4

1　○　NASAのアポロ計画の中で宇宙食開発のために考案された、衛生管理手法である。

2　○　大規模事業者であっても、小規模な営業者等であっても、原則、すべての食品等事業者（食品の製造・加工、調理、販売等）にHACCPに沿った衛生管理の実施が制度化された。

3　○　大量調理施設衛生管理マニュアルは、厚生労働省が**集団給食施設**などでの食中毒発生を防止するために作成したものである。

4　✕　HACCPシステムが有効に機能するためには、**一般的衛生管理プログラム**の整備と実行が必要である。

食品衛生学

調理理論

調理理論

問41　　　解答　1

1　○　記述のとおりである。そして、食材に調理操作をして食物に変えることは、人間に特有の行為である。

2 ✕ 食品の栄養効率や嗜好性を高め、同時に**安全性を向上さ**せることが調理の役割である。

3 ✕ 人間が食文化を確立した要因には、道具の使用、加熱調理のほかに、**調味料による味付け**という3つの調理技術の獲得がある。

4 ✕ 調理は人の食物摂取行動の最終段階を受け持つものであり、調理の仕事が消えることはないといえる。食材においしさや意義を付与して食物にするという調理は、**人間の生活にとって大切な**ものである。

問 42	解答　3

1 〇 吸水するもの、塩や洗剤が浸透するものは、水だけで洗う。切った野菜、米のほかに、乾物類、こんにゃく、ゆでためん類などがある。

2 〇 表面がかたく汚れの多いものには、ブラシなどを使って洗う。

3 ✕ 塩は、**魚介類やさといも**など、ぬめりのあるものに用いて洗う。なお、切り身の魚や肉は、洗わずに用いる。

4 〇 あくが強いものは加熱後に洗う。

問 43	解答　1

1 〇 2枚おろしの下身から中骨

をとったものが、3枚おろしである。

2 ✕ ろ過とは、食品に圧力を加えず自然の重力で液を**分ける**操作である。設問の記述は圧搾のことである。

3 ✕ 隠し包丁とは、大型の食品の姿や形を保ちながら、内部まで熱を伝え、味をムラなく浸透させたいときに、**見えない部分に切り目を入れる**ことである。設問の記述は、飾り包丁のことである。

4 ✕ 圧搾とは、食品に**圧力を**加え、液を分ける操作である。設問の記述は、粉砕のことである。粉砕とは、食品に圧力を加えて、粉状、大根おろしなどのパルプ状、ひき肉などのペースト状に変形させる操作である。

問 44	解答　4

干ししいたけは、ひたひたの水に20分浸す。切り干し大根は、水に15分浸す。あずきは、水に浸さずにそのまま60〜90分ゆでる。即席わかめは水に5分浸す。よって、正しいものは**4**である。

問 45	解答　1

1 ✕ わさび、からしは、鼻へ抜ける辛味（シャープな辛味）がある。焼けるような辛味

（ホットな辛味）があるものは、**とうがらし、白・黒こしょう、さんしょう、しょうが**である。

2 ○　ねぎ、にんにくは、鼻へ抜ける（**シャープな辛味**）がある。

3 ○　香りの作用があるものには、バニラ、ナツメグ、セロリ、**みょうが、ゆず**などもある。

4 ○　パプリカやシナモンにも着色の作用がある。

問 46	解答　4

1 ✕　ゼラチンと寒天が逆である。ゼラチンは 2 〜 3 %以上、寒天は 0.5 〜 1 %以上の濃度のとき、冷やすと固まる。

2 ✕　離漿とは、寒天ゼリーから水が出てくることをいう。寒天や砂糖の濃度が高いほど起こりにくい。

3 ✕　固まらなくなるのは、ゼラチンである。たんぱく質分解酵素を含むものを加えると、ゼラチンの主成分であるたんぱく質が分解し固まらなくなる。

4 ○　カラギーナンは、ミネラル（特にカルシウム）とのゲル化力が強いという特徴がある。牛乳にはカルシウムが含まれており、ゲル化しやすい。

問 47	解答　2

1 ✕　無洗米は糠を除いた米のことである。無洗米は洗米せずに炊飯するので、洗米中に吸収する水量を足す必要がある。よって、水加減はやや**多め**にする。

2 ○　たっぷりの水で洗い、米粒表面の糠が離れたら戻らないうちにすすいで、水を手早く捨てる。

3 ✕　でん粉の糊化には、98℃以上で 20 分間の加熱が必要である

4 ✕　加熱後の蒸らしは、**ゆっくり温度を下げる**のが目的であるため、途中でふたを開けたりかき混ぜたりしない。

問 48	解答　2

1 ✕　巻きすは、**圧搾用器具**である。ほかに、のし棒、肉たたき、押し枠などがある。

2 ○　すり鉢は、**磨砕用器具**である。ほかに、おろし金、ポテトマッシャーなどがある。

3 ✕　スライサーは、**切砕・成型用器具**である。ほかに、包丁、まな板、氷かき、フードカッターなどがある。

4 ✕　シノワは、**ろ過用器具**である。ほかに、裏ごし器、粉ふるいなどがある。

調理理論

精進揚げ（れんこん、いも）は、160〜180℃で3分揚げる。よって、誤っているものは**2**である。

問50　　　　　　　解答　4

1 ○　同じ作用の料理に、**プディング**がある。

2 ○　同じ作用の料理に、**饅頭**がある。

3 ○　同じ作用の料理に、**泡（淡）雪かん**がある。

4 ×　おはぎは、でん粉の**老化**を防ぐ作用の調理例である。微生物の発育を防ぎ、腐敗を防ぐ作用の例としては、ようかんや砂糖漬け、ジャムがある。

問51　　　　　　　解答　4

1 ×　アントシアニンは、野菜や果物の赤、青、紫色の色素で、**酸性**では赤色に、アルカリで青または紫色になる。

2 ×　クロロフィル（葉緑素）は、光、酸や加熱で**退色**する。汁物に青菜を入れる場合は、火からおろす間際にする。

3 ×　小麦ではなく、**緑黄色野菜**やかんきつ類に含まれるカロテノイドが正しい。小麦に含まれる色素は**フラボノイド**で水溶性である。

4 ○　カニやエビを**加熱**すると、結合していたたんぱく質と色素が分離と酸化を起こし、赤い色が現れる。

問52　　　　　　　解答　1

1 ×　**加熱後、材料が十分に軟化**してから調味料を加える。

2 ○　分量の調味料を一気に入れると、豆の水分が絞り出され豆が縮んで**硬くなり、しわが**寄る原因になる。したがって、調味料は数回に分けて入れるようにする。

3 ○　加熱中、野菜の変形や脱水を避けるために、調味料は**最後**に加える。

4 ○　揮発性香気成分を含む酢、しょうゆ、みそは、加熱の最後に加える。したがって、味付けの順は、さ（**砂糖**）→し（**塩**）→す（**酢**）→せ（せうゆ。**しょうゆのこと**）→そ（**みそ**）となる。

問53　　　　　　　解答　4

1 ○　長く水にさらしておくと、細胞膜のペクチンが水中の**無機質**と結合してかたくなり、煮えにくくなる。

2 ○　重曹の**アルカリ**により、豆のしわがなくなり、やわらかく仕上がる。

3 ○　洗米後、浸漬を省いてすぐに加熱すると、中心にかたい

芯が残ることがあるので、気温や水温に応じて夏は30分～1時間、冬は1～3時間程度浸漬して**吸水**させる。

4 ×　酸化されるのはビタミンCである。食品中のビタミンCは、空気に触れると酸化されやすく、ミキサーにかけるとかなり酸化が進む。

加熱ムラや調味の不均一が起こりやすい。

2 ×　加熱条件は、明らかに**影響する**。

3 ○　消火した後の余熱を考慮した加熱条件とする。

4 ×　和え物は、早くに和えると水が出てくるので、**提供直前**に調味する。

問 54	解答　2

1 ×　魚を焼く20～30分前に食塩をまぶす。これは、魚の体表面のたんぱく質を溶かすと同時に、焼いたときの表面の熱凝固を助けるためである。

2 ○　牛乳やみそに含まれる**たんぱく質**には、魚の生臭みを吸着する効果がある。

3 ×　肉色素の**ミオグロビン**が灰褐色に変化する。また、アスタキサンチンは、サケやエビ、カニなどに多く含まれている赤色の天然色素（カロテノイド）の一種である。

4 ×　アルカリ性ではなく、**酸性**が正しい。卵白が弱酸性になると、泡立ちやすくなるため、レモン汁など酸性のものを少量加えるとよい。

問 55	解答　3

1 ×　蒸発率が**低い**ため、加える水（だし汁）の量が少なく、

問 56	解答　4

1 ×　新調理システムには、**クックチルシステム**、**クックフリーズシステム**、**真空調理法**、外部加工品の活用がある。クックサーブ（当日調理、当日喫食）は、従来の調理方式である。

2 ×　ブラストチラーは、**急速冷却装置**の一種であるが、設問の記述はタンブルチラーのことである。タンブルチラーは、加熱調理後パック詰めしたスープやカレーなどの液体状の調理品を冷却するのに用いる。

3 ×　一次加熱は58～95℃の低温で長時間行う。再加熱は中心温度75℃以上で1分間以上（ノロウイルス汚染のおそれのある食品の場合は85～90℃で90秒間以上）とする。

4 ○　既製品を利用する場合と、仕様書によって生産を委託する場合がある。

調理理論

　問題 [別冊] P.14～16　*253*

食文化概論

ス量の推計を開始した平成24年度以降の最少値となっている。

問 57　　　　　　解答　**3**

人の食文化を象徴するものは、**道具の使用、火の利用、食物の味付け**の3つである。よって、正しいものは**3**である。なお、安全性、栄養性、嗜好性は、食物の基本的条件である。

問 58　　　　　　解答　**2**

長江（揚子江）上流域の西方系（四川菜）の代表的な料理は、**麻婆豆腐、搾菜**である。東坡肉は、長江（揚子江）下流域の東方系（上海菜）の代表料理である。よって、誤っているものは**2**である。

問 59　　　　　　解答　**2**

三重県の郷土料理は、**めはり寿司**である。柿の葉寿司は、奈良県の郷土料理である。よって、誤っているものは**2**である。なお、郷土料理の寿司には、大阪府のばってら、和歌山県の雀寿司、千葉県の太巻き寿司などがある。

問 60　　　　　　解答　**3**

1　○　食品ロス削減推進法は、2019（令和元）年5月に公布され10月1日に施行された。

2　○　令和3年度の食品ロス量は523万トンである。食品ロ

3　×　2022（令和4）年の供給熱量自給率は38％で、40％未満である。日本の自給率は、世界水準からみてもきわめて低くなっている。

4　○　2022（令和4）年の鶏卵の自給率は97％であるが、鶏の飼料は輸入でまかなっているので、真の自給率であるとは言えない。

254

食事バランスガイド

運動
水・お茶

1日分

5〜7つ(SV) **主食**(ごはん、パン、麺)
ごはん(中盛り)だったら4杯程度

5〜6つ(SV) **副菜**(野菜、きのこ、いも、海藻料理)
野菜料理5皿程度

3〜5つ(SV) **主菜**(肉、魚、卵、大豆料理)
肉・魚・卵・大豆料理から3皿程度

2つ(SV) **牛乳・乳製品**
牛乳だったら1本程度

2つ(SV) **果物**
みかんだったら2個程度

菓子・嗜好飲料 楽しく適度に

厚生労働省・農林水産省決定

料 理 例

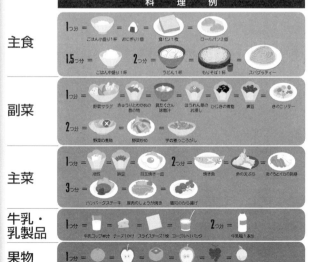

主食
1つ分 = ごはん小盛り1杯 = おにぎり1個 = 食パン1枚 = ロールパン2個
1.5つ分 = ごはん中盛り1杯　2つ分 = うどん1杯 = もりそば1杯 = スパゲッティー

副菜
1つ分 = 野菜サラダ = きゅうりとわかめの酢の物 = 具たくさん味噌汁 = ほうれん草のお浸し = ひじきの煮物 = 煮豆 = きのこソテー
2つ分 = 野菜の煮物 = 野菜炒め = 芋の煮っころがし

主菜
1つ分 = 冷奴 = 納豆 = 目玉焼き一皿　2つ分 = 焼き魚 = 魚の天ぷら = まぐろとイカの刺身
3つ分 = ハンバーグステーキ = 豚肉のしょうが焼き = 鶏肉の空揚げ

牛乳・乳製品
1つ分 = 牛乳コップ半分 = チーズ1かけ = スライスチーズ1枚 = ヨーグルト1パック　2つ分 = 牛乳瓶1本分

果物
1つ分 = みかん1個 = りんご半分 = かき1個 = 梨半分 = ぶどう半房 = 桃1個

※SVとはサービング(食事の提供量の単位)の略

「食事バランスガイド」とは、毎日の食事を5つ（主食、副菜、主菜、牛乳・乳製品、果物）に区分し、区分ごとに「**SV（サービング）**」という単位を用いて、**1日**に「**何を**」「**どれだけ**」食べたらよいかをコマのイラストで示したものです。（厚生労働省・農林水産省決定）

255

本書の正誤情報等は、下記のアドレスでご確認ください。
http://www.s-henshu.info/crkm2312/

上記掲載以外の箇所で正誤についてお気づきの場合は、**書名・発行日・質問事項**（該当ページ・行数・問題番号**などと誤りだと思う理由**）・**氏名・連絡先**を明記の上、お問い合わせください。
・webからのお問い合わせ：上記アドレス内【正誤情報】へ
・郵便またはFAXでのお問い合わせ：下記住所またはFAX番号へ
※電話でのお問い合わせはお受けできません。

[宛先]コンデックス情報研究所
「調理師試験過去問題集'24年版」係
住　所：〒359-0042　所沢市並木3-1-9
FAX番号：04-2995-4362(10:00〜17:00　土日祝日を除く)

※**本書の正誤以外に関するご質問にはお答えいたしかねます。**また、受験指導などは行っておりません。
※ご質問の受付期限は、2024年11月末までの各試験日の10日前必着といたします。
※回答日時の指定はできません。また、ご質問の内容によっては回答まで10日前後お時間をいただく場合があります。
あらかじめご了承ください。

■編著：コンデックス情報研究所
1990年6月設立。法律・福祉・技術・教育分野において、書籍の企画・執筆・編集、大学および通信教育機関との共同教材開発を行っている研究者・実務家・編集者のグループ。

調理師試験 過去問題集 '24年版

2024年1月30日発行

編　著　コンデックス情報研究所
　　　　　　　　じょうほう けんきゅうしょ

発行者　深見公子

発行所　成美堂出版
　　　　〒162-8445　東京都新宿区新小川町1-7
　　　　電話(03)5206-8151　FAX(03)5206-8159

印　刷　大盛印刷株式会社

©SEIBIDO SHUPPAN 2024　PRINTED IN JAPAN
ISBN978-4-415-23771-8
落丁・乱丁などの不良本はお取り替えします
定価はカバーに表示してあります

予想模試

次の注意事項をよく読んでから、始めてください。

＜注意＞

1　これは試験予想問題です。問題は 60 問です。

2　制限時間は 120 分です。

3　答えは、本冊 236 ページの解答用紙に記入してください。

4　答えは、各問題とも 1 つだけです。2 つ以上の解答をしたもの、判読が困難なものは、正解としません。

5　解答・解説は本冊解答・解説の 238 ページから、解答一覧は本冊解答・解説の 237 ページです。

矢印の方向に引くと問題が取り外せます。

成美堂出版

〔科目名〕	〔問題数〕
公衆衛生学	10問
食品学	6問
栄養学	9問
食品衛生学	15問
調理理論	16問
食文化概論	4問

公衆衛生学

問 1 次の健康の概念に関する記述について、正しいものを 1 つ選びなさい。

1 プライマリー・ヘルス・ケアとは、「すべての人に健康を」を基本理念とした総合的な保健医療活動であり、WHO がオタワ憲章において提唱した。

2 日本国憲法は、健康で文化的な最低限度の生活を営む権利と公衆衛生の向上、増進への努力を定めている。

3 ヘルスプロモーションの概念は、日本の健康増進法に組み込まれている。

4 現代では、生活の質を高めることが健康の証ではなく、単に長生きすることが重要視されている。

問 2 次の公衆衛生を担う国際機関に関する語句の組み合わせについて、誤っているものを 1 つ選びなさい。

1 UNICEF———————— 国連環境計画
2 FAO ———————— 国連食糧農業機関
3 ILO ———————— 国際労働機関
4 WHO———————— 世界保健機関

問 3 健康づくり対策に関する記述について、誤っているものを 1 つ選びなさい。

1 平成 27 年には、労働安全衛生法に基づき、職場においてストレスチェックの実施が義務化されている。

2 健康日本 21（第三次）では、未成年者の飲酒や喫煙を無くすことを目標の一つとしている。

3 厚生労働省が策定した「健康づくりのための身体活動指針（アクティブガイド）」では、「＋ 10（プラステン）：今より 10 分多く体を動かそう」等の指針が示されている。

4 平成 20 年から、医療保険者が実施主体となって 65 歳以上の被保険者、被扶養者に対する特定健康診査（特定健診）の実施が義務化されている。

解答・解説 本冊 P.238

問 4　衛生統計に関する記述について、**誤っているもの**を 1 つ選びなさい。

1　人口動態統計は、特定の一時点における人口集団の特性を把握する統計である。

2　我が国の死亡率が上昇傾向にあるのは、高齢者人口割合の増加によるものである。

3　我が国の高齢化は今後も進むとされ、2025 年には高齢化率が 30％に至ると推定されている。

4　有訴者率や通院者率は、国民生活基礎調査から求められる。

問 5　令和 4 年における悪性新生物（がん）の部位別死亡数についての記述で、（　　）に入る語句の組み合わせとして、正しいものを 1 つ選びなさい。

厚生労働省が発表した令和 4 年悪性新生物の部位別死亡数を見ると、男性では（　ア　）が最も多く、平成 5 年以降第 1 位である。女性では（　イ　）と肺が多く、（　イ　）は平成 15 年以降第 1 位である。

	（　ア　）	（　イ　）
1	胃 ———————————	大腸
2	肺 ———————————	乳房
3	大腸 ———————————	乳房
4	肺 ———————————	大腸

問 6　次の喫煙に関する記述の（　　）に入る語句の組み合わせとして、正しいものを 1 つ選びなさい。

「タバコの煙に含まれる成分のうち、健康上最も有害な成分は（　ア　）、（　イ　）および（　ウ　）と考えられている。（　イ　）には発がん性はないが、依存性がある。一方、（　ウ　）には発がん性があるが、依存性はない。なお、健康日本 21（第三次）では、20 歳未満の喫煙率を（　エ　）％にする目標を掲げている。」

	（　ア　）	（　イ　）	（　ウ　）	（　エ　）
1	一酸化炭素	タール	ニコチン	0
2	二酸化炭素	ニコチン	タール	12
3	一酸化炭素	ニコチン	タール	0
4	二酸化炭素	タール	ニコチン	12

問 7　次の感染症のうち、病原体が細菌であるものを 1 つ選びなさい。

1　麻しん
2　エボラ出血熱
3　結核
4　インフルエンザ

問 8　廃棄物処理に関する記述について、正しいものを 1 つ選びなさい。

1　廃棄物の処理は、循環型社会形成推進基本法に基づき、循環型社会の形成のための施策の一環として進められている。
2　産業廃棄物は循環的利用ができないが、一般廃棄物は循環的利用が可能である。
3　一般廃棄物は、排出事業者の責任で処理しなければならない。
4　一般廃棄物のごみの排出量は、増加傾向が続いている。

問 9　次の産業保健・学校保健に関する記述について、正しいものを 1 つ選びなさい。

1　労働者となる最低年齢は、原則として 16 歳と定められている。
2　6 週間以内に出産予定の女性が休業を申請した場合においても、業務の状況に応じて、雇用主は就業を続けさせることができる。
3　学校保健安全法は、児童生徒の健康の保持増進を図ることを目的としている。
4　学校給食法では、適切な栄養摂取による健康の保持増進、社交性を養うこと、伝統的食文化について理解を深めることなどを、目標として設定されている。

問 10　次のうち、変更が生じたときに調理師名簿の訂正を申請しなければならない事項として、適切でないものを 1 つ選びなさい。

1　氏名
2　本籍地都道府県
3　生年月日
4　業務に従事する場所の所在地および名称

食品学

問 **11** 次の食品の表示に関する記述について、<u>誤っているもの</u>を 1 つ選びなさい。

1 食品衛生法、健康増進法、JAS 法の 3 法の食品表示に関する規定を統合した「食品表示法」が平成 27 年 4 月から施行された。

2 「食品表示法」では、アレルギーの不適切表示や原産地の偽装表示に対して罰則が設けられている。

3 消費期限は、定められた方法により保存した場合において、品質の劣化にともない、安全性を欠くことがないと認められる期限をいう。

4 アレルギー物質は、重篤度、症例数の多い卵、乳、小麦、そば、大豆、えび、かに、くるみの 8 品目を特定原材料として、表示が義務付けられている。

問 **12** 食品に関する記述について、正しいものを 1 つ選びなさい。

1 生きていく上で欠くことのできない食品の成分は、たんぱく質、脂質、炭水化物、無機質、ビタミンの 5 大栄養素と水である。

2 食品の種類は、大別すると植物性食品、動物性食品、その他の食品の 3 つに分類できる。

3 食品は、栄養性に富むことが第一である。

4 食品の摂取栄養素量を百分率で示したものが消化吸収率である。

問 **13** 次の食品の特徴と性質に関する記述について、<u>誤っているもの</u>を 1 つ選びなさい。

1 ブロッコリーは花菜類に分類される。

2 じゃがいもは発芽時の芽、緑変した皮に、ソラニン、チャコニンというアルカロイド配糖体の毒素がある。

3 魚介類には旬があり、魚類では脂肪とグリコーゲンの多い時期、貝類は脂肪の多いいわゆる脂の乗った時期をいう。

4 キャサバ（キャッサバ）には甘味種と苦味種があり、苦味種はシアン化合物（青酸配糖体）を含む。

問 14 食用油脂とその原材料の組み合わせで、正しいものを１つ選びなさい。

1 バター ——————— 硬化油
2 マーガリン ——————— 乳脂肪
3 ヘット ——————— 豚の脂肪
4 魚油 ——————— イワシ

問 15 食品の加工に関する記述について、正しいものを１つ選びなさい。

1 みそは、蒸して煮た大豆、塩、米や大麦に麹を加え、発酵させてつくる。
2 ジャムは、果実に砂糖、ペクチン、重曹などを加えて煮詰めてつくる。
3 ベーコンは、豚のもも肉やロース肉を食塩、硝石（亜硝酸ナトリウム）、香辛料などを加えた液で塩漬けした後、燻煙してつくる。
4 マヨネーズは、牛乳およびクリームを主原料として、酢やサラダ油を混ぜながら強く攪拌し、乳化させてつくる。

問 16 食品の貯蔵に関する組み合わせとして、誤っているものを１つ選びなさい。

1 乾燥法 ——————— 乾麺、乾しいたけ、切り干し大根
2 CA貯蔵 ——————— 食肉、魚介類
3 紫外線照射法 ——————— 清涼飲料水
4 放射線照射法 ——————— じゃがいもの発芽防止

栄 養 学

問 17 栄養素とその性質の組み合わせで、誤っているものを１つ選びなさい。

1 炭水化物 ——————— 糖質と食物繊維に大別される。
2 コレステロール ——————— 誘導脂質の１つである。
3 たんぱく質 ——————— 炭素、酸素、水素で構成される。
4 無機質 ——————— ヘモグロビンの成分である。

問 **18** 炭水化物に関する記述について、誤っているものを 1 つ選びなさい。

1 でんぷんは、ぶどう糖がたくさん集まったものである。

2 ぶどう糖は、人の血液中に血糖として約 0.1％含まれる。

3 炭水化物が体内でエネルギーとして利用されるとき、必ずビタミン B_2 が必要となる。

4 不溶性の食物繊維には、セルロース、リグニン、キチン、キトサンなどがある。

問 **19** 脂質に関する記述について、正しいものを 1 つ選びなさい。

1 脂肪酸は、二重結合をもつ飽和脂肪酸と、二重結合をもたない不飽和脂肪酸に分けられる。

2 飽和脂肪酸のなかで体内で合成できない脂肪酸を、必須脂肪酸という。

3 LDL コレステロールは、運動不足などにより過剰になると、動脈硬化を引き起こす。

4 日本人の食事摂取基準（2020 年版）では、エネルギー産生栄養バランスとしての脂質の目標量は、1 歳以上の全ての年齢で、総エネルギーの 30 〜 40％としている。

問 **20** ビタミンに関する記述について、正しいものを 1 つ選びなさい。

1 ビタミン A、D、E、K はいずれも油脂に溶けやすい。

2 ビタミン E は、正常な骨形成を促進する。

3 ビタミン B_1 は、主に脂質の代謝に補酵素としてかかわっている。

4 脂溶性ビタミンは、尿中に排出されるため、過剰症は生じない。

問 **21** 水に関する記述について、誤っているものを 1 つ選びなさい。

1 各栄養素、酸素、老廃物の運搬に役立つ。

2 体成分の溶媒として働く。

3 体温調節を行う。

4 1 日当たりの摂取必要量は、成人の場合、1,500ml である。

問**22** 無機質とその主な欠乏症に関する組み合わせのうち、正しいものを 1 つ選びなさい。

（無機質）　　　　　　　（主な欠乏症）

1 銅 ―――――――― 貧血
2 カルシウム ――――― 結石
3 ナトリウム ――――― 血圧上昇
4 リン ――――――― 腎機能低下

問**23** 消化吸収に関する記述について、正しいものを 1 つ選びなさい。

1 消化は、物理的（機械的）消化、化学的消化に大別される。
2 余剰分の血糖は、グリコーゲンとして肝臓と筋肉に蓄えられる。
3 栄養素の吸収のほとんどは胃で行われる。
4 フィチン酸（リン酸化合物）やポリフェノールは、ビタミンの吸収を阻害する。

問**24** 次の小児栄養に関する記述について、正しいものを 1 つ選びなさい。

1 分娩後 3 〜 4 日頃の母乳（初乳）中に含まれる免疫物質はほとんどない。
2 離乳食は生後 5、6 か月ごろから始め、12 〜 18 か月ごろには完了する。
3 幼児期の間食は時間を決めて与え、目安としては総エネルギーの 30％程度が望ましい。
4 学童期には、食生活と心の健康に関する問題はまったくみられない。

問**25** 食物アレルギーに関する記述について、正しいものを 1 つ選びなさい。

1 食物アレルギーは、アレルゲン（抗原）により起こるため、個人の体質による影響はない。
2 乳幼児では、鶏卵、牛乳、大豆の摂取が原因となることが多い。
3 食物アレルギーのほとんどは、食物摂取後 1 〜 2 時間以内、特に 15 分以内に多くの症状が現れる遅延型反応である。
4 アナフィラキシーショックは、血圧低下や意識障害を伴い、生命に危険をもたらす。

解答・解説 本冊 P.243 〜 245

食 品 衛 生 学

問 **26** 食品安全行政の主な動向に関する記述について、正しいものを 1 つ 選びなさい。

1 食品安全基本法の一部改正により、食品事業者に対して HACCP に沿った 衛生管理が制度化された。

2 牛トレーサビリティ法が施行され、国産牛肉の個体情報などが提供されて いる。

3 鶏肉や豚肉を生食用として販売するための成分規格、加工基準が設定され た。

4 遺伝子組換え食品は、義務付けられた表示を行えば、販売が認められる。

問 **27** 食品の保存法に関する記述について、誤っているものを 1 つ選びな さい。

1 酢漬け法は、pH がアルカリ性に傾くことにより、微生物の増殖が抑制さ れる原理を応用したものである。

2 乾燥法では、通常、食品中の水分を 15％以下にする。

3 真空凍結乾燥（フリーズドライ）は、食品の組織や風味の損失が少ないと いう特徴がある。

4 LL 牛乳（ロングライフミルク）は、140 ～ 150℃で 2 ～ 3 秒滅菌し、紙 にアルミ箔を貼り合わせた容器に無菌的に充填し、空気と光を遮断したも のである。

問 **28** 食中毒に関する記述について、正しいものを 1 つ選びなさい。

1 食中毒は、飲食物によって起こる腹痛、嘔吐、下痢、発熱などの症状や神 経障害などの健康障害を生じる疾病である。

2 ウイルス性食中毒は例年 5 ～ 10 月にかけて発生し、特に 7 ～ 9 月に多く 発生する傾向がある。

3 ヒスタミンによる食中毒では、神経マヒなど神経症状を呈するものもある。

4 化学性食中毒の発生は、慢性の型のみである。

問 29 食中毒の原因物質に関する記述について、誤っているものを 1 つ選びなさい。

1 黄色ブドウ球菌は、人の鼻腔内や化膿した傷に存在している。原因食品は、調理従事者の化膿巣からの汚染と考えられている。

2 カンピロバクター食中毒の主な原因食品は、海産の魚介類およびその加工品である。予防方法は、低温（5℃以下）で保存すること、加熱処理することなどである。

3 ボツリヌス菌が原因の乳児ボツリヌス症では、ハチミツが原因食品となることが多い。

4 ノロウイルスは、経口・飛沫感染で人の小腸に入り増殖し、潜伏期間は通常 24 ～ 48 時間である。

問 30 ノロウイルスに関する記述について、正しいものを 1 つ選びなさい。

1 消毒には消毒用アルコールが最も有効である。

2 予防には新鮮な二枚貝を選ぶ。

3 食品の中心温度 75℃で 1 分間以上の加熱で不活性化する。

4 ノロウイルスによる胃腸炎の症状が回復した後でも、患者からノロウイルスは排出される。

問 31 ヒスタミンによる食中毒に関する記述で、（　　）に入る語句の組み合わせとして、正しいものを 1 つ選びなさい。

ヒスタミンによる食中毒は、（　A　）の魚肉に多く含まれている（　B　）から（　C　）が生成され、それを食べることにより発症する。（　C　）は調理加熱で分解（　D　）。

	（ A ）	（ B ）	（ C ）	（ D ）
1	白身	ヒスタミン	ヒスチジン	される
2	白身	ヒスチジン	ヒスタミン	されない
3	赤身	ヒスタミン	ヒスチジン	される
4	赤身	ヒスチジン	ヒスタミン	されない

問**32** 自然毒による食中毒に関する記述について、<u>誤っているもの</u>を１つ選びなさい。

1 フグ毒による食中毒で死亡することがある。

2 ジャガイモのソラニンを摂取すると、食後30分～３時間で末梢神経麻痺を起こす。

3 スイセンは、ニラと誤用され、食中毒を起こすことがある。

4 毒きのこに含まれる原因物質の一つに、ムスカリンがある。

問**33** 寄生虫に関する記述について、正しいものを１つ選びなさい。

1 クドア・セプテンプンクタータは、－20℃で４時間以上冷凍しても死滅しない。

2 アニサキスは、酸に対して抵抗性がない。

3 トキソプラズマによる食中毒は、加熱不十分な熊肉の喫食が原因となることが多い。

4 サルコシスティス・フェアリーによる食中毒の症状は、急激な一過性の下痢、嘔吐である。

問**34** 洗浄と消毒に関する記述について、正しいものを１つ選びなさい。

1 洗浄とは、食品の原材料、調理器具、容器などに付着した微生物を死滅させることをいう。

2 オゾン水で野菜・果物を殺菌した後のすすぎは、不要である。

3 消毒用エタノールは、対象物の表面が水で濡れているほど、消毒効果が高い。

4 次亜塩素酸ナトリウムは、飲料水の消毒には用いられない。

問35 食品中の残留農薬に関する記述について、正しいものを1つ選びなさい。

1 残留農薬とは、農作物の病害虫駆除や除草などのために使用された農薬が、農・畜産物、土壌などに残留したものをいう。
2 国民の農薬摂取量調査の結果、実際の農薬摂取量は1日摂取許容量を超えない程度である。
3 基準が定められていない農薬等について、一律基準（0.1ppm）を超えて含まれる食品の流通を原則禁止している。
4 天敵農薬・特定農薬も、ポジティブリスト制度の対象となっている。

問36 食品表示法に規定されているものとして、正しいものを1つ選びなさい。

1 規格・表示の適正化
2 製造物責任
3 食品表示基準
4 優良誤認表示の禁止

問37 次の器具、容器包装とその原材料に関する記述について、正しいものを1つ選びなさい。

1 食品衛生法では、器具、容器包装の規格基準は定められていない。
2 プラスチック製品は、120〜140℃以上のオーブンの加熱にも適している。
3 メラミン樹脂製の食器の耐熱温度は約210℃である。
4 ガラス、陶磁器、ホーロー製品は、絵付けに用いられる有害金属の溶出についての規制がある。

問38 食品取扱者の衛生管理に関する記述について、正しいものを1つ選びなさい。

1 消化器症状がなければ、検便を受ける必要はない。
2 調理業務に従事する際は、清潔な仕事着と帽子を着用する。
3 手指に化膿した傷があるときは、手袋を着用して調理の仕事をする。
4 指輪や腕時計は、着用したまま調理業務に従事してよい。

問39 法律に関する記述について、正しいものを1つ選びなさい。

1 食品衛生法は、飲食店の営業許可について規定している。
2 食品安全基本法は、飲食によって起こる衛生上の危害の発生を防止し、もって国民の健康の保護を図ることを目的としている。
3 食品表示法は、食品衛生法と農林物資の規格化及び品質表示の適正化に関する法律（JAS法）の2法の食品表示に関する措置を統合した法律である。
4 PL法（製造物責任法）は、国民の消費生活の安定および向上を確保することを目的としている。

問40 HACCPに関する記述について、誤っているものを1つ選びなさい。

1 基本概念は1960年代にアメリカのNASAで考案された。
2 すべての食品事業者に対して、HACCPに沿った衛生管理に取り組むことが制度化されている。
3 大量調理施設衛生管理マニュアルは、HACCPの概念に基づいて、調理過程における重要管理事項をまとめたものである。
4 HACCPプランが作成されれば、一般的衛生管理プログラムの整備は必要ない。

調理理論

問41 調理の意義と目的に関する記述について、正しいものを1つ選びなさい。

1 人間は、火や道具の利用によって調理、加工して食べる習慣を、食文化としてもっている。
2 調理の役割は、食品の栄養効率や嗜好性を高めることにあり、安全性には関与しない。
3 道具の使用と加熱調理の2つが、人間が食文化を確立した要因である。
4 加工品と調理した食品の区別が次第になくなってきたため、食事計画（献立構成）から食卓構成（盛りつけ、配膳）までを考える調理の仕事は、ほぼ消えてしまった。

問42 洗浄方法と主な食品の組み合わせとして、<u>誤っているもの</u>を１つ選びなさい。

　　　　（洗い方）　　　　　　　　　　（主な食品）
1 水だけで洗う ─────── 切った野菜、米　など
2 ブラシなどを使い洗う ── 根菜類、いも、かぼちゃ　など
3 塩を使い洗う ─────── 切り身の魚、肉　など
4 加熱後に洗う ─────── ふき、たけのこ　など

問43 調理操作に関する記述について、正しいものを１つ選びなさい。

1 ２枚おろしとは、包丁を中骨にそわせて、上身と下身（中骨つき）にする魚のおろし方である。
2 ろ過とは、食品に圧力を加え液を分ける操作である。
3 隠し包丁とは、おもに料理の見栄えを良くするために食材に切り目を入れる切り方のことである。
4 圧搾とは、固形の食品に力を加えて、粉状、パルプ状、ペースト状に変形させる操作である。

問44 乾物食材のもどし方の組み合わせとして、正しいものを１つ選びなさい。

　　　　（食品）　　　　　　　　　（もどし方）
1 干ししいたけ ─────── 沸騰湯に５分間浸す。
2 切り干し大根 ─────── 水に５分間浸す。
3 あずき ───────── 水に一晩浸す。
4 即席わかめ ─────── 水に５分浸す。

問45 香辛料・香味野菜の組み合わせとして、<u>誤っているもの</u>を１つ選びなさい。

　　　　（香辛料・香味野菜）　　　　　　（作用）
1 わさび、からし ─────── 焼けるような辛味（ホットな辛味）
2 ねぎ、にんにく ─────── 鼻へ抜ける辛味（シャープな辛味）
3 シナモン、ミント ────── 香り
4 ターメリック、サフラン ─ 色

問 46　寒天、ゼラチン、カラギーナンの凝固に関する記述について、正しいものを 1 つ選びなさい。

1　ゼラチンは、0.5 ～ 1％以上、寒天は 2 ～ 3％以上の濃度のとき、冷やすと凝固してゼリー状になる。
2　寒天ゼリーの離漿は、寒天濃度や砂糖濃度が高いほど起こりやすい。
3　たんぱく質分解酵素を含むものを加えると、寒天は固まらなくなる。
4　カラギーナンは、牛乳を加えるとゲル化しやすくなる。

問 47　炊飯に関する記述について、正しいものを 1 つ選びなさい。

1　無洗米の場合の水加減は、やや少なめにする。
2　洗米の初めの 1 ～ 2 回は、たっぷりの水で手早く洗う。
3　でん粉の糊化が完了するには、80℃以上で 10 分間の加熱が必要である。
4　加熱後の蒸らしは、炊飯後一旦軽くかき混ぜてから行う。

問 48　調理器具と主な用途の組み合わせで、正しいものを 1 つ選びなさい。

1　巻きす ——————— 洗浄
2　すり鉢 ——————— 磨砕
3　スライサー ——————— 圧搾
4　シノワ ——————— 混合・攪拌

問 49　揚げ物の温度と時間（目安）の組み合わせとして、誤っているものを 1 つ選びなさい。

（揚げ物の種類）	（温度）	（時間）
1　天ぷら（魚介）	180 ～ 190℃	1 ～ 2 分
2　精進揚げ（れんこん、いも）	150℃	5 分
3　コロッケ	190 ～ 200℃	0.5 ～ 1 分
4　ドーナツ	160℃	3 分

問**50** 料理と砂糖の調理作用の組み合わせとして、<u>誤っているもの</u>を 1 つ選びなさい。

1 卵焼き ——————— たんぱく質の熱凝固性を遅らせ、やわらかく固める。
2 パン ——————— 小麦粉生地の発酵を助ける。
3 メレンゲ ——————— 卵白の泡立ちを安定させる。
4 おはぎ ——————— 微生物の増殖を防ぎ、腐敗を防ぐ。

問**51** 食品とそれに含まれる天然色素に関する記述として、正しいものを 1 つ選びなさい。

1 ナスに含まれるアントシアニンは、酸性で青または紫色になる。
2 青菜に含まれるクロロフィルは、加熱により鮮やかな緑色になるので、汁物に青菜を入れる場合は、最初から入れる。
3 小麦に含まれるカロテノイドは、脂溶性で加熱に対して安定している。
4 カニやエビなどに含まれるアスタシンは、動物性のカロテノイドである。

問**52** 調味料の使用時期に関する記述について、<u>誤っているもの</u>を 1 つ選びなさい。

1 食品の内外の味を均一にしたい煮物は、煮える前の材料がかたいうちに調味料を加える。
2 煮豆の調理では、分量の調味料は数回に分けて入れる。
3 野菜の炒め物などでは、調味料は最後に加える。
4 複数の調味料を別々に加える場合、分子量が大きく浸透の遅い砂糖は、食塩より先に加える。

問**53** 植物性食品の調理に関する記述について、<u>誤っているもの</u>を 1 つ選びなさい。

1 生のいもは、長く水にさらしておくと、煮えにくくなる。
2 煮豆をつくるときに重曹を加えると、やわらかくなるが、ビタミン B_1 は減少する。
3 米の炊飯は、洗米と浸漬、加熱、蒸らしの 3 段階からなる。
4 果物をミキサーにかけると、ビタミン A は酸化される。

問 54　動物性食品の調理に関する記述について、正しいものを 1 つ選びなさい。

1　焼き魚は、焼く直前に食塩をまぶす。

2　魚の臭いを除きたいときは、牛乳に浸すとよい。

3　牛肉を加熱すると、色素のアスタキサンチンが変性し、灰褐色になる。

4　卵白にアルカリ性のものを少量加えると、泡立ちやすくなる。

問 55　大量調理の特徴に関する記述について、正しいものを 1 つ選びなさい。

1　大量調理は、加熱中の蒸発率が高いため、加える水（だし汁）の量が多く、煮物では加熱ムラや調味の不均一が起こりにくい。

2　加熱条件が、色、固さ、テクスチャー、味および栄養成分の変化に影響を与えることはほとんどない。

3　煮物は、煮くずれを防ぐため、八分通り煮えたところで消火する。

4　和え物は、味がよくしみるように、あらかじめ調味しておく。

問 56　新調理システムに関する記述について、正しいものを 1 つ選びなさい。

1　新調理システムとは、クックサーブのことである。

2　ブラストチラーとは、冷却水が循環するタンクにパック詰めした料理を入れ、タンクを回転させながら急速に冷却する装置をいう。

3　真空調理とは、食材を真空包装して一次加熱で食品の内部温度を 120℃以上に上昇させる調理法をいう。

4　外部加工品の活用とは、外部の食品加工業者による冷凍・チルド状態の調理済み食品を利用することである。

食文化概論

問**57** 人の食文化を象徴するものの組み合わせとして、正しいものを1つ選びなさい。

1 道具の使用 ──────── 火の利用 ────────調理操作
2 道具の使用 ──────── 水の利用 ────────食物の味付け
3 道具の使用 ──────── 火の利用 ────────食物の味付け
4 安全性 ──────────── 栄養性 ──────────嗜好性

問**58** 中国料理の4大系統について、地域と代表的な料理の組み合わせとして、誤っているものを1つ選びなさい。

1 長江（揚子江）下流域の東方系（上海菜） ── 上海蟹（ガニ）
2 長江（揚子江）上流域の西方系（四川菜） ── 東坡肉（トンポーロー）
3 珠江流域の南方系（広東菜） ──────── 飲茶点心
4 黄河地域の北方系（北京菜） ──────── 餃子

問**59** 都道府県と郷土料理の寿司の名称の組み合わせについて、誤っているものを1つ選びなさい。

1 富山県 ──────────── ます（鱒）寿司
2 三重県 ──────────── 柿の葉寿司
3 滋賀県 ──────────── ふな寿司
4 岡山県 ──────────── ばら寿司

問**60** 日本における食料生産と消費のバランスに関する記述について、誤っているものを1つ選びなさい。

1 「食品ロスの削減の推進に関する法律」が令和元年に公布、施行された。
2 1年間の食品ロス量は、約500万トンである。
3 自給率は世界水準からみても低く、供給熱量自給率は30％未満である。
4 鶏卵の自給率は100％に近いが、飼料の大部分は輸入に頼っている。

矢印の方向に引くと問題が取り外せます。